# 전환시대의 전환적 교육

전환시대의 전환적 교육

주 삼 환 著

KSI 한국학술정보(주)

우리나라는 천연자원을 많이 갖지 못한 상태에서 강대국들 틈바구니에 끼어 있어 생존전략으로 자손들 교육에 힘써 온 교육국가이다. 정신교육에 힘써 온 결과 수많은 외세의 침략에도 불구하고 우리 민족의 정체성을 잃지 않고 마침내 늦게나마 '한강의 기적'으로 산업화에 성공하였다. 교육의 뒷받침으로 산업화와 경제를 얻을 수 있었던 셈이다.

그런데 산업화와 경제의 성공으로 벌어들인 돈을 열악한 교육개선을 위하여 재투자하지 않은 결과 교육국가인 우리나라 교육여건은 아직도 후진국 수준을 면치 못하고 있다.

국민의 수준은 높아져 교육에 대한 국민의 욕구와 기대는 더욱 상승했는데 우리 교육의 질과 교육여건은 낮은 수준이어서 국민의 높은 욕구와 기대를 충족시켜 주지 못하고 있다. 공교육에서 욕구를 채우지 못하는 국민은 사교육, 외국유학, 교육이민으로 눈을 돌리고 우리 교육에 등을 돌리게까지 되었다.

그래서 교육자와 국민들, 언론은 연일 교육위기라고 떠들어 대고 있는데 교육 관리들은 과장된 것이라고 둘러대고 있으며 장관과 최고지도자까지도 아마 그렇게 믿고 안이하게 대처하고 있으니 안타깝기 그지없다. 보고도 보지 못하고 듣고도 듣지 못하는 지도자들에게 실망하지 않을 수 없다. 교육자와 국민들은 교육 관리들과 정권으로부터 점점 더 멀어지고 있다.

교육위기로부터 탈출하는 길은 선진국 수준 이상으로 교육에 투자하는 길뿐 다른 대책이 없다. 예를 들면 학급당 학생 수를 최소한 25명 이하로 줄여야 한다.

최종적으로 교육은 결국 교사들이 하는 것이므로 교사에게 최고의 대우를 해 주어 최우수 인력들이 교직으로 몰려들고 교사들이 사기충천하지 못하면 우리는 교육위기에서 탈출하기 어렵다.

이제는 중앙집권적 획일화와 평준화로는 다양한 국민의 욕구를 충족시켜 줄 수 없다. 다양성, 독특성, 선택의 자유가 보장되지 않아 외면당하는 공교육은 경쟁력을 갖기 어렵다.

최소한 이러한 획기적인 정책전환을 하지 못하면 꺼져 가는 우리 교육에 활력과 경쟁력을 불어넣기 어렵게 된다. 시간적으로 늦으면 늦을수록 우리는 더 값비싼 대가를 치르게 된다.

여기에 역사적 전환시대인 2000년도에 저자가 교육특강과 교육비평을 했던 글들을 모아 한 권의 책으로 묶어 놓았다. 마침 2000년은 밀레니엄의 해이기도 하지만 저자 개인적으로는 회갑을 맞는 해이기도 하며 여러 면에서 역사적 고개와 문지방을 넘는 의미 있는 해가 되어 이 책을 기념으로 삼고자 한다.

이 책은 교육학을 공부하고 교사가 되고자 하는 교육학도와 현직 교사, 교육행정가, 학부모들에게 많은 생각을 하게 하는 교재가 될 것이다. 이들에게 읽기 과제로 제시하면 좋을 것으로 본다.

그동안 저자와 인연을 맺었던 많은 분들과 독자들에게 깊이 머리 숙여 감사드린다. 한국학술정보(주)의 전자출판으로 더 많은 독자와 만나게 되어 기쁘게 생각한다.

2006. 1.
저자 주삼환 識

## 개정판 머리말

우리 인류는 유목사회, 농경사회, 산업사회를 거쳐 지식정보사회에 이르렀다고 한다. 우리나라가 지시정보사회서 IT분야로 앞서 가려고 하자 다른 나라들은 20여년 전부터 벌써 문화창조사회로 방향을 틀었다고 한다.

그런데 근대학교의 틀은 산업사회의 공장모델을 따라서 만들었다는 것이다. 학년제, 학급단위, 교과목으로의 지식 분업 등이 모두 대량생산, 분업·조립식 공장모델이다. 학생은 원료이고, 교사는 공장 직원이고, 교장은 공장장 쯤에 비유 된다. 시대는 지식정보사회, 문화창조의 사회로 변하거나 그런 사회에서 살아가야 할 것으로 바뀌었는데 학생들은 공장모델의 학교에서 생산되어 나온다면 어떻게 되겠는가? 선진국들은 새로운 시대에 맞게 학교의 틀을 바꾸었는데 우리나라의 학교는 아직도 공장식이다. 그러니 학생과 교사들만 고생하고 학부모들은 공교육을 불신하고 그나마 돈 있는 사람들은 사교육에 매달릴 수 밖에 없게 되는 것이다.

이렇게 시대와 사회가 변하는 전화시대에는 이에 맞는 전환적 교육과 전환적 학교경영을 해야 하는 것이다. 이러한 생각을 가지고 이 책을 읽으면 좋을 것이다. 대부분 10여년 전 초판에 쓰여진

내용이지만 아직도 유효한 내용이다. 초판을 애용해준 독자 여러
분께 깊은 감사를 드린다. 개정판에서는 최근의 심경을 일부 추가
한다.

2009. 9
저자 주삼환 지

# 차 례

# 교육지도자의 새로운 교육구상

- 새해 교육구상
- 21세기에서 강조해야 할 교육
- 21세기 장학의 방향
- 지식정보사회형 교육과 교육지도자
- 전환기 교장의 지도력
- 자율의 학교문화 형성
- 한국교육의 고민

## 1) 서 론

새 달력은 20세기를 마감하고 21세기 새해를 맞고 있지만 학교의 학년도는 아직 '99학년도를 마감하고 정리하지 못했다. 2000학년도 신학기를 맞아야 학교는 사실상 21세기의 교육이 시작되는 셈이다.

교장으로서 20세기 교육을 정리하고 21세기 새로운 교육을 구상해야 할 이 시섬에서 교장 선생님들과 자리를 함께하게 된 것을 저자신의 무한한 영광이요 명예로 생각한다. 아마도 우리 교장 선생님들은 이 방학기간 중에 새 학년도에 대한 교육구상을 하게 되고, 그래서 이런 모임도 주선한 것으로 생각되어 새 학년도 교육구상에 참고가 될까 하여 몇 가지 여러분과 같이 생각해 보기로 한다.

본론에 들어가기 전에 먼저 질문을 하나 하겠다. 우리 사회에 있어서 가장 큰 문제는 무엇이라고 보는가? 달러($)가 부족해서 가장 큰 문제라고 보는가? 컴퓨터를 다룰 줄 몰라서 가장 큰 문제인가? 국민들이 영어를 잘 못해서 걱정인가? 국민의 학력(學歷·學力)이 부족해서 문제인가? 내가 보기엔 우리 사회 구석구석에 무질서가 난무하는 것이 더 큰 문제라고 본다. 인간의 도리에 어긋난 일이 우리 사회에 너무나 많이 일어나는 것이 문제라고 본다. 우리는 지난 세기에 산업화에 성공하여 잘 먹고, 잘 입고, 잘 살게 되었지만 대신 인간답게 살고 있지 못하다는 것이 더 큰 문제라고 본다. 옛날보다 잘 먹고 잘 입으면서도 생명에 위협을 받고 불안을 느낀다는 것이 문제라고 본다. 산업사회에서 물질을 얻는 동안 정신을 잃고 인간답게 사는 것을 잃어버린 것이 문제라고 본다. 그러면 우리가 물질을 더 갖고, 돈을 더 벌면 인간답게, 평화스럽게, 행복하게 살 수 있을까? 그렇지 않다고 본다. 그것은 지금도 가진 자들이라고 다 인간답게 사는 것도 아니고 가지지 못한 자라고 다 인간답지 못하게 사는 것도 아니라는 것을 보면 이를 증명할 수 있을 것이다. 물질만으로는 인간답게 살지 못하는 것이다. 사람들이 물질 이외에 교육을 통해서 인간답게 살려는 노력을 해야 한다.

21세기 지식정보사회라는 것도 결국 사람이 사람답게 살자는 것이라는 점을 인식할 필요가 있다. 인간이 인간답게 윤택하게 살려고 하다 보니 앞으로의 사회는 지식정보사회 못지않게 문화·예술사회를 지향하게 되는 것이다. 질 높은 삶을 살고자 하는 것이다. 질 높은 삶을 살기 위해서 교육이 필요하고 교육이 강조되는 것이다.


## 2) 새 시대를 위한 교육구상


우리는 조상 대대로 교육을 중시해 온 교육의 나라다. 교육을 중시해 왔기 때문에 우리나라가 이만큼 발전할 수 있었다. 그러나 "우리의 교육, 이대로는 안 된다."는 말이 나오기 시작한 지 오래

되었다. 교육이 잘못되어 사회가 무질서해졌다고 보는 것이다.

그러면 새 시대를 위한 교육에서 우리는 무엇을 강조해야 할 것인가? 우리 교육의 방향을 어떻게 잡아야 할 것인가? 저는 사람답게 살게 하기 위한 (1) 윤리도덕교육, (2) 문화예술교육, (3) 기초교육, (4) 학생 개인에게 다가가는 교육, (5) 질의 교육을 우선 강조하고 이를 제언하고자 한다.

### (1) 윤리도덕교육

21세기에는 무엇보다도 어떻게 하면 인간이 인간답게 사느냐에 초점이 맞춰질 것이다. 인간주의, 인본주의, 인간성, 인간미, '인간을 생각하는' 등 '인간'이란 말이 더욱 자주 나오고 강조될 것이다. 인간을 편리하게 해 주는 기계를 만들고 컴퓨터를 만들더라도 인간과 비슷하게 디자인하려고 하고 있다. 기계까지도 인간의 모습을 본뜨려고 한다.

산업시대에 우리 인간이 너무 교만해져 인간이 모든 것을 제조해 낼 수 있다고 생각하고 모든 걸 제조해 내 편리하게 살려고 하다 보니 인간이 제 꾀에 넘어가 물질적으로 풍요롭게 살면서도 인간적으로 빈곤하게 살고 있다는 것을 반성하게 된 것이다. 자연과 환경을 중시하게 된 것도 산업시대에 대한 반성에서 나온 것이다.

인간이 인간답게 살기 위해서 만들어진 것이 윤리도덕이다. 윤리도덕교육은 가정·교회·사회에서 주로 맡아야겠지만 학교교육에서도 강조해야겠다. 윤리도덕교육은 여벌로 남는 시간에, 남는 힘으로 해야 할 교육이 아니다. 인간이 인간답게 함께 살기 위한 절박한 교육이다. 이는 윤리도덕 교사만 맡아서 해야 할 일이 아니다. 학교의 청소원, 용인에서부터 교장에 이르기까지 전 직원이 나서서 해야 할 일이라고 본다. 수업시간에만 해야 할 일이 아니라 학생의 모든 생활을 통해서 해야 할 일이다. 윤리도덕교육은 해도 좋고 안 해도 되는 그런 선택의 교육이 아니다. 살기 위한 절대적인 절박한 교육이다. 교육에서, 학교에서 윤리도덕이 안 통하면 그 어디에서도 무너지지 않는 곳이 없게 된다. 동방예의지국이던 우리나라가 성당이나 교회 예배당, 사찰에서나 윤리도덕이 잿더미 속에서 까무락거리는 불씨와 같이 겨우 목숨을 유지하게 되어서야 되겠는가?

교육 붕괴, 학교 붕괴는 바로 교육과 학교에서의 윤리도덕이 붕괴되었기 때문이라고 본다. 교육과 학교가 무너지는 것은 정치가 무너지고 IMF 관리체제로 경제가 무너지는 것보다 더 심각한 문제라고 본다. 교육과 학교가 무너지는 것은 국가와 민족의 마지막 둑이 무너지는 것이다. 물이 새기 시작한 이 둑을 우리 교육자가 막고 지키지 못하면 21세기에 우리는 더욱 절망 속에서 살게 된다. 교장으로서 교사, 학생, 학부모, 언론, 사회와 합심하여 이 윤리도덕의 마지노선을 지키는 데 지도력을 발휘해야 할 것이다. 이 마지막 요새가 무너지고 있는데 교장이 자기 이름이나 학교 이름 지키기나 하고, 학교평가로 몇백, 몇천만 원 돈 더 받을 생각이나 하고, 서울대학교에 몇 명 더 입학시킬 생각이나 하고 있을 때라고 생각하는가?

학생들로 하여금 사람 노릇 하고, 학생 노릇 하는 데 필요한 것은 엄격하고 철저하게 지켜질 수 있도록 해야 할 것이다. 이는 어느 한 교장만의 노력으로는 어려울 것이라고 본다. 이런 교장회, 모든 교원단체가 단결하여 총력을 기울여야 할 일이라고 본다. 21

세기 첫해인 금년에 이 새는 둑을 방어하지 못하고 더 새게 되면 앞으로는 더 힘들어질 것이다. 촌지교사, 체벌교사 문제는 그동안 너무나 많은 대가를 치른 만치 깨끗하게 해결되어야 한다. 정년이 3년씩이나 단축된 마당에 교원들이 더 이상 두렵고 겁날 것이 무엇이 있는가? 학교에서 모든 것을 희생하고 포기하는 한이 있어도 윤리도덕은 복원하고 교육 붕괴, 학교·교실 붕괴는 막아야 한다. 그야말로 이판사판의 심정으로 윤리도덕교육에 총력을 집중해야 한다.

그 방법에 대해서는 교사와 학생, 학부모, 지역사회인과 함께 협의해서 찾아야 할 것이다. 남과 더불어 살기 위한 교육, 환경교육도 윤리도덕교육과 관련지어 강조해야 할 것인데 여기서는 따로 강조하지 못했다.


## (2) 문화예술교육

우리가 21세기에 인간답게 살고, 똑같은 24시간을 살되 더 질 높게 살려고 하다 보니 문화적인 삶, 예술적인 삶을 추구하게 되는 것이다. 우리 인간은 산업사회의 기계적인 삶, 물질적인 삶에 지치고 신물이 나게 된 것이다. 그리고 선진국, 성숙사회는 윤리도덕이 통하고 문화예술의 수준이 높은 것이지 물질만이 선진인 것은 아니다. 21세기는 지식정보사회이기도 하지만 문화예술의 사회인 것이다. 산업사회에서 우리가 어느 정도 먹는 것, 입는 것을 해결하고 뛰어넘었다면 이제는 문화예술 생활을 영위할 수 있어야 한다. 학교교육에서도 문화예술교육이 더 이상 여벌교육이 될 수 없다. 인생에서 '아름다움'이란 것을 제쳐 놓고 산다는 것은 불행한 일이다. 문화예술의 안목은 어린 시절, 청소년 시절, 학생 시절에서 트여야 한다. 그래서 학교에서 문화예술교육이 더욱 중시된다.

우리 민족은 문화민족이라고 배워 왔다. 그리고 한국민으로서 세계적으로 이름을 날리는 사람들은 모두 문화예술 분야에 있다. 그런데 이들 세계적인 사람을 그동안 학교에서, 국내에서 키우지 못하고 모두 개인적 노력으로 학교 밖, 다른 나라에서 자라나고 성장했다. 이제는 이들도 학교 안에서 키워 내야겠고, 보통 국민을 위한 문화예술의 수준 향상을 위해서도 그동안 방치했던 문화예술교육을 강조하지 않을 수 없다. 우리나라 전통·고유의 문화유산, 예술에 대한 교육을 여기서 강조해야 할 것이다. 국제화에 영어보다 더 중요한 것이 우리 문화, 우리 예술에 대한 교육이라고 본다.

문화예술교육은 소수 특별한 학생만을 위한 교육이 아니다. 교양을 위한 것이고 사람다운 사람을 기르기 위한 것이고, 국민으로 하여금 인간답게 살게 하기 위한 교육인 것이다. 사람들이 아름다운 것을 보거나 듣고도 아름다움을 느끼지 못하게 된다면 이것도 또 하나의 '문맹'이 되는 것이다. 예술에 대한 문맹인, 예술에 있어 천박한 사람을 만들어 내지 않기 위해서라도 예·체능교육에 충실해야겠다. 나아가서 '아름다움'을 만들어 내고 표현해 낼 수 있게 하기 위해서 학교에서 예·체능교육에 충실해야겠다. 창의성은 과학이나 공학에서보다 예술에서 더 중시될지도 모른다. 건강하고 건전한 삶을 살게 하기 위해서 예·체능교육의 기회를 확대해야 할 것이다. 산업사회의 차디찬 왼쪽 뇌에만 박수를 치지 말고, 느낌이 있는 오른쪽 뇌와 따뜻한 가슴, 날랜 손발도 박수를 받을 수 있게 하여 주라. IQ 자체도 왼쪽 뇌에서 신체의 전체로 옮겨 간 다중지능 개념으로 바뀌고, IQ 못지않게 EQ(정서 지수)와 MQ(도덕성 지수)도 강조되고 있다. 느낌이 있는 학교, 감정이 살아 숨 쉬는 사회를 만들기 위해서도 예·체능교육을 소홀히 해서는 안 될 것이다.

문화예술을 강조하되 저질 문화예술은 경계해야 할 것이다. 대중 문화예술이 자주 저질화하는데 이런 것까지 학교 안에 파고드는 것은 조심해야 할 것이다.

문화예술교육은 교과목을 통해서도 해야겠지만 학교행사나 특별활동, 자율활동, 과외활동을 활성화시킴으로 이에 접근할 수도 있을 것이다. 이런 활동 등을 통해서 학생들의 학교생활을 풍부하게 하고 재미있게 하고, 살맛 나게 하는 데도 도움이 될 것이다. 학생들에게는 학교생활이 우선 재미있어야 한다. 학생들은 학교에서 공부하기보다 먼저 학교에서 그들의 삶을 살고 있는 것이다.

예·체능을 경시하는 분위기에서 교장 혼자 이를 강조하기는 어려울 것이다. 더구나 대학입시에 매달리는 현 상황에서는 극히 어려울 것이라는 사실을 나도 잘 안다. 그러나 21세기 새 시대에 분명히 가야 할 방향이라면 이들을 설득하여 방법을 찾아야 할 것이다. 예·체능교육에서 자연스럽게 창의성 교육도 실현되는 것이다. 창의성 교육을 따로 떼어내서 하기보다는 여기서 자연스럽게 녹여내야 한다(약 20년 전에 '문화예술교육'을 강조했는데 정말 선진국은 20여년전부터 지식정보사회를 넘어 '문화창조의 사회'로 전환하기 시작하였다는 것이다).

## (3) 기초교육

지식정보사회의 도래와 함께 컴퓨터, 영어, 열린 교육, 창의성 교육 등 많은 것을 내세우고 떠들어대는 사이 우리 사회 구석구석에서 기초가 무너지는 것이 문제가 된다. 사람 노릇 하는 데 필요한 기초, 문화예술의 기초, 지식정보의 기초, 국제화의 기초, 창의성의 기초가 필요하고, 중요하다고 본다. 기초 없는 선진국, 성숙사회는 불가능하다.

기초교육으로 읽기, 쓰기, 셈하기도 중요하다. 이 기초교육이 안 되기 때문에 탈선하고 문제의 길로 빠지는 경우도 있을 것이다. 우리나라 교육에서 이 기초를 다지고, 기초를 길러 내는 장치가 아주 약하다고 본다.

읽기, 쓰기, 셈하기에 더하여 문제 해결, 컴퓨터 다루기 등도 기초교육에 포함시키는 경향이다. 무엇보다 인간을 만드는 바탕 교육이 무엇보다 중요하고, 예체능도 기초체력·기초기능이 중요하다. 창의성도 기초가 튼튼한 속에서 나올 수 있고 사고력 등 고등정신기능도 기초기능이 튼튼해야 한다. 과학이나 공학도 기초과학이 튼튼해야 한다. 그런데 우리는 너무 급하게 서두르다 보니 기초를 허술하게 하거나 생략하고 있다. 선진국은 모두 기초가 튼튼한 나라들이다. 미국은 200년 역사밖에 안 되지만 세계 다른 나라에서 찬란한 역사와 문화의 기초를 가져왔을 뿐만 아니라 200년간 자기 것에 대한 기초를 튼튼히 해 왔다. 미국어, 미국역사, 미국지리에 대한 교육을 강조하여 이를 사랑하게 하고, 자부심을 갖게 하고, 이를 애국심으로 연결시키고 있다. 충효교육을 따로 떼어서 하고,

윤리교과에서 따로 떼어서 하려고 '국민윤리'라는 전공을 따로 만들어 내는 식으로는 충효교육도 겉돌지 않을 수 없다. 기초교육에 우리 것(국어, 국사, 국토지리, 전통문화・예술)에 대한 교육을 포함시켜 강조해야 할 것이다. 기초교육을 기초학력 부진아에 대한 대책 정도로 생각해서는 안 될 것이다. 기초를 제대로 하지 않은 상태에서 너무 급하게 산업화시키다 보니 그동안 여기저기서 정신없이 터지는 비싼 대가를 치렀으므로 이제라도 이를 교훈으로 삼아야 할 것이다. 기초 없는 지식정보사회는 기초 없는 산업사회보다 더 비싼 대가를 치르게 된다는 점을 알아야 할 것이다.

### (4) 학생 개인에게 다가가는 교육

산업사회에서는 효율과 효과성이 지상 최고의 가치처럼 여겨져 물건을 만들더라도 같은 것을 많이 만들어 내야만 했다. 그래서 어떤 틀에다 구워 내야만 했다. 그래서 획일화, 정형화, 표준화시켜야만 했다. 그러자니 자연 중앙집권적이고, 통제식이 아닐 수 없었다.

우리의 학교교육도 산업화 공장모델을 따라 획일교육을 해야만 효율성, 효과성의 가치를 실현할 수 있었다. 획일교육을 하자니 평등, 평준화가 중요한 기준이 되었다. 이러한 산업사회 사고에 근거한 공장모델 교육이 우리나라의 산업화를 앞당기는 데 크게 기여한 것도 사실이다. 또 우리나라는 단일민족, 단일언어, 단일사회를 위한 교육으로서는 획일교육이 알맞았던 셈이다. 그런데 이러한 획일, 단일교육이 더 이상 지식정보사회에 알맞을 수 없다. 이제는 평균이 아니라 학생 한 사람 한 사람 개인에게 맞춰야 하는 사회가 된 것이다. 다양성과 독특성이 인정되고, 보장되어야 하는 것이다. 평균과 나와는(학생 개인과는) 아무 상관이 없다고 생각하게 된 것이다. 교사가 평균에 맞춰 수업을 한다면 상위 그룹, 하위 그룹 그 누구에게도 맞지 않는, 개인 학생과는 상관없는 동떨어진 수업이 되는 것이다. 학부모 입장에서는 전국 평균 학급당 학생 수 몇 명이라는 것이 자기 자식에게 무슨 의미가 있겠는가? 자기 자식이 들어 있는 학급의 학생 수가 몇 명이냐가 학부모에게 의미가 있는 것이다.

학생이나 학부모에게 선택의 자유가 보장되어야 한다. 자유는 민주주의 최고의 가치이다. 선택의 자유를 보장해 주려면 가능한 한 다양한 프로그램으로 다양한 기회를 학생들에게 마련해 줘야 한다. 다양성, 독특성을 보장하려면 돈은 더 들어가게 되어 있다. 그래서 지식정보사회는 경제적 가치와는 거리가 멀어져야 할 것이다. 경제의 효율성, 효과성을 추구하게 되면 개인과는 거리가 먼 중앙집권, 통제, 획일, 평균의 방향으로 가게 되는 것이다. 교육은 더 이상 경제논리로는 안 되는 세상이 되었는데 그런데 정부는 자꾸 교육을 경제로 풀어 가려고 하니 교육을 시대에 맞지 않게 반대방향으로 몰고 가게 되는 것이다. 참으로 안타깝다. 여기서 교장은 어려움에 처하게 된다. 어렵겠지만 교장만이라도 올바르게 중심을 잡아 줘야겠다.

학생 개인에게 초점을 맞추려고 하더라도 지식정보사회에서는 통합성, 협동성, 팀 정신이 강조된다. 사회성, 인간관계가 과거보다 더 중시된다는 것을 잊지 말아야겠다. 이런 생각은 국경을 넘어 지구촌으로 확대된다. 우리의 교육은 국제적 감각을 갖도록 하면서 학생 개인에게 다가가는 교육을 해야겠다.

이렇게 되면 학생 개인에게 학교가 의미가 있고 재미가 있게 된다. 학교가 학생 개인에게 의미가 있을 때 문제아도 줄어들고 대신 학생의 자아실현의 기회는 늘어나게 되는 것이다.

## (5) 질의 교육

지식정보사회에서 어떻게 보면 핵심 과제는 교육의 질 보장이다. 질적인 교육, 질적인 학교, 질적인 삶이 되어야 한다. 우리의 교육은 산업사회의 중요한 가치 중 하나인 양에는 성공적이었다고 할 수 있으나 질에서 실패했다고 본다. 이제는 좀 양을 줄여 질을 높이는 방향으로 가야 할 것이다. 지식정보사회에서는 필요 없거나 덜 중요한 지식정보는 많이 가지고 있어 봐야 오히려 역효과를 보게 될 수도 있다.

학생에게도, 교사에게도 제발 양을 줄이는 한이 있더라도 질을 높여 달라고 요구해야 할 것이다.

학생들이 좀 공부를 덜 하는 한이 있더라도 필요하고 유용한 것을 응용하고 실천으로 몸에 밸 수 있게까지 확실히 하는 일이 더 중요하다고 본다.

교사들에게도 쓸데없는 것을 열심히 하라고 하지 않도록 해야겠다. 교사들도 학생들처럼 직장인 학교가 즐거운 곳이 돼야 한다. 가르치는 삶이 보람 있고 가치 있게 느껴져야 한다.

교장 선생님들도 쓸데없는 일로 바쁘게 되어서는 안 된다. 가치 있고, 의미 있는 데 생명과 같이 귀중한 시간을 바칠 수 있어야 한다.

질적인 공부, 질적인 교육, 질적인 삶을 살려면 스스로 하려고 해야 한다. 마음에서 우러나는 동기가 중요하다. 마음 깊은 곳에 스파크를 일으키는 불꽃을 튀겨 줘야 한다. 이렇게 되면 교육 붕괴, 학교 붕괴로부터도 해방될 수 있다.

이 외에도 새 천년, 새로운 세기, 새 학년도를 위한 교육구상에 중요한 것이 많겠지만 (1) 윤리도덕교육, (2) 문화예술교육, (3) 기초 교육, (4) 학생 개인에게 다가가는 교육, (5) 질의 교육 다섯으로 제한하여 압축하고자 한다.

## 3) 새 시대의 교장

새 시대에 맞는 교육을 하기 위해서는 다른 어느 때보다도 더 교장의 지도력이 중요하다. 지금 세계적인 경향은 분권화에 의하여 단위 학교에 모든 권한이 주어지는 경향이다. 교장은 위로부터 권한을 따내어 다시 이를 교사들과 나누어야 한다. 이것이 'Teacher empowerment'이고 'Student empowerment'가 되는 것이다.

새 시대를 맞아 교장 선생님에게 주어진 가장 중요한 과제의 하나는 어떻게 교육 붕괴, 교실 붕괴를 막고 지식정보사회에서 가장 중요한 교육의 핵심 인물인 교원을 사기충천하게 만드느냐 하는 문제라고 생각한다. 물론 이는 국가수준에서 해야 할 일이겠지만 교장 수준에서도 심각한 과제라고 본다. 어떻게 보면 정부에서 망쳐 놓은 것을 교장 수준에서 추슬러야 할 입장이 된 것이다. 교육 붕괴를 방관하고 있거나 교육을 더 이상 포기할 수 없기 때문이다.

교사와 학생의 내적 동기를 유발시키기 위한 교장의 지도력이 요구된다. 여기서 학교 내 동료문화, 팀 문화를 어떻게 형성하느냐에 고심해야 할 것이다. 우리 교직원을 어떻게 한 덩어리로 묶어 매느냐에 문제 해결의 열쇠가 달려 있다고 본다. 산업사회와 달리 분업에 의한 개인플레이나, 위대한 어떤 한 사람이 모든 것을 해결하던 시대가 아니라 부족하더라도 집단의 지혜를 모아 문제를 해결하는 지식정보사회가 되었기 때문에 팀에 의한 협동이 요구된다.

새 학년도에 학생, 교사, 학부모 지역사회 모두에게 팀 정신과 팀 문화 고취에 교장 선생님께서 노력해 주실 것을 제안한다. 이 교장회 자체의 팀 정신이 확고해야 개개 학교의 팀 문화, 팀 정신의 고취도 쉬워지리라 믿는다. 감사하다. <대전교육청 중등교장 연수 특강, 2000. 1.>

---

지도자는 구성원. 추종자에게 비전을 제시해야 한다. 비전은 "실현 가능해 보이고, 믿을 수 있고, 매력적인 조직의 미래상이다. 조직이 목표로 지향하고 있는 행선지이고, 현재보다 더 좋고 더 성공적이고, 더 바람직한 미래이다(Birt Namus)." 비전은 '도덕적상'이고 궁극적 목표일 뿐만 아니라 거기에 도달하는 과정까지 포함한다. 그래서 비전은 (1)조직 구성원의 헌신을 이끌어내고 활력을 불어넣고, (2)삶에 의미를 주고, (3)질의 우수성의 표준을 설정해주고. (4)현재와 미래에 다리를 놓는데 강력하고 적극적인 효과를 주는 기능을 한다.

미국 교장 리더십 표준인 1SLLC의 첫째 영역이 비전(vision)이다. 교장은 좋은 비전을 개발하고 협동에 의하여 실현하는 데서 교장의 보람을 찾는 것이다.

새 천년, 새로운 세기, 새 학년의 교육이 시작된다. 새로운 시대에 맞게 우리의 생각도 바뀌고, 사회구조도 바뀌어야 하되 우리의 교육도 바뀌어야 한다. 교육을 바꾸려면 이에 맞게, 장학도 바뀌어야 한다. 이러한 생각을 갖고 논리를 전개하고자 한다.

## 1) 지식정보 다루기 교육

새로운 시대는 지식정보사회라고 한다. 지식과 정보가 지배하는 사회라는 것이다. 지식과 정보를 창출하고, 잘 조직하고, 잘 활용하는 사람이 승자가 되는 사회를 의미한다. 선진국들은 벌써 반세기, 50여 년 전부터 이 지식정보사회로 방향을 틀기 시작했다는 것이다. 그러나 우리나라의 경우는 겨우 10여 년 전부터라 보게 된다. 그런데도 우리의 생각은 아직도 산업사회의 사고와 구조에서 벗어나지 못하고 있는 것이 안타깝다. 그래서 우리가 IMF 관리체제를 맞게 되고 아직도 이에서 벗어나지 못하게 되는 것이다.

필자는 지식사회를 지식(knowledge)보다는 지성(intellectual) 또는 지능(intelligence) 사회라고 이름 붙이고 싶다. 단순히 많이 알기만 하는 그런 지식을 거부하기 위해서이다. 앞으로의 사회는 아는 것이 많은 과거의 유식한 사람이 필요한 것이 아니라 인품과 인격을 갖춘 지성인이 요구되는 것이다. 그리고 최소한 다지능(multiple intelligence)을 갖춘 지능인을 필요로 하는 것이다.

정보는 의사소통·통신의 내용이라고 할 수 있다. 이 정보를 최근에는 컴퓨터로 많이 다루게 된다. 또 정보를 인터넷으로 주고받게 된다. 이는 젊은 세대가 기성세대보다 더 잘한다. 그래서 이들을 I - 세대(generation)라고 한다. Information - generation, Internet - generation의 둘을 동시에 의미할 수도 있다. 여기에서 말한 지성과 지능의 Intellectual - generation, Intelligence - generation의 의미도 이 'I'의 두 문자에 포함시켰으면 좋겠다.

학교교육에서도 지식과 정보를 얻는 방법, 이를 조직하는 방법, 이를 통하여 새로운 지식을 창출하는 방법, 얻은 지식과 정보를 저장했다가 필요한 때 활용하는 방법에 관한 교육을 강조하지 않을 수 없다. 지식과 정보를 다루는 데 컴퓨터를 활용하고 인터넷을 많이 활용하게 된다. 그래서 이 인터넷을 지식의 보고, 지식의 바다라고 한다. 어떻게든 컴퓨터 다루기와 인터넷 활용까지의 교육을 해야 할 입장이다.

이제 컴퓨터 다루기도 읽기, 쓰기, 셈하기, 문제 해결하기와 함께 기초능력(기초학력, 기초기능)에 속하게 되어 있다. 초등교육에서 컴퓨터 다루기의 기초능력을 길러 주기 교육을 반드시 해 줘야 한다. 기초교육이 중시된다. 교사가 먼저 컴퓨터 다루기를 해야 하는 것은 물론이고 먼저 익힌 친구 학생, 상급 학년 학생들로부터 배우게 짝을 정해 주는 방법도 생각해 볼 수 있다. 컴퓨터를 다루지 못하면 문맹에 속한다는 말은 우리가 너무 많이 들었다. 우리 아이들을 컴퓨터 장애인으로 만들어서는 안 되겠다.

여기서 문제는 영어이다. 컴퓨터의 용어, 인터넷 용어가 모두 영어로 되어 있어서 문제가 된다. 최소한의 영어를 컴퓨터와 겸해서 가르쳐 줘야 하고, 또 우리말로 바꿔 주는 어려움을 극복해야 할 입장이다.

## 2) 인간성 기르기 교육

산업사회에서는 인간에게 필요한 모든 것을 제조해 낼 수 있고, 또 제조해 낸 물질을 갖고 우리 인간이 행복하게 살 수 있다고 생각했었다. 그러나 우리 인간은 물질을 가지고 어느 정도 행복할 수 있었으나 공해를 일으키고, 인간성을 잃어버리고 하여 불행을 끌어들이게 되었다. 그래서 앞으로는 인간주의, 인본주의, 인간성 회복, 인간미 등 인간이라는 단어가 많이 나타나게 되었다. 산업사회의 물질에 지친 인간들이 인간답게 살고자 하는 반동이 강하게 나타난 것이다. 그래서 컴퓨터 교육에 애쓰는 그 몇 배의 노력을 사람 만들기 교육에 바쳐야 한다.

이 사람 만들기 교육도 기초교육의 토대에 바탕을 두어야 한다. 사람 노릇 하는 기초, 자기 나라 국민으로서 생활하는 데 필요한 기초를 닦아 줘야 한다. 읽기, 쓰기, 셈하기와 컴퓨터 다루기에 더하여 문제 해결력을 길러줘야 한다. 앞으로 학생들에게 부닥칠 수많은 문제를 현명하게 해결할 수 있게 하는 기초교육이 요구된다.

다른 사람을 배려하고, 다른 사람과 어울려 살기 위한 인간성, 사회성 교육이 중요하다. 산업사회는 분업사회, 조립해서 제조해 내던 사회이기 때문에 그런대로 혼자 똑똑해도 되고, 혼자 살아갈 수 있었으나 지식정보사회는 남과 어울려 팀으로, 협동하며 살아가지 않으면 안 된다. 초등교육에서 사회성, 협동성 교육을 특히 강조하지 않으면 안 된다. 남을 배려하는 인간성 교육을 해야 한다. 단순히 사람의 남뿐만 아니라 자연, 환경, 물건까지도 배려하는 마음이 필요하다(다음은 앞에서 말한 것을 한 번 더 강조하는 내용이다).

## 3) 윤리도덕교육

인간이 인간답게 살기 위하여 만들어진 가장 기초적이고 근본이 되는 것이 윤리도덕이다. 우리나라는 어느 나라보다 윤리도덕의 기초가 튼튼한 나라였다. 그래서 남들이 동방예의지국이라고 했다는 것이다. 모든 나라가 부러워하는 나라였던 셈이다. 그런데 이 윤리도덕이 우리가 먹고살기 어려웠던 시대에도 깨지지 않고 튼튼했었는데 살기 좋아지기 시작했다고 생각했던 60~80년대 짧은 산업화 시대에 다 깨져 버려 지금은 최악의 상태에 이르렀다. 무질서의 나라가 되고 불안한 사회가 된 것이다. 우리가 산업화 시대에 물질을 얻는 동안 정신과 사람의 도리를 잃어버린 것이다. 물질만 얻으면 인간답게 살기를 포기해도 좋다고 생각했던 모양이다.

최근의 교실 붕괴도 윤리도덕이 무너진 증거이다. 윤리도덕을 가르치고 바로잡고 보존해야 할 학교 안에서 윤리도덕이 깨지기 시작한 것이다. 학교에서 모든 교육을 포기하는 한이 있어도 이 윤리도덕교육 하나만이라도 붙잡아 바로잡아야 한다. 윤리도덕의 둑이 무너지면 선진국이나 성숙사회를 만들기는 고사하고 사회를 이루고 살 수 없는 사회가 되고 만다. 선진국은 물질이 선진이 아니라 윤리도덕이 선진인 나라이다.

학교교육에서 윤리도덕의 질서를 잡아 줘야 한다. 규칙과 규정이 지켜져야 한다. 우리 사회와 학교에서 믿음과 정직이 통할 수 있어야 한다.

윤리도덕은 윤리도덕 수업시간에만 하려고 해서는 안 된다. 전 시간, 전 생활을 통해서 전 직원이 한 덩어리가 되어 최우선 순위로 삼고 교육해야 한다. 윤리도덕교육은 21세기 교육의 최우선 과제라고 본다.

윤리도덕은 원래 가정, 교회, 사회가 맡아서 해야 할 일이지만 이곳에서 오히려 윤리도덕을 파괴하는 일을 많이 하고 있으므로 학교에서라도 강화하지 않을 수 없다. 그러나 학교에서의 윤리도덕교육은 가정과 교회, 지역사회와 연계하여 실시해야 효과를 거둘 수 있을 것이라 생각해야 할 것이다.

국제화 시대에 국제 예의에 관한 교육도 여기에 포함시키고 싶다. 영어교육보다 중요한 것이 국제 에티켓 교육, 국제문화 이해교육이라고 본다.


## 4) 문화예술교육

인간이 좀 더 인간답게 살기 위하여 만들어 놓은 것이 문화예술이다. 인간답게 살기 위하여, 특히 아름답게 살려고 하다 보니 문화예술을 만들어 낸 것이다. 인간이 추구하는 최고의 가치는 진선미(眞善美)일 것인데, 윤리도덕에서 주로 진과 선을 다룬다면 문화예술에서 미를 추구하는 것으로 문화예술교육은 인간사회의 근본에 해당하는 기초교육이다.

예체능교육이 학교에서 틈틈이 하는 여벌교육이라는 생각을 해서는 안 된다. 특히 예체능교육의 기초는 초등교육에서 잡아 줘야 한다. 우리나라 사람들이 세계적으로 이름을 날리는 분야는 그래도 바로 예체능분야이다. 그런데 이들이 모두 정상적인 학교교육에서 길러 주지 못하고 모두 학교 밖, 나라 밖에서 개인의 노력에 의하여 세계적인 인물이 된 것이다. 21세기에는 우리가 문화예술이 생활화되도록 해야 하는데, 이 기초는 정상적인 학교교육을 통해서 달성해야 한다. 컴퓨터 문맹과 마찬가지로 학교교육에서 예체능의 문맹, 예체능에 기본소양이 부족한 인간을 더 이상 길러 내지 않도록 해야겠다. 예체능은 일부 재능 있는 특수한 학생에게만 필요한 분야가 아니다. 21세기에 전 국민에게 필수적인 삶의 일부분이 되어야 하는 분야이다. 선진국은 결국 물질만 선진인 것이 아니라, 문화예술이 선진이라는 것을 알아야 한다.

최근에 강조되는 창의성 교육은 과학에서보다도 예체능에서 더 요구되는 것이다. 21세기 창의성 교육을 위해서도 예체능교육은 강조할 필요가 있다.

## 5) 기초교육

앞에서도 이미 조금씩 강조하였지만, 21세기 교육에서도 기초가 튼튼해야 한다. 지식정보의 기초, 컴퓨터의 기초, 사람 노릇 하기 위한 윤리도덕의 기초, 예체능의 기초, 과학의 기초, 읽고·쓰고·말하기의 기초를 튼튼히 해 줘야 한다. 창의성도 기초가 튼튼한 토대 위에서 나올 수 있다. 기초 없이 창의성이 저절로 생길 수 없다.

그런데 우리의 교육에서 너무 서둘다 보니 기초를 허술하게 한 채 너무 쉽게 꽃과 열매를 요구하는 교육을 해 왔다는 반성을 하지 않을 수 없다. 21세기의 교육, 특히 초등교육에서는 기초를 철저히 하는 교육을 해야 할 것이다.

기초는 양을 최소한으로 줄이는 대신 철저히 해야 한다. 의무교육 기간이라도 낙제나 유급까지도 감수해야 한다고 본다. 초등학교에서 기초가 튼튼하지 못하고 서두르기만 했던 결과 우리나라 정치, 경제, 사회, 문화 모두가 한꺼번에 우르르 무너지고 있는 것이다.

기초교육은 제때 길러 주고 다음 단계로 넘겨줘야 한다. 기초가 안 된 것은 다음 학년, 다음 단계의 학교로 넘겨줘서는 안 된다. 각 단계에서 책임지고 끝내줘야 한다.


## 6) 질의 교육

산업사회는 양(量)이었지만 지식정보사회, 문화예술의 사회, 인간 존중의 사회에서는 질(質)이 강조된다. 우리의 교육은 그런대로 산업화에는 알맞았던 셈이다. 싸구려의 대량교육으로 산업화에 기여하여 단기간에 산업화를 앞당길 수 있었다. 대량교육에 관한 한 한국교육은 대단히 성공적이었다고 할 수 있다. 그러나 이 대량교육은 더 이상 지식정보사회에서는 살아남을 수 없다. 지식과 정보는 양이 아니라 질이기 때문이다. 선진국, 성숙사회는 양이 아니라, 질적인 삶을 사는 사회이다.

과거에 대량교육을 하기 위해서 획일교육, 표준화 교육을 하지 않을 수 없었다. 획일교육을 하기 때문에 학생들은 학교에 재미가 있을 수 없었다. 교육과정도, 교육방법도 학생 개인에게는 와 닿지 않고 의미가 없었던 것이다. 그것이 윤리도덕의 붕괴와 상승 작용하여 오늘날 교실 붕괴로 이어졌을 가능성이 높다. 학교가, 교사가 학생 개인 개인에게 의미를 심어 줄 수 있어야 한다. 의미 있는 시간을 제공해 줘야 한다.

학교교육이 학생 개인에게 의미를 주기 위해서는 개별화 접근을 해야 하고, 개인의 독특성과 다양성이 존중되어야 하고, 그러기 위해서 학교에서 학생에게 제공하는 교육 메뉴, 교육 프로그램이 다양해야 한다. 학생들에게 선택의 자유가 보장되어야 한다. 학생들에게 선택의 자유를 보장해 주려면, 학교는 과거보다 더 많은 투자를 해야 한다.

학교가 학생들에게 재미있는 곳이 되고, 의미 있는 곳이 되려면 학생들의 욕구를 충족시켜 주어 내적 동기 유발을 시킬 수 있어야 한다. 소속감을 가질 수 있고, 의미 있는 사람으로 존중받고, 자신의 능력을 최대한 발휘할 수 있어야 한다. 학생들에게 유용한 것을 하라고 해야 한다. 그러려면 흥미와 소질과 적성을 발휘할 수 있는 기회가 주어져야 한다. 찬 머리도 중요하지만, 느낌과 흥분·열광이 있어야 하고, 따뜻한 가슴, 날랜 손발도 박수를 받을 수 있어야 한다.

질의 교육은 밀도 높은 교육이다. 수업 시간의 양을 줄이더라도 40분 수업의 밀도를 높여야 한다. 밀도 높은 수업은 학생들에게 신나는 시간이 될 것이다. 질의 학교, 질의 교사, 질의 수업, 질의 삶이 보장되어야 한다.

새 시대를 맞아 우리의 교육에서 바뀌고 강조되어야 할 것이 관점에 따라 다른 것, 더 많은 것이 있겠지만, (1) 지식정보 다루기교육 (2) 인간성 기르기 교육 (3) 윤리도덕교육 (4) 문화예술교육 (5) 기초교육 (6) 질의 교육 여섯을 특별히 내세우고자 한다.

장학지도자는 무엇보다도 새 시대에 맞는 교육의 방향감을 가져야겠기에 여기에 많은 지면과 시간을 할애한 것이다. 우리가 덜 열심히 하는 한이 있더라도 올바른 목표와 방향에서 일을 해야 한다.

앞에서 언급한 교육의 방향 전환은 우연히 생기는 현상이 아니라, 밑에서 거대한 철학과 사고의 틀이 바뀌기 때문이다. 이러한 철학과 사고의 전환에 따라서 장학도 같은 맥락에서 바뀌어야 한다(2000 장학론 연수 원고).

---

거듭 강조 되는 내용이다. 이는 아무리 강조되어도 오히려 부족하다고 본다. 21세기에는 21세기에 맞는 교육을 해야 한다. 쓸데없는 교육 많이 해가지고는 학생과 교사만 희생 시키게 된다.

## 1) 장학의 기능 변화

장학이 무엇이냐, 장학이 하는 일이 무엇이냐의 문제도 장학을 좁게 보느냐, 넓게 보느냐에 따라 다양해질 수밖에 없다. 장학이 무엇이냐는 장학이 하는 기능(機能)이 무엇인지 알게 되면 어느 정도 밝혀질 수 있다. 장학이 하는 기능도 시대에 따라 변하고 발전한다.

우선 장학은 학교에서 수업을 개선하고 향상시켜 주는 기능을 한다. 뭐니 뭐니 해도 학교에서 수업만큼 중요한 것은 없다. 학교에서 가장 중요한 수업을 개선시키기 위한 장학이야말로 여러 교육활동 중에서 중요한 분야가 아닐 수 없다. 더구나 지식정보사회가 도래하면서 세계 모든 나라가 지식과 정보를 창출하고 활용하는 교육에 최우선 순위를 두고 또 교육은 결국 수업의 질에 달려 있으므로 자연히 수업의 질 향상·수업개선을 위한 장학을 중시하는 경향이다.

또 장학은 학습의 산출, 교수의 실제, 교직적 발전, 여러 가지 지원 서비스, 교육혁신과 재구조화·개혁, 여러 전자기술의 통합 등에 관심을 갖고 이를 발전시키는 기능을 하고 있다. 말할 것도 없이 전통적으로 교육과정과 교수, 학교조직 발전에 관련된 분야이다.

최근에 장학의 발전적 기능으로 제시되고 있는 것을 보면 (1) 교육의 질 통제와 유지 기능, (2) 교직발전 기능, (3) 지원봉사 기능, (4) 변화·재구조화 계획 기능 등을 들고 있다.

장학은 뭐니 뭐니 해도 첫째, 우리나라 교육의 질을 통제·유지·관리하는 기능을 한다. 이는 중앙의 교육인적자원부 수준, 교육청 수준, 학교 수준의 모든 수준에서 교육의 질 관리 노력을 해야 하는데 우리는 이 분야의 장학기능이 너무 약하다. 교육인적자원부에 교육의 방향과 목표를 설정하고 이에 맞게 교육과정이 개발되고 관리·운영되는지 확인하는 부서 자체가 없다. 일반직이란 사람들이 교육청 평가를 하여 그 결과에 의하여 돈을 나누어 준다는 현실이니 이 얼마나 어처구니없는 노릇인가? 평가는 고도의 전문성과 고등기능이 요구되는 장학의 분야이지 일반직이 돈 가지고 할 일이 아니다.

전국 표준화 검사, 졸업필수요건, 교사 총괄평가, 세계수업표준 등을 통하여 우리나라 교육의 총체적 질 관리를 하는 일이 중앙 수준에서의 장학의 기능에 속한다.

둘째, 장학은 교직발전의 기능을 한다. 교원의 계속적인 전문직적 성장을 도와주려는 것이 장학이다. 교사가 가지고 있는 잠재능력을 최대한 발휘하게 하여 교사의 자아실현을 도와주려는 것이 장학이다. 장학이 이 기능만 제대로 한다면 교사들이 장학에 대하여 부정적인 태도를 가질 이유가 없다. 교사들이 장학을 이 기능과는 반대의 것, 즉 지시·감독·통제의 기능으로 보았고 또 그들에게 그렇게 비쳤기 때문에 장학에 부정적이었던 것이다. 이제부터라도 장학의 기능을 올바르게 바로잡아야겠다.

계속적 성인(교사)교육, 연수훈련, 현장중심 인턴, 코치, 효과적인 교수 개선, 교원의 개인적(인성적) 발전과 교직 전문직적 발전 등이 모두 장학이다. 우리가 흔히 교원연수라고 하는 것이 곧 이 장학이다. 최근 외국의 학교교육현장에서의 변화에 해당하는 팀티칭, 보조교사 활용, 현장중심 학습, 가정교육과의 연계, 기술공학적 망 형성 등도 장학적 기능에 해당된다.

셋째, 장학은 지원봉사의 기능을 한다. 활용 가능한 교재제작, 매체자원, 서기적 보조, 학부모 참여, 건강 보조, 통합적 기술 환경 제공, 정보 제공, 분석 제공, 피드백 제공, 반성적 실천 지원, 지역사회 참여 지원, 기술 공학적 지원 등이 모두 장학의 기능이다. 이런 지원 기능도 중앙 수준, 교육청 수준, 학교 수준에서 이루어져야 할 장학 기능으로 앞으로 계속 활성화되어야 한다. 교사는 이런 지원 기능 없이 학생들을 잘 가르칠 수 없다.

넷째, 장학은 변화·재구조화 계획 기능을 한다. 최근에 우리나라에서 교육개혁이란 이름으로 교육 관리들이 교육현장을 흔들어 놓은 것들이 모두 사실은 교육전문직에 의하여 장학에서 해야 할 기능이다. 장학은 근본적으로 사람(교사)을 변화시키고, 일과 직업(교직)을 변화시키고, 조직을 변화·발전시키려는 것이다. 교육혁신과 개혁은 장학적 기능이며 장학을 통해서 이루어져야 한다.

교육혁신과 개혁을 전공하거나 연구하지도 않은 사람들이 이론이나 전략도 없이 개혁의 칼날을 휘두르는 것을 보면 섬뜩하기까지 하다. 교육개혁은 다른 어떤 분야보다도 어려운 분야이기 때문에 충분히 연구하여 성공에 자신 있을 때 신중히 이루어져야 한다. 장학에서 이런 전문가가 나오길 기대한다.

## 2) 장학 실제의 특징적 모형

그러면 앞에서 열거한 장학 기능을 수행하기 위해서 실제 어떻게 장학에 접근할 것인가? 이것을 몇 개의 모형으로 분류해 보고자 한다.

첫째, 임상적 모형이다. 임상장학, 마이크로티칭으로 불리는 것들이 이에 속하는 것으로 장학에서 대표되고 보편화될 것이라고 할 수 있다.

그런데 우리나라에서는 이 임상장학을 특수한 장학방법으로 생각하는 경향이 있어 안타깝다. 모든 장학의 기본은 임상에 두고 이를 조금씩 변형·응용해서 활용하게 된다.

임상적 모형은 교실 현장에서 수업자와 장학자가 1 : 1의 친밀한 대면적 관계에서 장학계획협의회 – 수업관찰과 분석 – 피드백협의회의 순환적 과정을 거치면서 교사의 전문직적 성장과 교수기술 향상을 위해서 노력하는 하나의 장학적 대안이다.

둘째, 진단적 모형이다. 이는 수업에 있어서 진단평가와 마찬가지로 장학에서 교사진단, 수업진단에 목적을 둔 것이다. 이 진단은 다음에 이어질 어떤 처방이 뒤따를 것이라는 전제에 해당된다. 다음의 장학 활동을 위한 사전 활동에 해당된다. 이 진단모형도 임상장학에 기초하여 수업개선을 위한 계획의 공통적 출발점으로 하여 자기평가와 관찰을 포함시킨다.

이 진단모형에서는 여러 가지 검사와 자기보고·구조적 면접자료, 학생들의 보고, 특수한 분석 기법과 같은 공식적 진단 절차를 사용하게 된다. 예를 들면 수업관찰과 분석기법의 하나인 '플랜더스의 언어 상호작용 분석법'을 진단모형으로 생각할 수 있다.

또 앞으로 어떤 문제에 초점을 맞춰 어떤 장학을 하는 것이 개개 교사에게 알맞은 것인가를 염두에 두고 (1) 교사와 탐색적 협의회, (2) 교사의 교수(수업)계획 검토, (3) 비공식적인 교실 방문, (4) 학급환경 관찰, (5) 수업 중 학생의 과업집중 시간 관찰, (6) 학생의 학습산물 검토, (7) 공식적·탐색적 관찰, (8) 각종 보고 자료 활용은 모두 교사의 장학적 필요를 진단하기 위한 방법이 될 것이다.

셋째, 발전적 평가체제 모형이다. 임상적 모형에 기초하여 진단적 모형으로 발전하고, 진단적 모형에서 발전적 평가체제로 발전한다. 이는 덜 처방적이고 교사와 보다 협동적으로 참여하게 된다. 이 체제는 사전 훈련－교사의 자기평가－3단계 자료수집(① 조사단계 ② 교사선정에 초점 ③ 체제적 계획)－분석－개선과정을 거치는 장학모형이다. 교사가 스스로 발전하고자 노력하게 하는 발전적 모형이라고 할 수 있다.

넷째, 훈련모형이다. 이는 연수·훈련을 통해서 교사를 발전시키고자 하는 전략이라고 할 수 있다. 실험실 접근을 통한 직원 발전전략, 워크숍 형태, 스터디 그룹, 여러 가지 훈련 코스, 교직발전센터 프로젝트, 집단치료, 시뮬레이션(모의 상황), 게임, 감수성 훈련, 협동학습, 컴퓨터 기반프로그램 등이 이 훈련 모형에 해당된다. 수업현장에서 직접 훈련하기 전에 실험실 상황이나 모의 상황에서 사전에 훈련하는 것으로 생각하면 좋을 것이다.

다섯째, 코치와 개인지도 모형이 강조되고 있다. 운동, 예능 분야에서 코치하듯이 수업을 코치하는 것인데 최근에 교사 동료들 간의 코치가 외국에서 장학의 한 방법으로 강조되고 또 유행하고 있다. 코치는 임상적 실천에다 공식적 훈련과 강의, 기술훈련을 합친 것(코치＝

임상적 실천+공식적 훈련, 강의, 기술훈련)이라고 할 수 있다.

멘터링(개인지도, mentoring)은 특히 초임교사를 개인교수 형태로 지도해 주는 장학모형으로서 우리나라에서 특별히 강조하고 싶다. 교사를 한 사람의 전문직의 전문가로 키우는데 이런 멘터 노력 없이 교육대학의 학점만 따 모아 교사자격증을 따는 것으로 끝나게 되어서야 되겠는가? 교직에서 반성해야 할 일이다.

교사에게 코치와 개인교수의 도움이 필요하다. 더 훌륭한 전문가 교사가 되기 위해선 코치와 개인교수를 사양할 일이 아니다.

여섯째, 교육과정 개발모형이다. 이제 교사는 교육과정을 개발하여 이를 수업으로 연결시켜야 하는 연구자가 되어야 한다. 이제 교사는 더 이상 단순히 주어진 것을 가르치기만 하는 교수자가 아니다. 이제 우리나라 교사는 주어진 것을 기계적으로 가르치는 교수자로부터 교육과정을 개발하고 구성하여 가르치는 연구자의 수준으로 격상되어야 한다.

수업에 직접 사용하기 위해 교육과정을 개발하고 재설계하는 일, 새로운 교수기술을 적용하기 위해 단순히 교사가 학습하는 데 그치는 것이 아니라 교수계획에 더 강조를 한다.

집단 상호작용에 의하여 교육과정 목표설정과 목표 명료화, 과(lesson) 또는 단원계획, 수업자료와 평가자료 개발 등이 이 교육과정 개발모형의 장학에 속한다. 우리로서는 좀 높은 수준의 장학이며 시간과 노력을 요하는 장학이다.

일곱째, 조직발전 기획모형이 있다. 이는 교사의 개인(인성)적 발전, 교직 전문적 발전과 함께 조직발전(OD, organizational development)은 교사발전의 중요한 한 장학모형이다. 조직발전은 교사연구자, 현장연구, 반성적 실천자의 종합이라고 할 수 있다. 교수학습 개선을 위하여 함께 일하기, 학교 수준과 교실 수준에서 결정하고 책임지기를 적용하는 전략적·체제적 기획이라고 할 수 있다. 교사 한 사람 한 사람을 발전시키려는 접근이기보다는 학교 조직 전체를 체계적으로 발전시키려는 발전전략이다. 조직혁신, 조직쇄신 전략이다.

여덟째, 교사평가 모형이다. 장학에서 평가는 피할 수 없는 측면이다. 장학은 조장적·지원적 기능과 평가적 기능을 동시에 수행하는 두 얼굴의 사나이이다. 그래서 장학은 지킬 박사와 하이드 씨라는 별명을 갖고 있다. 그런데 우리나라의 교육인적자원부에서는 일반직 교육 관리들이 전문적 장학을 일반직 평가로 바꾸어 버린 것이다. 그리고 시·도, 시·군 수준에서도 모두 장학을 없애 버리려고까지 했던 과거 교육부 장관이 있었다.

장학에서 교사를 도와주면서 동시에 평가해야 하고 또 평가해서 도와줘야 한다. 그래서 교실수업 실제에 대하여 공식적으로 모니터링하고 평가해야 하는 것이 원칙이고 외국에서는 너무나 당연한 것이나 우리나라에서는 너무 강조하지 않기를 희망한다. 장학이 부정적으로 비치지 않기 위해서다. 이 교사평가는 형식적이기 쉽고, 협조를 얻기가 부족하고, 권위적 가정에 기초하게 된다. 그리고 획일적이기 쉽고, 융통성이 부족하다. 그래서 이런 점을 피하고 보완해야 한다. 또 내발적이기보다 강제적이면 효과를 보기 어렵다. 어쨌든 교사평가는 장학의 한 모형임에는 틀림없지만 장학에서 교사평가를 할 때에는 엄격하게 그리고 공정하게 할 수 있도록 해야 한다.

## 3) 장학관과 장학문화의 변화

먼저 장학을 보는 눈, 관점이 달라져야겠다. 장학은 누구를 위한 것인가? 누구보다도 먼저 교사 자신을 위한 것이다. 교사로 하여금 교직에서 보람을 느끼고 또 실제로 행복하게 해 주자는 것이다. 교사의 교수기술을 향상시켜 교직의 일에서 의미를 찾고 자신감을 갖게 하자는 장학으로 관점을 바르게 잡아야 한다. 또 교사의 능력을 최대한 발휘하게 하여 교사의 자아실현을 도와주자는 장학으로 장학의 관점이 바뀐 것이다. 행복한 교사에게서 배우는 학생이라야 행복해질 수 있고 또 학생은 자아실현을 하게 된다.

장학은 교육의 본질을 다루는 것으로 여러 교육활동 중에서도 가장 중요하고 핵심적인 분야이다. 장학이 잘 보이지도 않고 효과가 금방 겉으로 드러나지 않는다고 하여 우선순위에서 변두리로 밀려나는 신세가 되어서는 결코 안 된다.

이렇게 교사들이 장학을 남의 것으로 생각하지 않고, 또 변두리 일로 생각하지 않게 되어 장학을 수용하고 적극적으로 장학에 참여하는 장학문화가 형성되어야 한다. 교사들 사이에 스스로 성장하고자 하는 자율의 문화, 참여의 문화, 학습의 문화가 학교에 형성되어야 한다. 그리고 동료교사들끼리 서로 도와주고 성장하려는 노력을 격려하는 동료문화, 신뢰의 문화가 형성되어야 장학은 효과를 발휘하게 된다. 새로운 시대정신에 맞게 장학관과 장학문화가 먼저 변하고 형성되기를 기대한다.

## 4) 교내장학의 활성화

우리나라에서는 장학이라고 하면 소위 상부의 장학만을 생각하는데 앞에서 말한 장학 기능과 모형에서 시사된 것처럼 수업 현장인 학교수준에서의 장학이 장학의 중심이 되어야 한다. 가장 중요한 장학자는 교장·교감이다. 교장·교감은 피장학자가 아니라 주장학자인 것이다. 교육청에서는 교장·교감으로 하여금 교내장학을 잘할 수 있도록 지원해 주고 교내장학을 제도화시키는 데 장학의 초점을 맞춰야 할 것이다.

교장·교감은 장학문화와 장학여건을 형성하고, 장학연수를 통하여 교사의 협조를 받아 장학을 시행해야 장학효과를 거둘 수 있다. 교내장학에서도 획일적인 장학을 피하고 장학의 다양화, 개별화의 정신에 따라 다양한 장학대안을 개발하여 교사에게 맞는 장학대안을 선택하게 하여 교사에게 필요한 장학이 되도록 하여야 힐 깃이다.

어쨌든 장학의 중심이 최소한 학교 수준으로 이동해야 한다는 점을 먼저 강조하고자 한다. 교원연수·연구도 학교 수준에서 하는 것이 효과적이다.


## 5) 수업장학과 임상장학에의 초점

지식정보사회의 승부는 교육의 본질이요 핵심인 수업에서 결판난다는 생각을 갖고 수업개선을 위한 수업장학과 임상장학에 초점을 맞춰야 한다. 수업장학은 실험상황에서가 아니라 가능한 한 수업현장에 임해서 대면적인 1 : 1의 관계에서 하는 것이 가장 효과적이라고 할 수 있다. 그래서 임상장학이 모든 장학의 기본이 되는 것이다. 지식정보사회로의 전환과 함께 금년에는 모든 시간, 재정, 교육적 에너지를 수업개선에 집중해 봤으면 좋겠다. 지금은 수업 이외의 곳으로 돈도, 시간도, 에너지도 많이 새고 있다.

## 6) 동료장학의 개발·보급

결국 교사들은 무엇이든 스스로 하려고 해야 효과가 있다. 장학도 일단 교사들이 스스로 성장하고자 해야만 가능하고 효과가 있다. 그런데 교직은 전문직이기 때문에 전문가 동료의 도움을 서로 주고받을 수 있으면 더 효과적이다. 학교는 엄격한 관료조직은 아니기 때문에 전문성을 요하는 수업에서는 상급자보다는 동료교사의 전문적인 도움이 더 효과적일 수 있다.

동료교사가 장학의 전문가는 아니지만 수업의 전문가이기 때문에 최소한 수업개선을 위해서만은 같은 수업전문가끼리 충분히 도움을 주고받을 수 있다. 장학모형에서 이미 언급되었지만 이제는 동료코치 방법을 외국에서는 교사들이 더 선호하게 되었다. 코치방법은 예체능에서의 코치와 마찬가지 방법이고 기본은 임상장학의 과정과 비슷하다.

① 사전에 계획협의회 시 교사는 수업계획을 말하고 코치는 주로 듣는 일을 하게 되고, ② 수업관찰 시에는 교사는 가르치는 일을 하고 코치는 주로 관찰을 하게 되며, ③ 피드백 협의회에서 교

사는 반성·평가를 하고 코치는 정당화·타당화로 인정해 줘 반성적 활동을 하게 된다. ④ 협의 후 활동으로 문제 해결 협의회를 하는데 교사는 적용에 주력하고 코치는 자문을 하게 된다.

이 외에도 다양한 동료코치 방법이 있을 수 있다. 각 학교, 각 교사에게 알맞은 동료코치 방법을 개발하고 이를 현장에 널리 보급하여 교사들이 협동적 노력, 팀워크를 하는 것은 시대정신에 딱 부합되는 것으로 본다. 동료코치의 분위기는 수업개선뿐만 아니라 다른 많은 부수적 효과도 가져올 수 있다고 보아 적극 권한다.


## 7) 자기장학의 분위기 조성

장학은 원래 상급자가 됐든 동료가 되었든 다른 사람이 있어야 한다. 그런데 자기장학은 교사 혼자서 자신을 장학한다는 것이기 때문에 용어상으로는 모순이 있다. 그러나 장학의 목적이 교사의 교수기술 향상에 있다면 자기장학도 가능하고 오히려 자기장학이 더 바람직하다고 본다. 교사 혼자서도 자신의 교수기술을 향상시킬 수 있고 또 자기장학을 위한 이러한 교사의 자율과 동기 유발이 장학에 있어서 가장 바람직한 상태라고 본다.

교직 경험을 충분히 갖고 있고, 성숙하고 독립적이며, 동기 유발이 잘되어 자율성이 강한 교사에게는 스스로 교수기술 향상에 노력하게 하는 자율적 자기장학의 기회를 주는 것이 타율장학보다 더 효과적일 수 있다.

자기장학의 방법으로는 교사가 수업시간에 녹음기나 녹화기를 설치하여 관찰 자료를 수집하여 자기분석을 할 수도 있고, 학생이나 학부모로부터 수업에 대한 피드백 자료를 수집하여 분석해서 수업개선방안을 찾는 방법도 있을 수 있다. 물론 교사가 스스로 동료교사나 교장·교감의 도움을 요청할 수도 있다.

또 교사가 스스로 전문 독서를 계획적으로 한다든지, 연구와 연수를 한다든지, 대학원에 등록하여 교직 전문성 향상을 위하여 노력하는 것도 자기장학의 범주에 포함시킬 수 있다.

앞에서도 여러 번 강조되었던 것처럼 교사는 스스로 성장하고자 노력해야 장학적 효과를 가져올 수 있다. 그래서 자기장학은 모든 사람에게 적용 가능한 것은 아니라고 본다. 다른 사람의 도움을 받는 장학이 더 효과적이라면 그런 교사에게는 임상장학이나 동료장학을 적용하는 것이 더 좋을 것이다.


## 8) 종합정리

우리나라는 교육을 중시하여 교육으로 지탱해 온 교육의 나라이다. 교육을 많이 하고 많이 받고, 교육에 열심인 것은 좋지만 이제는 방향과 목표·방법을 바꿔야만 한다. 시대와 사회가 바뀌었기 때문이다. 그래서 여기서는 (1) 지식정보 다루기 교육, (2) 인간성 기르기 교육, (3) 윤리도덕교육, (4) 문화예술교육, (5) 기초교육, (6) 질의 교육을 강조하였다.

21세기에 들어 장학의 기능도 ① 교육의 질 통제와 유지 기능, ② 교직 발전 기능, ③ 지원봉사 기능, ④ 변화·재구조화 계획 기능으로 발전하고, 장학의 실제의 모형도 ① 임상적 장학, ② 진단적 장학, ③ 발전적 평가체제 모형, ④ 훈련 모형, ⑤ 코치와 개인지도 모형, ⑥ 교육과정 개발 모형, ⑦ 조직발전 기획 모형, ⑧ 교사평가 모형으로 다양해지고 있다고 하였다.

이러한 기능과 모형의 발전과 변화에 근거하여 ① 장학관과 장학문화의 변화, ② 교내장학의 활성화, ③ 수업장학과 임상장학에의 초점, ④ 동료장학의 개발·보급, ⑤ 자기장학의 분위기 조성을 강조하였다.

장학은 눈에 잘 보이지도 않고 그 효과가 금방 나타나지도 않아 경시되기 쉬우나 지식정보사회의 승부도 결국 교육의 질에 있다는 점을 감안하면 이 교육의 질을 관리하는 장학에 우리나라의 교육적 에너지를 집중하지 않을 수 없다는 것을 쉽게 이해하게 될 것이다. 교육적 에너지를 수업과 장학에 결집시키되 그 방법을 전환해야 한다는 점을 강조한다.

우리는 얼마 전에 요란스런 밀레니엄 행사를 했다. 일시적 행사로 끝나고 지금 남아 있는 것은 별로 없다. 교육에서는 최소한 한 학년이라도 1년을 잡아서 '밀레니엄 교육'을 했으면 좋겠다는 제안을 한다. 학생들에게 백년, 천년의 거시적·역사적 관점에서 인류를 생각하고 우리 민족을 역사적으로 조망하는 '밀레니엄 교육'을 철저한 계획과 프로그램을 짜서 해 줬으면 좋겠다. 이는 역사, 환경, 과학, 도덕 등 모든 교과를 통합하여 시행하는 것도 의미가 있을 것 같다. 우리의 교육은 너무나 미시적이고 즉흥적이고 단편적이었다. 새 학년도는 밀레니엄 교육을 하기에 아주 좋은 기회이다 (국가 행정 전문연수원 전문직 연수).

## 4. 지식정보사회형 교육과 교육지도자

### 1) 역사 속 민족의식

사람들이 입만 열면 21세기를 말하더니 드디어 21세기, 2천 년대 새해를 맞았다. 그런데 사실 우리는 단기로 따지면 이미 5,000년 역사의 44세기를 살고 있었던 셈이다. 역사를 되돌아가서 줄여서 살 필요는 없는 것이다. 세계 사람들이 다 21세기라고 하니 겉으로는 같이 장단을 맞춰 주는 척하더라도 내심으로는 우리는 44세기의 역사적 자존심을 생각해야 할 것이다. 우리는 44세기 동안 찬란한 문화를 이루고 살아온 문화민족(文化民族)이라고 배웠다. 앞으로의 사회는 문화의 시대라고 하는데 우리의 역사와 우리 민족이 얼마나 자랑스러운가? 우리의 역사와 문화를 지키고 더욱 발전시켜야겠다는 사명의식이 솟구쳐 오른다. 이 역사와 문화를 지키고 발전시키는 일은 기업이나 경제가 공장에서 할 일이 아니라 교육과 교육자가 주도해야 할 일이다. 문화의 시대에는 교육이 중시된다.

이 역사와 문화는 경제와 돈만으로는 안 된다. 이 서론 부분에서 좀 성급하기는 하지만 잊기 전에 미리 결론과 주장을 하나 해야겠다. 그것은 바로 우리의 역사와 문화를 지키고 발전시키기 위해서 학교교육을 맡고 있는 지도자들에게 무엇보다도 국어와 역사, 지리,

우리의 고유 예술교육을 강조해 달라는 것이다. 국제화, 세계화가 강조되면 될수록 '우리 것의 교육'이 더 강조되기 때문이다.

우리 민족은 세계가 인정하는 민족이다. 어떤 사람들은 유태인 다음으로 우리 한국인은 지독하면서도 우수한 민족이라고 말한다. 유태인 다음이라고 해서 좀 서운하기는 하지만 옆에 강대국이라고 하는 중국과 일본이 있는데도 이들을 제쳐 놓고 우리 한국민족에 대하여 세계가 주목하고 있는 것은 자랑스럽지 않을 수 없다.

중국, 러시아, 일본 등 강대국들 옆에 붙어 있어 그들로부터 역사적으로 시달리면서도 그들에게 동화되지 않고 외국 것을 받아들이면서 우리의 언어와 문화를 5,000년 동안 지켜 왔다는 것은 우리가 생각해도 대단한 민족이라 하지 않을 수 없다. 우리가 강대국들 틈바구니에서 우리의 역사와 언어, 문화를 지켜 올 수 있었던 힘은 바로 우리의 교육력(敎育力) 때문이라고 본다. 유태인들이 교육으로 유태정신을 지켜 올 수 있었던 것과 똑같은 이치다. 그런데 우리가 너무 단일민족, 단일언어, 단일색깔 등을 강조하다 보니 획일주의, 배타주의로 흐르게 되었던 단점도 가지게 되었는지도 모른다. 아마 이런 것에 대해서는 뒤에 나오겠지만 개방성, 다양성이 요구되는 시대에 맞지 않아 고쳐야 했으나 어쨌든 우리 민족은 세계가 주목하는 민족임에 틀림없다.

우리가 60~80년대 30년 동안에 산업화에 성공했을 때 세계는 우리 민족을 주목했었다. 무엇이 우리를 단기간에 산업화에 성공하게 만들었을까? 이것도 교육 때문이라 한다. 이래저래 우리는 교육밖에 가진 것이 없는 교육민족(敎育民族)이다. 우리가 IMF 관리체제의 시련을 조기에 극복하기 시작하자 세계는 또다시 우리 민족을 주목하기 시작하고 있다.

선진국들이 200~300년 걸린 산업화를 우리가 너무 단기간에 산업화시키다 보니 기반이 약하고 거칠게 되어 여기저기서 터지고, 무너지고, 폭발하게 되고 IMF의 찬바람도 맞게 되었던 것이란 점을 교훈으로 알아야 할 것이다. 또 우리는 이 기간에 물질을 얻는 대신 값비싼 우리의 정신을 잃었다. 가치관, 규범, 신념이 무너졌다. 경제가 교육을 파괴한 것이다. 교육을 복원해야 할 시점인데 지금도 경제논리, 정치논리가 교육을 압도하고 있는 비극을 겪고 있는 것이다.

어쨌든 우리의 역사와 문화, 민족의식은 그동안 교육이 지키고 가꾸어 왔고 또 앞으로도 교육이 이들을 뒷받침해 줘야 한다는 말로 이 서론 부분을 정리하고자 한다.


## 2) 산업사회 공장형 교육에서 지식정보형 교육으로


우리가 원시부족사회, 농경사회를 거쳐 늦게 1960년대 산업사회에 진입하고 있을 때 선진국들은 그때 이미 지식정보사회로 전환하기 시작했다. 우리나라에선 겨우 90년대 들어 10여 년 전부터 지식정보사회 이야기가 나오기 시작했다. 그러니 우리가 겨우 농경사회에서 벗어나 산업사회의 사고와 구조를 갖기 시작할 때 세계 질서는 지식정보사회로 돌아섰으니 우리의 것이 세계 선진국의 사고와 구조에 맞을 리가 없다.

더구나 세계 질서가 국경이 없어지고, 지구촌이 되고, 세계자유시장체제로 바뀌니 우리의 산업화는 금방 주저앉고 시련을 겪게 된 것이다. 모래성의 신세가 된 것이다.

근대 학교가 생긴 것도 산업사회의 산물이다. 그래서 학교도 산업사회의 상징인 연기 나는 공장모형을 따르고 있다. 특히 20세기 인간은 모든 것을 만들어 낼 수 있다는 생각을 하던 제조의 세대였다. 공장에서 물건을 만들어 내듯이 학교에서 인간을 대량 제조해 낼 수 있다고 생각했던 것이다.

### (1) 질의 교육

대량생산 산업에 필요한 저질기술의 일꾼을 길러 내기 위해서 대량저질 교육의 원리가 적용되었다. 대량저질 교육에 관한 한 대한민국은 대단한 성공을 거둔 나라이다. 최근에 효율성, 효과성을 새삼스럽게 들고 나오지만 우리나라는 이미 아주 효율적이고 효과적인 교육을 하고 있었던 셈이다. 우리는 짧은 시간에 적은 돈으로 열악한 교육여건과 시설에서 힘 안 들이고 싸구려 교육으로 대량 교육을 하여 많은 유능한 일꾼들을 생산해 냈다. 이 일꾼들이 우리나라를 짧은 기간 내에 산업화시키는 데 많은 기여를 했다. 우리의 교육이 그런대로 산업사회에는 알맞았던 셈이다. 이보다 더 어떻게 효율성, 효과성을 빼먹을 수 있겠는가?

그런데 이제 사회가 지식정보사회로 바뀌었다. 지식정보는 질이지 양(量)이 아니다. 저질기술로 되는 것이 아니라 고도기술(Hi Tech)을 가져야 살아갈 수 있다. 이제 한국교육도 양을 줄이고 대신 질을 높여야 한다. 정식 교육과정만 해도 양이 너무 많다. 지식과 정보의 양도 많을 것이다. 수업시간도 많고 책가방도 너무 무겁다. 전교 학생 수도 많고 학급당 학생 수도 많다. 교사의 수업 담당 시간 수도 많다. 이런 것들을 줄여야겠다.

21세기 교육의 최대 관심은 학교 효과성, 학교개선, 교육의 질 개선에 있다. 지도자의 질은 곧 교수의 질로 나오고, 교수의 질은 학습의 질로 나와야 한다. 그런데 여기서 조심할 점이 있다. 그것은 바로 질을 높이지 못하고 양만 줄이게 되면 더 큰 문제가 될 수 있다는 점이다.

쓸데없는 것, 덜 유용한 것을 맹목적으로 많이 열심히 하는 것보다는 적게 일을 할지라도 올바른 방향에서 하는 것이 훨씬 더 유익하다고 본다. 목표의식, 방향감이 중요하다.

방향감도 없이 질(質)이 떨어지는 교육을 하다 보니 학생들은 학교를 재미없게 생각한다. 공부가 재미로만 할 수 있느냐고 반문할지 모르지만 목표의식과 방향감이 있으면 학교에서의 삶이 즐겁고 재미있을 수 있다. 학생들에게는 과외 교육과정, 특별활동, 자율활동이 강요된 보충학습이나 말로만의 자율학습보다 더 유용한 것이다.

여기서 교장 선생님들의 중대한 결심과 교장회의 단결이 요구된다. 중·고등학교는 대학교의 부속학교나 하급학교가 아니기 때문에 대학입시에 놀아나서는 안 된다. 각 학교는 중등보통교육을 해야 하는 고유의 목적을 갖고 있다는 점을 인식하고 이 목적달성을 위해 충실한 교육을 해야 한다. 아무리 학생과 학부모가 입시교육을 요구해 와도 교장회가 단결하여 이를 막아내고, 이들의 무리한 요구를 들어주면 안 된다. 앞으로 법으로 정해진 것만, 그만큼만 교육해도 양이 많다. 과잉 충성할 필요도 없다. 대학을 가고 안 가고는 학생 개인의 문제이다. 대학에 가는 것까지 교장이 다 책임질 수 있다고 보는가?

대학입시 교육에 중·고등학교교육이 놀아나는 한 우리는 지식정보사회에서 패배자가 될 수밖에 없다. 입시가 망국병이라고 해놓고도 왜 자꾸 우리는 나라 망칠 입시교육을 해야 하는 것인가?


### (2) 통합교육

산업사회 공장에서는 효율성과 숙련을 위해서 고도로 분업(分業)과 조립(組立)을 했었다. 그래서 공장모형 학교에서도 모두 나누기, 자르기, 칸막이 천지였다. 유·초·중·고등학교로 나누고, 학년, 학급으로 나누고, 교과목으로 나누어 가르치면 어린 학생들이 이들 지식의 파편 조각들을 주워 맞춰 전인(全人)이 될 것이라 가정했던 것이다. 그런 결과 쪼개진 인간들이 많이 나오게 되었던 것이다.

지식정보사회는 통합과 연결이다. 초·중등 보통교육이 점진적으로 통합교육을 지향하고, 유·초·중등교육 간에 협동이 요구된다. 최소한 최신 서비스의 협동적 병원모형을 따라야 한다. 한 인간의 생명을 구하기 위해서 병원에서 전후좌우, 상하 수평으로 협동해야 하는 것과 같은 병원모형 말이다. 중등교장도 유·초등교육에 대해서 알아야 하고, 초등교장과도 협동해야 한다.

교과목도 통합의 방향으로 가야 한다. 특히 '사람 노릇' 하는 데 필요한 기초 공통은 통합의 방향으로 가고 대신 최소한으로 하되 철저해야 하는 것이다. 유급과 낙제도 철저히 적용해야 하고, 나머지 교과목은 적성과 소질을 살리는 방향에서 선택의 기회를 줘야 한다. 여기에서 과외교육과정, 특별활동, 자율활동이 연결되어야 한다.

요즘에는 장애인들도 정상인과 한 학급에서 같이 가르치는 통합교육의 방향으로 가고 있다. 이것은 효율성과는 반대 방향의 교육이라는 것을 알아야 한다. 어떻게 보면 지식정보사회는 효율성, 경제의 시대와는 거리가 먼 것이다. 인본주의 방향이다. 장애인까지의 통합교육은 학습의 개별화와 연결된다.

통합교육에서는 학생들도 팀으로, 협동으로 배우고, 교사도 팀으로 협동하여 가르치고, 교육행정가도 팀으로, 협동으로 팀 행정을 해야 한다. 여기서 지도자는 팀 형성, 팀 문화를 형성할 수 있는 지도력이 요구된다. 이것은 수직적 분권화(分權化), 자율권(自律權) 부여의 방향과 연결되는 것이다.

통합, 협동, 팀으로 배우고, 가르치고, 행정하고, 일해야 하기 때문에 교육에서 관계성, 인간관계 능력이 강조된다. 이런 때 우리나라에서 왕따 문제가 심각하게 대두되고, 학교와 교육에 자주 경쟁문화를 몰아넣으려고 하는 것은 불행한 일이다. 지식정보사회에서는 팀과 협동이 아니면 모두가 파멸하게 되는 것이다.

20세기에 둘로 갈라진 우리 조국을 21세기에는 반드시 통일해야 한다. 통일은 총으로, 돈으로는 어렵다. 교육으로 해야 한다. 문화로, 예술로 해야 한다. 딱딱한 것이 아니라 부드러운 것으로 해야 한다. 하나의 민족교육으로 해야 한다. 이것도 일종의 통합교육에 속한다.


## (3) 다양성·융통성·자율성 교육

산업사회 기계조직 공장모형에서는 대량 조립생산을 위해서 하나의 틀에 다 구워 내야 하기 때문에 모든 것이 획일이었다. 교육도 획일교육일 수밖에 없다. 획일을 위해서 통제가 필요했다.

그런데 지식정보사회에서는 똑같은 것은 오히려 의미가 없다. 독특성이 오히려 박수를 받는다. 이제는 심지어 기계까지도 자신이 알아서, 스스로 판단해서 행동하는 시대이다. 독특성과 다양성을 보장하려고 하다 보니 분권(分權)이 되고 자율성(自律性)이 주어지고 선택의 폭이 넓어지는 것이다. 개인에게 맞추려고 하다 보니 융통적일 수밖에 없다.

지금 세계적인 경향은 학교경영도 학교단위자율책임경영제의 방향으로 가고 있다. 교육과정, 재정권, 인사권이 학교에 주어지게 된다. 그러니 자연히 학교장에게도 고도의 전문성이 요구되고 교장의 지도력이 더욱 강조된다. 교육개혁도 전국 획일의 교육개혁은 실패할 것이다. 큰 방향만 국가 수준에서 정해지면 나머지는 각 학교가 알아서 하도록 해야 할 것이다. 학교장이 교육개혁의 중심역할을 해야 할 것이다. 중앙집권적 관료제로는 변화무쌍한 사회에서 살아남기 어렵게 되었다.

학교에 주어진 권한은 다시 교사와 나누어야 한다. 그래서 참여적 의사결정, 공동 의사결정을 해야 한다. 교사들과 팀 문화, 동료 문화를 형성해야 한다.

교사는 다시 학생들에게 권한을 넘겨주게(student empowerment) 되고, 교수보다 이제는 학습이 강조되어야 한다. 자기주도의 학습을 하게 된다는 것이다.

교수의 수요자 소비자는 학생일 수도 있지만 교육행정의 수요자, 소비자는 교사이다. 교사를 만족시키지 못하는 교육행정을 하면서 교사들에게는 수요자 중심교육을 하라고 하면 극히 어렵게 된다.

여기서 주의해야 할 점은 최소 기본과 기초는 주입식이 되었든 강제가 되었든 철저히 그리고 확실히 확보해야 된다는 점이다. 열린 교육이다, 수요자중심이다 하여 적당히 넘어가는 것이 용납되어서는 안 된다고 본다.

지금 세계적인 경향은 결과지향, 산출근거, 표준근거 질 보장이란 것을 알아야 한다. 엄격한 평가에 근거한다는 점이다. 어떻게 보면 쥐어짜는 경향으로 보일 것이다. 지식정보사회에서 살아남으려면 철저한 질 보장에 있다는 것을 알아야 한다. 이것이 교육수요자를 보호하는 길이다. 우리는 이것도 저것도 아닌 난장판 교육을 빨리 극복해야 한다.

창의성은 하늘에서 저절로 떨어지는 게 아니다. 기초실력을 갖춰야 창의성도 나올 수 있는 것이다.

### (4) 인간미 교육

산업사회에서는 실증주의, 경험주의에 의하여 증명할 수 있는 것만 믿을 수 있는 가장 확실한 지식이었다. 논리, 분석, 객관화만을 강조했다. 이것을 과학이란 것으로 밀어붙였다. 왼쪽 뇌 교육에 편중되었다. 물론 우리의 교육은 제대로 해내지 못했지만 앞으로의 사회에서는 이것만으로는 너무 건조해서 살맛이 안 나게 된다.

학교교육에서 느낌표가 많이 나와야겠다. 정서와 감정이 살아 숨쉬어야 한다. 직관과 주관이 더 중시되어야 한다. 내 생각이 있어야겠고, 올바른 비판도 활발하게 할 수 있고, 또 비판을 먹고 자랄 수 있어야 한다.

남을 배려하고 남과 어울려 살 수 있어야 하고, 인간미가 넘치는 삶을 살 수 있어야 한다. 기계도, 컴퓨터도 인간을 생각해야 한다. Hardware, Software를 넘어 이제 Humanware도 강조되어야겠다.

인간답게, 아름답게 살려고 하다 보니 문화예술(文化藝術)이 번성하는 시대가 되었다. 감격하고, 감동하고, 흥분도 하고, 열광도 할 수 있는 풍부한 인간성을 가진 학생을 길러 내야겠다. 이제 예체능교육은 더 이상 여벌교육이 아니다. 이것은 앞에서 이미 언급한 과외 교육과정, 특별활동, 자율활동과 관련된 것이다.

지식정보사회에 맞게 달라져야 할 교육에는 이외에 더 많은 것들이 있겠지만 (1) 양에서 질의 교육으로, (2) 분리와 분업, 조립의 교육에서 통합의 교육으로, (3) 정형화, 획일에서 다양성, 자율성의 교육으로, (4) 증명주의, 객관화에서 주관과 정서의 교육으로의 큰 전환방향 네 가지만 제시하고 지식정보사회교육 지도력에 대하여 몇 가지 생각해 보기로 한다.


## 3) 지식정보사회의 교육지도자

우리나라 교육에서 제일 중요한 인물은 교장이라고 생각한다. 그리고 우리나라 교육발전의 전략적 인물도 교장이라고 본다. 그래서 우리나라 교장을 'Key Person'이라 했다. 우리나라 교육에서 열쇠와 같이 중요한 인물이란 뜻에서 그렇게 불렀다. 그런데 미국 교장의 별명이 'Key Boy'라고 하는 데서 힌트를 받았던 것이다. 미국 교장은 학교 살림을 도맡아 하자니 교장이 학교의 모든 열쇠(master key)

를 다 가지고 다니기 때문에 'Key Boy'란 별명을 갖게 되었던 것이다. 어쨌든 미국 교장은 전적으로 학교교육에 대하여 모든 권한을 갖고 또 모든 책임을 지고 있다. 학교교육은 전적으로 교장 손에 달려 있다. 그런데도 불구하고 최근 학교장에게 더 권한과 책임을 부여하는 '학교단위자율책임경영제'의 방향으로 가고 있다.

그리고 필자는 교장을 배의 '선장, 함장'에 비유해 왔다. 선장에게 배에 관한 한 전권(全(專)權)이 주어진다는 것이다. 입법, 사법, 행정 모든 권한과 책임이 교장에게 주어지는 것이다. 교육목표라는 나침반을 손에 쥐고 모든 풍파, 암초를 극복하고 항해하여 목적지 항구에 정박시키는 것이 선장 교장이다('이 배는 내 배요' 이야기). 미국에서는 학생을 혼내려면 교장실로 보낸다. 이것 하나만 봐도 미국 교장의 권한과 책임, 권위, 위상을 짐작할 수 있을 것이다.

그래서 필자는 교장임기제를 끝까지 반대했었다. 임기제를 시행하는 법이 통과된 다음 "우리는 건너지 말아야 할 강을 건너고 말았다."라고 글을 썼었다.

물론 교장 보직제, 선출제, 교무회의 의결기관화도 모두 반대해 왔다. 그리고 최근 교원정년 연령단축 문제도 지금까지 잘못됐다고 지적하고 있으며 이 신념과 신조에는 지금도 변함이 없다. 이것은 누구를 편들고 도와주고 유리하게 해 주기 위한 것이 아니라 학자적 양심이고, 원리와 원칙에 충실하고자 하는 필자의 철학이기 때문이다.

대한민국이 교장에게 학교를 책임지라는 '교장자격증'을 줬다면 하나의 학교는 완전히 교장의 책임하에 있어야 한다는 것이 필자의 하나의 믿음이다. 교육감이, 장관이, 대통령이 학교의 학생교육을 다 해 주지 못한다. 그리고 학교의 교사들이 교장의 허락 없이

제멋대로 학생을 가르칠 수도 없는 것이다.

지식정보사회에서 교육이 더욱 중시되는 이때에 교장의 지도력은 그 어느 때보다도 중요하다. 정권이, 장관이 우리를 실망시킨다 하더라도 끝까지 학생 교육을, 그리고 학교를 포기할 수는 없다. 교육을 포기하면, 교육이 없으면 그 나라의 앞날은 없다. 교육은 국가를 지키는 최후의 보루다. 교장은 정권을 위해서, 장관을 위해서, 교육감을 위해서 일하는 것이 아니라 우리나라, 우리 민족을 위해서 일하는 것이다. 정권은 일시적이지만 민족은, 교육은 영원해야 한다.

지도자는 무엇보다 첫째, 방향감, 비전이 올바르고 명확해야 한다. 지식정보사회에서 우리 교육이 나아가야 할 방향을 교장이 제대로 잡아 줘야 한다. 그리고 이 비전을 교사·학부모·학생과 공유해야 그 비전이 달성될 수 있는 것이다. 지금 교육개혁을 한다고 방향감도 비전도 없이, 또 그 비전을 달성할 수 있는 전략도 없이 교육을 흔들어 놓아 일대 혼란을 일으키고 있다. 최소한 교장은 맡고 있는 학교에서만이라도 교육의 방향을 명확히 제시하여 배가 흔들리지 않도록 제압해야 한다. 배는 어디론가 가고 있을 때 가라앉지 않는다. 주입식교육을 대체할 수 있는 자신 있는 분명한 대안이 없다면 주입식이라도 철저히 해야 할 것이다. 이것도 저것도 아닌 상태, 난장판이 가장 위험한 상태이다.

둘째, 자기지도력(自己指導力)을 발휘해야 한다. 교장 자신이 교장 자신을 이끌어 나가야 한다. 교장을 무시하고, 교장을 이끌 만한, 교장 마음에서 우러나서 존경할 만한 지도력이 없다면 어쩔 수 없이 교장 자신이 교장 자신을 이끌어 갈 수밖에 없다. 이것을 자기지도력이라고 해도 좋고, 자발성, 자율성, 내적 동기 유발이라고 해도 좋을 것이다. 교장을 무시하고 우습게 보는 사람이 있다면 교장도 똑같이 그 사람을 무시하고 우습게 볼 수밖에 없다. 교장이 두려워해서는 학생교육을 제대로 할 수 없다.

교장의 최우수 초지도력은 교사들로 하여금 각자 자기지도자가 되게 하는 것이다. 교장이 교사를 이끄는 것이 아니라 교사가 스스로 자기 자신을 이끌게 하는 것이다. 스스로 자신을 이끌어 가는 상태의 학교를 만들어 봐야 한다. 교사는 스스로 하려고 해야지 억지로는 안 된다. 말을 물가까지 데리고 갈 수는 있어도 강제로 물을 먹일 수는 없다. 억지로, 강제로 교육개혁이 될 것 같은가? 지금의 교육개혁은 개발독재시대의 새마을운동만도 못하다. 근면이 있는가, 자조가 있는가, 협동이 존재하는가? 거짓말만 팽배하고 있다. 거짓말 평가 잘 받아 몇 백만 원 받아서 거짓말 교육을 하는 데 쓸 것인가? 교육청평가, 학교평가를 보이콧할 수 있어야 한다. 교사들 보고, 학생들 보고 거짓말하라고 하면 교장의 권위는 더 이상 먹혀들지 않는다. 지금 온 나라가 평가병에 걸려 있다는 것을 알아야 한다. 교장도 스스로 하려고 해야 하고, 교사도, 학생도 스스로 하게 지도력을 발휘해야 한다.

셋째, 도덕적 지도력이 강조된다. 도덕적 지도성은 "지도자의 도덕성과 추종자(교사)의 자율성을 확보하여 지도자는 스스로 '지도자들(자기 자신을 이끈다는 의미에서)의 지도자'가 되고 추종자(교사)는 '자기지도자'가 되도록 만들어 효과적인 학교에 이르게 하는 지도성"이라고 할 수 있다. 그래서 도덕적 지도성은 학교개선(발전)의 심장에 이르게 하는 것이다. 앞으로의 사회에서 인간이 인간답게 살려면 윤리도덕이 살아나야 한다. 선진국, 성숙사회는 윤리도덕이 튼튼한 나라다. 우리 동방예의지국이 어쩌다 학교에서까지 난장판이 되고, 믿고 살 수 없는 나라가 되었는가?

도덕적 지도성은 청렴성, 사명감, 공정성, 책임감, 권한부여, 비전제시, 공동체규범 확립, 전문직적 이상, 내재적 만족, 동료의식 등으로 구성되어 있다.

넷째, 문화지도력이 중시되어야 한다. 아무리 구조를 바꿔 놔도 그 구조가 살아날 수 있는 문화가 형성되지 못하면 아무런 의미가 없다. 바람직한 가치, 규범, 신념으로 구성된 학교문화 형성에 교장이 지도력을 발휘해야 한다. 요즈음에 새 학교문화를 창조한다고 '토론문화' 만들고 나오는데 이보다 더 중요한 것은 동료문화, 팀 문화, 협동문화, 신뢰문화, 질 높은 정보에의 접근문화, 참여문화, 평생학습문화, 권한부여문화, 계속적 혁신문화, 권한과 지위보다는 가치와 관심 중시 문화, 결점보다 비전지향 문화 등이라고 할 수 있다.

이 외에도 지식정보사회 학교의 교장으로서 바뀌어야 할 주요 지도력에 더 많은 것이 있겠지만 여기서는 (1) 방향감과 비전, (2) 자기지도력, (3) 도덕적 지도력, (4) 문화지도력의 넷만을 우선 강조하였다.


## 4) 정 리

서론에서 지식사회, 문화예술의 사회에서 교육이 강조되며 우리 민족의 역사와 문화를 지키고 발전시키는 교육을 해야 한다고 하면서 국어, 역사, 지리, 고유 예술교육을 미리 부탁했다. 우리가 세계의 주목을 받는 민족인 것은 교육을 통해서 우리 것을 지켜 왔고, 단기간에 산업화도 이룩할 수 있었다. 우리가 산업시대에 물질을 얻는 동안 정신과 교육을 잃어버려 지금 어려움을 겪고 있는데 이 어려움도 결국 교육으로 극복해야 한다.

우리가 아직도 교육에 열심인 것은 사실이나 아직도 산업사회 사고로 하고 있기 때문에 시대정신에 맞지 않아 고생은 고생대로 하면서 효과를 제대로 보지 못하고 있고, (1) 양의 교육에서 질의 교육으로, (2) 쪼개진 교육에서 통합교육으로, (3) 획일교육에서 다양성·자율성 교육으로, (4) 객관증명교육에서 인간미 교육으로의 전환을 요구하였다.

지식정보사회의 교육지도자로서 교장은 (1) 비전 제시, (2) 자기지도력, (3) 도덕적 지도력, (4) 문화지도력 등을 발휘해야 한다고 강조하였다.

새해, 새로운 세기, 새천년의 시작과 함께 우리나라 교육의 거대한 전환방향을 같이 생각해 보게 된 것을 매우 기쁘게 생각한다. 지난해, 지난 세기에 불편했던 심기를 아무쪼록 잘 추스르고 힘을 내어 돌아선 교심(敎心)을 다독거리어 아무 죄 없는 학생들을 위해서 최선의 봉사를 해 줄 것을 기대한다. 어려움을 당할 때일수록 이 협동심으로 단결하여 전문직의 자존심을 지켜 주길 기대한다(한국국공립중학교장회 연수 특강, 2000. 1. 20. 한국교총 강당).

---

강의 당시에서부터만 우리의 교육을 전환하기 시작했더라도 지금쯤은 그 효과를 거두고 있을 것이다.

## 1) 전환기에서의 상황변화

지금은 시간적으로 20세기에서 21세기로 넘어가는 전환기이다. 21세기가 2000년부터라고 했지만 수학적으로, 엄격히 말하면 2001년부터이다. 우리는 공교롭게도 두 천 년대에 걸쳐 살면서 주로 21세기에 활동할 학생들의 교육을 담당하고 있다. 우리는 새로운 시대에 살아갈 주역들을 교육하고 있다는 것을 항상 잊지 말아야겠다.

또 우리는 역사적으로 산업사회에서 지식정보사회로 바뀌는 전환기에서 학생교육을 담당하고 있다. 육체적·물리적 힘으로 일하는 시대가 아니라 지식과 정보가 힘이 되는 사회이다. 물질과 경제가 지배하는 사회를 넘어 정신과 관계성이 지배하는 사회로 바뀌는 것이다. 21세기는 인간이 어떻게 인간답게 살아가느냐가 가장 중요한 화두가 된다. 인간과 인간이 어떻게 잘, 좋은 관계를 이루며 사느냐와, 인간과 자연, 인간과 물질이 어떻게 잘 조화와 관계를 이루며 사느냐가 중요한 문제와 과제가 되는 것이다.

산업시대의 분리와 분업의 벽을 넘어 통합과 종합, 연결, 협동, 팀 정신이 강조되는 사회로 바뀌었다. 대형화, 대량화의 산업사회의 지향에서 소형화, 질 추구 지향의 사회가 되었다.

　공장의 틀에다 구워 내는 정형화, 획일화, 표준화, 조직화, 고정화, 중심성으로부터 다양화, 독특성, 다원적 가치, 상대성, 탈중심성과 탈동시성을 인정하고 조장하는 사회가 된 것이다.

　관찰·측정·증명, 객관화, 계량화, 가치배제, 논리와 합리성만 강조되는 것이 아니라 해석과 느낌, 주관, 가치와 의미부여, 윤리·도덕의 중요성이 더 강조되는 철학으로 바뀌는 전환기에 살고 있다.

　최근에 우리나라의 모든 면에서 '구조조정'을 외치고 있는데 근본적으로는 모두 산업시대의 구조를 지식정보사회의 구조로 바꾸자는 것이다. 산업사회의 사상을 지식정보사회의 사상으로 부드럽게 바꾸지 못하여 우리는 지금 모든 면에서 어려움을 겪고 있다.

　교육과 학교에서도 산업사회의 사상과 구조를 지식정보사회의 사상과 구조로 바꾸어야 한다. 여기서 교장의 강력한 지도력이 요구된다. 그러려면 교장선생님의 사고구조가 먼저 바뀌어야 한다. 이러한 시간적·역사적 전환기에 우리의 교육적 상황도 많이 바뀌었다.

　첫째, 교육현장에 다양한 욕구가 분출되고 있어 어떤 형태로든 이들 요구와 욕구를 수용하거나 처리해야 할 상황이다. 과거에는 학생과 학부모, 교사가 각각 다른 요구와 욕구를 가지고 있어도 이를 나타내지 않거나 억제하고 있었으나 지금은 대부분 수용하거나 처리해 줘야 한다. 장애·영재 등 특별한 요구를 가진 학생도 정규학교에 온다. 이에 따라 교육 프로그램도 다양해져야 하고 행정과 관리방식과 형태도 다양해져야 한다. 밑으로부터의 요구는 다양한데 재정과 자원은 여전히 제한되어 있을 뿐만 아니라 정부는 교육개혁을 한다고 하면서 오히려 획일과 통제를 강요하고 있다. 밑으

로부터의 요구와 위로부터의 요구가 상충하는 데 교장의 고민이
있다.

학생과 학부모, 교사가 교육과 교육행정·학교행정에 참여하고자
하고 또 당연히 참여해야 하는데 이 참여에 대한 책임은 여전히 교
장 혼자서 감당해야 한다. 참여자는 많아져야 하는데 책임자는 교
장 한 사람뿐이다. 참여에 의하여 공동으로 일하고 공동으로 책임
져야 할 입장이 안 된다.

둘째, 머리와 입으로는 지식정보사회를 생각하고 말하는데 손과
발, 행동으로는 여전히 산업사회를 살아야 한다. 산업사회의 틀 속
에서 살지 않을 수 없는 입장이고, 교장 자율로 틀을 고칠 수 있는
여건도 안 된다. 교장이 할 수 있는 일은 줄어드는데 반대로 책무
성은 더욱 증대되고 있는 데 문제가 있다.

셋째, 무엇보다도 최근에 벌어지고 있는 '교실 붕괴' 현상이 심
화되고 있는데 교육여건은 점점 더 이를 촉진하는 방향으로 가고
있다. 교사의 교육력이 학생들에게 먹혀들지 않고 있으며 정부의
행정력도 교원들에게 먹혀들지 못하고 있다. 자살, 살인, 절도, 따
돌림, 폭력, 파괴, 불등교(결석) 등 몇 년 전 선진국의 교육현장에서
벌어져 걱정하던 현상들이 바로 우리의 교육현장에도 몰아닥쳤다.

그런데 엎친 데 덮친 격으로 이를 지도해야 할 교사들은 사기를
잃고 손을 놓고 방관자의 위치로 물러서게 되었다. 이미 유행어가
되었던 것처럼 교육의 장이 교육의 장이 아니라 난장판으로 변하
고 있다. 선진국에서는 이런 현상들이 높은 수준의 학교, 명문학교
에서는 발을 붙이지 못하고 있는데 우리나라에서는 오히려 평준화
에 의하여 모든 학교로 퍼져 나갈 전망이라는 데 문제의 심각성이

있다. 더구나 교실 붕괴현상에 대하여 정부가 그 심각성을 인식하지 못하고 무대책으로 일관하고 있다는 점이 더욱 걱정스럽게 하는 것이다.

이런 교실 붕괴현상은 산업사회의 물질적 풍요 뒤에 반드시 나타나는 현상이기도 하나 교실 밖 나라 전체의 도덕적 해이와 기강 문란으로 더욱 촉진되고 있다. 부모가 자식을 통제하지 못하고, 교사도 제자를 이끌지 못하고, 교장의 지도력도 작동하지 못하고 있다. 정부가 내놓은 안이나 정책도 번번이 의심과 불신만 증폭시키고 있으니 교실 붕괴는 끝이 보이지 않고 있다. 교원의 요구에 정부가 대응하지 못하고 있다. 상황은 급격하게 급진적으로 바뀌는데 이에 대한 대응은 아주 없거나 아주 느리게 나타나고 있으니 교실 붕괴도 선진국 수준으로 갈 때까지 무작정 방치할 것인가?

여기서 무엇인가 해 보려는 교장은 고민하지 않을 수 없다. 그러나 교장이 구경꾼의 위치에 서게 되면 고민할 필요도 없다. 이러한 교육적 상황변화와 어려움에 대하여 일본에서는 모두 교사와 교장에게 기대를 걸고 대응하고 있다. 국가가 할 수 있는 최고의 대우를 교원에게 해 주고 그 대신 엄격한 책임을 요구하고 있다. 그래서 일본에서 교원의 업무부담의 과중이 문제되지만 신임교사 경쟁률은 여전히 20~50 : 1로 높다는 것이다.

이러한 전환기의 교육적 상황변화는 교장의 지도력의 변화와 교장직의 전문성의 강화를 요구하고 있다. 자리만 차지하는 교장, 누구나 돌려 가면서 골고루 차지할 수 있는 교장직이 아닌 것이다.

## 2) 교장의 직무

교장은 단순히 학생과 교과만 가르치기만 하면 되는 교사가 아니다. 옛날에는 학교에서 가르치는 일과 행정하고 관리하는 일이 분화되지 않아 한 사람이 가르치면서 행정도 하고, 행정하면서 가르치기도 했지만 이제는 학교행정을 하는 교장직이 교사직으로부터 분화, 전문화되어 고도의 전문성이 요구되는 교장직으로 분리·독립하게 된 것이다. 그래서 교장에게는 보다 높은 자격기준이 요구되고 앞에서 언급된 것처럼 급변하는 교육상황에 대처하기 위한 교장의 강력한 지도력이 요구된다.

그런데 교장의 직무가 무엇이냐에 분명한 금이 그어져 있지 않아서 누구나 교장을 할 수 있는 것으로 오해를 받기도 한다. 그래서 분명하지는 않더라도 교장의 직무를 밝히려는 노력을 할 필요가 있다.

우리나라 초·중등 교육법에 규정된 교장의 직무는 "교무를 통할하고 소속 교직원을 지도·감독하며, 학생을 교육한다."고 하여 교장의 학교행정과 교육의 최고 결정권자이고 책임자임을 밝히고 있다. 최고의사결정과 관련하여 교육위원회와 교육감 두 상급기관과의 관계가 분명하지 못한 점과 학교운영위원회와의 관계도 아직 선명하지 못하다. 또 소속교직원의 지도·감독의 범위도 명확하지 못하다. 소속 교직원 인사에서 교장의 승인이나 허락 없이 교육감과 교육장에 의하여 마음대로 교직원이 학교를 들락날락하고 있는 실정이다. 재정과 시설, 재산도 교장의 의지와 상관없이 관리되고 있는 셈이다.

학생교육의 책임도 교장에게 있다. 교사는 교장의 지도와 감독을 받아 학생교육을 하게 되어 있는데 교사들은 교장의 지도와 감독 없이 학생교육을 할 수 있다고 잘못 알고 있는 사람이 있는 것 같다. 교사가 교육감에 의하여 특정학교에 배정받아 학교 안에 들어오게 되면 그때부터 교장의 지도·감독하에 들어오게 되는 셈이다. 교사가 교장의 지도 감독 없이 아무 학년이나 아무 반에 들어가 아무 시간에나 가르칠 수는 없는 노릇이다. 교사가 학생을 가르칠 수 있는 권한을 교사가 교육감이나 학부모로부터 직접 받아 오지 못한 것이다. 학생을 가르칠 수 있는 권한을 교사는 교장으로부터 받아 왔다는 것을 알아야 한다.

법에 규정된 ① 교무통할, ② 직원의 지도·감독, ③ 학생교육의 세 직무 영역이나 권한과 책임으로는 너무나 포괄적이고 막연하기 때문에 교장의 직무영역이나 기능을 좀 더 나누어 살펴볼 필요가 있다.

학자들이 가장 많이 공통적으로 제시하고 있는 교장의 직무 영역과 기능은 ① 교육과정 개발, ② 수업개선, ⑤ 교직원 인사, ④ 학생을 위한 봉사(서비스), ⑤ 지역사회관계, ⑥ 재정과 시설관리라고 할 수 있다. 학자에 따라 이 여섯 개를 좀 더 세분하기도 하고, 또 좀 더 합치기도 하는 약간의 차이는 있다.

그래서 교장은 첫째, 교육과정 개발자가 되어야 한다. 특히 국가교육과정의 시대에서 지역교육과정, 학교교육과정의 시대로 옮겨 가면서 교장의 교육과정에 대한 전문성이 더욱 강조되고 있다. 더구나 10년의 국민기본 공통과정의 개념이 도입되면서 교장은 각급 학교수준의 교육과정에 대하여 알아야 하고, 또 전 교과의 교육과정에 대해서도 알아야 한다. 이 교육과정을 이제 구체적인 학교 내 교육 프로그램으로 구성해야 할 책임이 교장에게 있다. 물론 교사와 협동 노력해야 하는 것은 당연하다. 그렇다고 교육과정을 부장교사나 교사에게 전적으로 맡겨 놓는다면 교장은 설 자리를 잃게 되고, 돌려 가면서 교장 하자는 주장과 교장선출 보직제 주장이 나오게 되는 것이다.

둘째, 수업개선에서 교장은 지도력을 발휘해야 한다. 학교에서 가장 중요한 교육활동은 '수업'이다. 교사의 수업을 간섭하라는 것이 아니라 지도력을 발휘하여 협동하고, 지원하여 수업개선 노력을 하라는 것이다. 이 활동과 영역도 그동안 교사에게 너무나 맡겨 두고 방기한 결과 교장의 영역으로부터 빠져나가려 들고 마침내는 교장의 존재이유에까지 도전을 받게 된 것이다. 교장은 새로운 수업이론과 방법, 기술에 대하여 알고 있어야 한다.

수업개선을 위한 장학활동은 전적으로 교장의 기능과 영역이다. 미국이나 영국에서는 '장학자'라고 하면 교장을 먼저 생각한다. 교육청의 장학사는 교장의 필요에 의하여 교장의 팀으로 장학을 보조해 주는 정도이다.

외국에서 교장은 원래 수업을 제일 잘하는 사람이었던 역사를 갖고 있다. 이것이 교장의 '수석교사(principal teacher)'의 이미지이고 또 오늘날 미국에서 교장을 'Principal(teacher가 떨어져 나가고)'이라고 부르게 된 유래가 되었다. 그래서 필자는 개인적 입장에서는 우리나라의 '수석교사제' 도입도 마음 내키지 않는다. 한 학교에 교장과 수석교사 두 명의 '수석'이 있을 수 없다고 보기 때문이다.

셋째, 교장은 교사의 인사를 담당해야 한다. 원칙적으로 교장과 학교운영위원회가 학교단위에서 교사를 모집·선발·임용내신을 할 수 있어야 교장이 학생교육을 할 수 있고 또 학생교육에 책임을 질 수 있게 된다. 직원구성을 교장이 할 수 있어야 한다. 이것이 바로 초빙교사제이다. 거꾸로 사실은 교장도 학교단위에서 모집·선발·임용내신할 수 있게 되어야 한다. 이것이 곧 초빙교장제이다.

교장은 교사의 계속적인 성장과 능력개발을 돕기 위해 노력해야 한다. 교사들도 무한한 가능성과 잠재력을 갖고 있다는 것을 믿고 이를 개발하기 위한 노력을 해야 한다. 학생이나 학교를 위해서 교사의 능력개발을 도와준다고 생각하지 말고 교사의 자아실현과 행복을 도와주기 위해서 이 일을 해야 한다고 생각해야 한다.

교사의 능력개발과 장학의 관점에서 교사평가, 직원평가를 해야 한다. 인사의 수단으로보다는 성장과 발전을 돕기 위한 형성평가의 관점에서 교사평가, 직원평가를 해야 하는 것이다. 학생평가가 어렵듯이 교사평가가 지극히 어렵기 때문에 미국 교장의 경우 교사평가에 아주 많은 비중의 교장시간을 보내게 된다.

넷째, 학생을 위한 특별 서비스도 교장의 중요한 직무영역이고 기능이다. 특히 학생을 위한 보건과 건강, 안전은 교장의 직접적인 책임영역에 가깝다. 그래서 미국에서는 보건실이 교장실과 붙어 있는 경우가 많다. 예방주사, 비상시 후송대책(병원), 건강과 치아에 대한 보험, 학교 버스의 안전대책, 급식, 식당·운동장 등에서의 안전 등은 교장의 주요 관심영역이다.

또 학생에 대한 상담과 심리치료, 진로에 관한 것도 교장의 학생에 대한 특별 서비스 영역에 해당된다. 특히 미국에서는 담임교사의 개념이 없기 때문에 이들은 교장의 직접적인 책임영역에 속한다. 물론 카운슬러와 심리학자가 있지만 교장에게는 가장 중요한 영역이다.

그래서 그런지 일본 고등학교 교장의 경우 교수 봉급보다 높고,

심지어는 노벨상 수상자보다도 교장이 더 높은 보수를 받는다는 말을 최근에 들었다. 일본에서 학생 사고가 많아 교장의 책임이 많이 따르기 때문일 것으로 본다.

다섯째, 지역사회관계는 전적으로 교장의 몫이라고 봐도 좋다. 과거에는 우리나라에서 학교가 지역사회와 고립되다시피 해서 향토학교, 지역사회 학교운동을 벌이기도 했었는데 이제 지방자치, 학교운영위원회, 학부모와 지역사회의 학교 참여가 강조되다 보니 교장의 지역사회관계영역이 중요해지기 시작하고 있다. 이 영역의 교장의 정치적 능력과도 관련되고, 또 홍보·세일즈와 관련된 경영능력과도 관련되는 영역이다. 교육을 성공적으로 팔고 또 지역사회를 설득하여 지원과 자원을 얻어내야 한다. 특히 이 분야는 교사의 순수한 가르치는 능력과는 거리가 있는 영역이어서 교육과 연수, 훈련을 필요로 하는 영역이다.

여섯째, 교육재정과 교육시설을 관리하는 영역도 교장의 고유직무에 해당된다. 이것도 교사의 가르치는 영역과는 거리가 있는 것으로 교육과 연수, 훈련이 요구된다. 회계법 등 재정관리도 자꾸 학교수준으로 내려오게 되면 더욱 어렵기도 하고 중요한 교장의 직무가 될 것이다.

이 외에 법을 다루는 문제, 교장 자신의 자기발전을 위한 노력의 문제 등이 더 있을 수 있다.

교장의 직무수행과 관련하여 교장이 갖춰야 할 자질능력(competencies, proficiencies)을 영역이나 범주로 묶어 놓은 것을 보면 교장이 해야 할 일을 좀 더 자세히 알 수 있을 것이다. 미국 교장회들은 교장의 자질능력의 명료화를 위해서 꾸준히 연구·노력하고 있다.

이들에 의하면 ① 지도성 행동, ② 의사소통 기술, ③ 집단과정, ④ 교육과정과 수업, ⑤ 평가, ⑥ 조직관리, ⑦ 재정관리, ⑧ 정치적 관리의 8개 범주로 나누어 74개 자질능력 항목을 교장은 갖춰야 한다는 것이다.

Bennis(1989)는 교장의 자질능력으로 ① 가치·아이디어·목표·목적과 관련되는 '주의집중의 관리', ② 삶을 유용하고 의미 있게, 그리고 가치 있게 하고, 교사와 학부모, 학생을 학교와 연결시키는 '의미의 관리', ③ 신임과 정당성, 정직, 일관성과 관련되는 '신뢰의 관리', ④ 자신이 누구이고, 무엇을 신봉하고, 왜 그 일을 하는지 알게 하는 '자신의 자아관리'의 넷을 가장 중요하게 다루고 있다.

〈표 Ⅰ-1〉 성공적인 고교교장과 무선표집된 고교교장의 이상적인 시간배분과 실제시간 배분의 순위 비교

| 교장의 직무영역 | 성공적인 교장* | | | 무선표집된 교장** | | |
|---|---|---|---|---|---|---|
| | 이상적인 계획된 시간배분 | 실제시간 소비 | 차 | 이상적인 계획된 시간배분 | 실제시간 소비 | 차 |
| • 프로그램 개발(교육과정, 수업지도력) | 1 | 3 | 2 | 1 | 5 | 4 |
| • 인사(평가, 지도, 협의, 직원모집) | 2 | 1 | 1 | 2 | 2 | 0 |
| • 학교관리(주간계획, 사무, 예산, 통신, 메모 공문 등) | 3 | 2 | 1 | 3 | 1 | 2 |
| • 학생활동(회합, 감독, 기획) | 4 | 4 | 0 | 4 | 3 | 1 |
| • 지역교육청(회합, 과제집단, 보고 등) | 5 | 5 | 0 | 9 | 6 | 3 |
| • 지역사회(PTA, 자문집단, 학부모 협의회) | 6 | 6 | 0 | 8 | 8 | 0 |
| • 기획(연간, 장기) | 7 | 9 | 2 | 5 | 7 | 2 |
| • 전문적 개발(독서, 학회 등) | 8 | 8 | 0 | 6 | 9 | 3 |
| • 학생행동(기강, 충성, 회의) | 9 | 7 | 2 | 7 | 4 | 3 |
| | | | 합계=8 | | | 합계=18 |

*자료: *The Senior High School Principalship, Vol. Ⅱ : The Effective Principal* by Richard A. Gorton and Kenneth E. McIntyre, 1978, Reston, VA: National Association of Secondary School Principals.
**자료: *The Senior High School Principalship, Vol. Ⅲ : The Summary Report* by Lloyd E. McCleary and Scott D. Thomson, 1979, Reston, VA: National Association of Secondary School Principals.

또 미국 교장의 이상적인 시간배분과 실제 시간배분 순위와 비율을 보면 미국 교장이 어떻게 시간을 보내고 싶어 하고 또 현실적으로 어떻게 실제 시간을 보내고 있는지 짐작할 수 있겠는데 이는 우리에게 좋은 참고가 될 것이다. 또 교장의 역할이 어떻게 변하고 있는지도 미루어 짐작할 수 있다.

교장의 역할이 변하고 있다는 증거가 있다. 1998년 미국 초등교장회(Doud and Keller, 1998: 2) 연구에 의하면 다음 영역에서 55% 이상 책임이 증가하였다고 한다.

<표 I-2> 미국 초등교장의 책임 증가

| 책임영역 | 증가된 백분율 |
|---|---|
| 1. 시장성 / 정치성 등(학교와 교육에 대한 지원도출) | 70% |
| 2. 사회복지기관과의 협동작업 | 66% |
| 3. 학교현장 직원연수 계획 / 실천 | 65.5% |
| 4. 수업·실제 능력의 개발 | 63.5% |
| 5. 교육과정 개발 | 62.4% |
| 6. 학교운영위원회/지역사회와의 협동 | 61.6% |
| 7. 법적책임 관련 문제 | 58.1% |

〈표 I-3〉 미국 캘리포니아 주 교장의 시간 배분: 현실과 이상

| 교장의 직무영역 | 실제사용시간 | 이상적으로 소비하고자 하는 시간 | 차 |
|---|---|---|---|
| 1. 교수학습 | | | |
| • 수업상 이슈 / 교육과정 | 14.5% | 25.9% | − 11.4% |
| • 교내 기획·평가·개혁 | 11.3% | 16.7% | − 5.4% |
| 계 | 25.8% | 42.6% | − 16.8% |
| 2. 예산, 학부모, 행정 | | | |
| • 예산, 행정, 유지활동 | 15.4% | 7.5% | + 7.9% |
| • 학부모 참여/관계성 | 13.3% | 10.3% | + 3.0% |
| • 학생 접촉, 기강 | 18.5% | 14.0% | + 4.5% |
| 계 | 47.2% | 31.8% | + 15.4% |
| 3. 장학과 지역사회관계 | 27.0% | 25.6% | + 1.4% |

## 3) 전환기 교장의 지도성

교장은 그 직무를 수행함에 있어 단순히 '관리자'나 '행정가'의 수준을 뛰어넘어 '지도자'가 되라고 한다. 교장에게 요구되는 중요한 여러 가지 지도력이 있지만 여기서는 ① 수업적 지도력과 ② 학습공동체 형성을 위한 문화지도력, ③ 도덕공동체 형성을 위한 도덕적 지도력의 세 가지만을 강조하고자 한다.

첫째, 교장은 수업에서 지도력을 발휘해야 한다. 실제로 수업은 교사가 하지만 교사와 함께 교육과정을 개발하고, 교육 프로그램을 짜고, 수업목표와 방법을 모색하고, 교과서를 선택하고, 수업에 대한 피드백을 제공하는 일련의 과정에서 교장은 수업적 지도력을 발휘해야 한다. 그래서 ① 수업에서 자원(instructional resources)이 되는 것은 물론 ② 자원제공자, ③ 의사소통자, ④ 가시자의 역할(Sergiovanni, 2001)과 함께 앞으로의 교장(a look ahead)에게 중요한 역할이다.

새로운 수업이론과 수업방법에 대하여 알아야 지도력도 발휘할 수 있고, 또 교사에게 필요한 수업자원을 제공해 주고 지원해 줄 수도 있는 것이다.

선진국 교장의 경우 학생들의 이름을 거의 다 기억하는 것은 물론이고, 학생들의 성적의 오르내림을 거의 다 파악하는 것은 물론, 그때마다 학부모에게 편지까지 쓰게 된다. 그래야 교장을 명실 공히 학생교육의 책임자라고 할 수 있는 것이다. 교사와 학생에게 많은 권한부여(empowerment)를 해야 하는 동시에 교장은 또 강력한 지도력(strong leadership)을 발휘해야 한다.

둘째, 학습공동체 형성을 위한 문화지도력이 강조되고 있다. 학교는 학습 공동체(learning community)이다. 학교는 학생들만 배우는 장소가 아니라 교사, 교장, 직원, 학부모, 지역사회인 모두가 배우는 곳이다. 학교는 배우는 분위기와 문화로 가득 차야 한다. 문화란 조직구성원이 공유하는 가치, 신념, 의미, 규범, 언어, 의식 등의 총체이다. 배움으로 충만한 학교문화를 형성하기 위해 교장은 지도력을 발휘해야 한다.

특히 교실 붕괴현상이 걷잡을 수 없이 퍼지고 있는 우리의 현실에서 한국 교장의 학습공동체 형성을 위한 교장의 문화지도력은 그 어느 때보다도 중요하다고 할 수 있다.

셋째, 교장의 도덕적 지도력을 강조한다. 도덕적 지도력이라고 하면 부정부패를 않는 소극적 의미로 받아들이기 쉬우나 그것이 아니라 모든 구성원으로 하여금 자기 스스로 자기 자신이 지도자가 되게 하여 교장은 자기 지도자의 지도자가 되는(leader of self-leaders) 상태의 적극적인 지도력을 의미한다. 그래서 Sergiovanni는 『도덕적 지도력(Moral Lader-ship)』이라는 책을 쓰면서 부제를 '학교 개선의 심장에 이르는 길'이라고 하고 있다.

① 교장이라는 지위에서 나오는 관료적 권위(bureaucratic authority)와 ② 교장 개인의 특성에서 나오는 개인적 권위(personal authority)를 넘어 ③ 도덕적 권위(moral authority)를 가져야 한다.

교장의 따뜻한 가슴(heart)에서 나온 따뜻한 마음을 가지고 찬 머리(head)로 따져서 날랜 손발(hand)로 행정을 해 나가야 한다는 것이다.

교장은 도덕적 절체절명에 따라야 하고, 기술적 합리성에 그치지 말고 규범적 합리성을 갖고, 앞에서 말한 주의·의미, 신뢰·자아 관리에 능력을 갖추고, 추종정신을 기르고, 도덕적 관리를 위해 지도력을 발휘하고, 학교를 개성 있게 가꾸고, 민주적 가치 실현에 헌신해야 한다. 이것이 교장의 도덕적 기예라고도 할 수 있다.

교장에게 요구되는 새로운 지도력의 가치를 열거하면 다음과 같다(Sergiovanni, 2001).

① 목표의식 제고와 가치의 공유

② 추종정신의 형성

③ 공유된 목표 달성을 위해 자동적으로 기능을 하게 하기

④ 완성의 힘으로서의 지도성

⑤ 동료의식 제고

⑥ 내적 동기의 강조

⑦ 질 통제에 대한 이해

⑧ 단순성의 강조

⑨ 행동에 대한 반성과 반추

⑩ 일상을 파괴하는 비도(非道)에 의한 지도성

⑪ 다른 사람에게 비도를 촉진하게 하기

⑫ 지도성 가치에 대한 존중

## 4) 교장직의 민주성과 전문성

앞에서 교장은 민주적 가치 실현에 헌신해야 한다고 하였다. 이것이 도덕적 지도성의 한 부분이기도 하다. 민주적 가치란 곧 국민

의 이익, 주민의 이익에 가치를 둬야 한다는 뜻이라고 할 수 있다. 교장은 누구보다도 국민·주민, 학생, 학부모의 이익을 보장해 줘야 한다. 교사의 이익을 대변해 주는 일은 그 다음의 일이 되어야 할 것이다. 교사는 교장과 한 팀이 되어야 한다. 그래서 교장은 교사 이익 아닌 국민이나 주민, 학부모의 이익을 보장해야 한다. 그래서 만일 교장선출제를 하려면 교사가 아니라 주민이 선출해야 하는 것이다. 직접 민주주의를 하는 스위스에서 마을 사람들이 마을 농부를 교장으로 선출하는 경우가 있는데 이것이 민주주의의 원칙이다.

교장은 항상 국민과 주민, 학생과 학부모의 이익을 먼저 생각하고 대변해야 한다는 것을 한시도 잊어서는 안 된다.

학교의 의사결정에서 많은 사람이 참여해야 한다는 것은 민주행정의 기초이다. 학교의 주요 의사결정에의 참여도 무조건 참여가 아니라 필요한 때 필요한 사람이 참여해야 한다는 것을 알아야 한다.

그리고 참여에는 반드시 책임이 따른다는 점을 간과해서는 안 된다. 누구나 자기의 결정, 자신의 행동에 설명할 수 있고 대응할 수 있어야 한다. 설명력을 갖는 것이 책무성(accountability)이고 대응력이 곧 책임(responsibility)인 것이다.

앞에서 살펴본 교장의 직무를 수행하고 그 과정에서 지도력을 발휘하려면 자질과 능력이 있어야 하고 이런 자질과 능력을 갖추려면 고도의 교육과 훈련을 받아야 한다. 그래서 교장직은 전문직 중의 전문직인 것이다.

그래서 어느 나라나 교장의 자격기준을 높이고 전문성을 높이기 위해 노력하고 있는 것이다. 특히 지식정보사회에서 지식과 정보는 산업사회에서처럼 공장에서 만들어 내는 것이 아니라 교육을 통해서 만들어 내는 것이기 때문에 교육현장의 책임자인 교장의 전문성에 관심을 집중하게 되는 것이다. 어떤 사람들은 세계 선진국들이 모두 교사가 교사 중에서 교장을 선출하는 것처럼 오도하고 있는데 이것은 무책임한 행동이라고 할 수 있다.

미국의 경우 주에 따라 각각 다르겠지만 대부분의 경우 대학원 교육행정과에 교장과정을 두고 있고, 미국 교장의 대부분이 교육행정 전공의 박사학위를 가지고 있다.

영국의 경우도 1996년부터 학교교육행정가 자격인증위원회의 설치로 소정의 과정을 이수한 후 관련 서류를 제출하여 자격증을 발부받을 수 있게 되어 있다(정태범, 2000).

독일의 경우 교장 자리가 비게 되면 채용할 교장직의 자격기준을 제시하여 초빙교장제처럼 공개모집하여 선발하고 채용 후 보수교육을 받게 하는 것이 대부분의 주에서 시행하고 있는 제도이다.

프랑스의 경우도 최고의 영예인 아그레가시옹 시험으로 선발한 후 별도의 과정에 의하여 교장을 양성하는 것으로 되어 있다.

태국의 경우도 일정 교직경력자 중에서 국가고시에 의하여 교장을 선발한다. 그래서 필자가 만난 한 태국 교장(초·중등)은 25세부터 교장을 시작했다고 한다.

교장은 고도의 전문성이 요구되는 자리이기 때문에 특별한 국가가 아닌 이상 당해 학교 노조원에 의하여 선출되는 경우는 있을 수 없다.

그러면 여기서 교장선출 보직제의 부당성을 살펴볼 필요가 있다.

첫째, 교장선출제는 민주주의 정신, 지방교육 자치제 정신에 안 맞는다. 교장은 학교교육과 행정의 책임자이기 때문에 주민이나 주민의 대표기관이 먼저 교장을 임명하고 교장의 추천에 의하여 교사를 나중에 임명하는 것이지, 교사를 먼저 임명해 놓고 그중에서 교사에 의하여 교장을 선출한다는 생각은 민주주의 정신, 지방교육자치의 정신에 안 맞는다. 교사는 학생교육권을 학부모나 교육감으로부터 직접 받아 낸 것이 아니라 교장의 지도를 받아야 비로소 학생을 교육할 수 있게 되어 있다는 것을 알아야 한다. 여러 사람의 교사에게 학생교육과 학교행정의 책임을 줄 수 없게 되어 있다. 교장초빙 시 학교운영위원회가 교육청 인사담당, 주민의 대표기관인 교육위원회 교육위원의 합동면접에 의하여 선출하여 사용주인 교육위원회가 임명하는 경우는 있다. 이때 교사대표인 운영위원회 교사위원이 면접에 참여하게 되는 셈이다. 만일에 교장을 <주민 → 교육위원회 → 교육감 → 교장>에 의하여 간접적으로 임명하지 않고 직접 선출하고자 한다면 <주민·학부모·학교운영위원회 → 교장>으로 선출·임명해야 한다.

둘째, 교장직은 교사가 하는 일과 다르고 그 일을 해내기 위해서 고도의 전문성이 요구되기 때문에 교사 중에서 선출하여 교장 일을 맡길 수는 없다. 20년 교사 경력만을 교장자격기준으로 삼는 것은 전문성 강화의 세계적 시대 조류에 맞지 않는다.

교장의 전문성 향상을 위해서는 교장임기제는 아주 없어져야 한다. 교장 직무를 잘하는 사람까지 임기제로 잘라 내거나 정년에 임박해서 교장직에 오르게 하는 것은 교장직의 전문성을 저해하는 것이고, 임기제로 인사적체 문제를 해결하려는 것은 민주성, 전문성의 모든 측면에서 잘못된 것이다. 골고루 나누어 먹는 것이 민주주의가 아니라 교장의 직무수행을 잘할 수 있는 사람을 교장직에 보임하여 국민과 주민, 학생과 학부모에게 이익이 되고 복되게 양질의 교육 서비스를 제공하는 것이 민주주의이고 민주적인 교장이 되는 것이다.

교장직의 전문성에 비추어 볼 때 교장임기제는 맞지 않아 폐지해야 마땅하다. 임기제가 좋다면 모든 직급에 다 적용해야 할 것이다. 그럴 경우 공무원직의 안정성은 사라지게 될 것이다.

교장을 보직제로 하여 일시적으로 교장을 했다 교사를 했다 왔다 갔다 하게 하는 것은 교장직의 전문성을 인정하지 않는 제도일 뿐만 아니라 교사직 자체의 전문성도 무시한다는 결과가 된다. 지금은 전 세계가 교육경쟁을 하고 있는데 이런 경쟁에서 이기려면 교사와 교장의 전문성을 가지고 경쟁해야 한다. 나눠 먹기식으로는 교육경쟁에서 결코 승자가 될 수 없다. 이와 관련하여 필자는 이미 10여 년 전에 축구선수들이 투표하여 선수 중에서 감독을 뽑고, 또 감독을 하다가 선수로 뛰는 한국축구팀이 국제교육올림픽에 나가서 승자가 될 수 있겠느냐는 논리로 이를 반대하는 입장을 폈었다.

교장은 전문직 중의 전문직이기 때문에 'Principalship'이란 학문이 있고 또 교과목과 양성과정, 훈련과정까지가 있는 것이다.

대학 총장은 교수들이 투표해서 뽑고 또 총장을 하다 다시 교수가 되는데 초·중등에서는 왜 이와 같이 될 수 없느냐고 질문하는 사람들이 있다. 원칙적으로 대학에서 교수들의 투표에 의하여 총장을 선출하는 것 자체도 좋은 제도가 아니고 잘못된 것이며 그 폐해도 아주 심각하다. 그리고 학문이 하루가 다르게 발전하고 있는 이 시점에서 총장을 하다가 교수로서 학생을 제대로 가르친다는 것은 불가능하고 양심상 있을 수 없는 일이다. 선진국에서는 총장 전문가로 몇 십 년씩 대학에서 대학으로 스카우트되어 옮겨 다니면서 근무하는 경우가 많다. 학문으로 교수·연구하는 교수직과 대학을 행정하고 경영하는 총장직을 뒤섞는 제도는 잘못된 것이고 후퇴한 제도이다. 대학총장 임기 4년도 제대로 하기에는 너무 짧은 것이다.

셋째, 공무원이 기관장을 선출한다는 것은 불가능하다. 공무원은 국민의 종으로서 공무원 자신을 관리하여 국민에게 봉사해야 할 책임을 지고 있는 기관장을 선출하게 할 수는 없다. 공무원은 기관장의 손발이 되어야 하는데 손발노릇을 해야 할 공무원이 자신의 수장을 뽑는다는 것은 논리에 안 맞는다. 청와대 직원이 대통령을 뽑고, 시·도 직원이 시장·도지사를 뽑고, 순경들이 투표해서 경찰서장을 뽑고, 사병들이 사단장을 뽑겠다는 주장과 교사들이 교장을 뽑겠다는 주장에 무슨 차이가 있는가? 교사의 자율과 권한부여는 최대한 보장해 줘야 하지만 불합리한 교장선출제까지 민주주의로 오해해서는 안 된다.

교장선출제가 되려면 우선 학교단위자치제가 성립되어야 한다. 지금 우리나라에서 자치의 단위는 시·도 단위이다. 학교자치가 아닌데 학교단위에서, 그리고 학교내부에서 교장을 선출하기는 어렵다. 따라서 교장과 교사를 학교단위에서 채용할 수 있게 되어야 한다. 외국에서처럼 교장초빙제, 교사초빙제가 되어야 한다. 그리고 교사 이동이 없고, 순환근무제가 아니어서 교사와 교장이 고정적이어야 한다.

다음에는 교육의 주인인 국민과 주민, 학부모 학교운영위원회가 교장 선임권을 교사들에게 위임하거나 최소한 추천해 달라고 요청해야 가능하다. 사립학교의 경우는 법인 이사회가 교사에게 교장

선임권이나 추천권을 줘야 가능해진다. 그러나 노조위원장이나 친목회장, 교사협의회 회장직이 아닌 교장직의 선출권까지 교사에게, 더구나 노조를 하는 교사에게 줄 것으로 기대할 수는 없다.

## 5) 앞으로의 교장직

앞에서 살펴본 것처럼 전환기의 교육적 상황변화로 보나, 교장의 직무내용으로 보나, 또 요구되는 교장의 민주적이고 강력한 지도성으로 보나 교장직은 점점 더 고도의 민주성과 전문성이 요구된다.

그래서 앞으로의 교장직은 아득한 옛날로 돌아가 교사직과 뒤섞을 것이 아니라 교사직과 분리하여 더욱 전문화시켜야 한다고 본다.

그러려면 일정 기간의 교사 경력(예를 들면, 7년 또는 10년) 소지 후에 교장후보로 선발하여 교장 양성(연수가 아니라)과정에서 강도 높은 교육과 실습과정을 거쳐 자격증을 부여하고 한 학교의 교장직에 임용하여 책임지고 학교행정과 교육을 하게 하는 방안을 필자는 여러 번 제안하였다. 30대에서 60대까지 한 학교에서 평생을 바쳐 책임 봉사하게 하는 것이다. 물론 성과를 올리지 못하거나 책임을 다하지 못할 경우는 주기적인 평가에 의하여 그 학교 교장직에서 물러나게 해야 할 것이다.

앞으로 가능한 한 순환근무제는 지양하고 초빙교장제로 하여 책임경영을 하게 하는 방향으로 가야 할 것이다.

교장직과 교사직을 분리하여 교사직은 교사 양성기관에서 양성하고, 교장직은 교장 양성기관에서 양성하여 자격증을 부여하고,

임용은 한 학교로 제한하여 임용하고 주기적 평가에 의하여 계속 여부를 결정하게 되는 방안이다.

교장 인사적체 문제는 모든 교사가 다 교장을 할 수 있다고 생각하는 데서부터 발생한다. 그런데 이렇게 교장을 양성하게 되면 교사가 교장을 하려고 할 때 교장 양성기관에 입학하는 데서 경쟁이 생기고 또 교장자격을 갖춘 자 중에서 한 학교의 교장으로 임용할 때만 경쟁이 생기게 될 것이다. 가능한 한 교사로 전념할 사람과 교장으로 전념할 사람의 길을 미리 갈라놓게 되는 셈이다. 교사로 전념할 사람 중에서 수석교사를 두든, 부장교사를 두든 직급을 두면 될 것이다. 길이나 줄을 바꾸려면 반드시 전문교육(양성·연수)을 받게 해야 전문성이 유지될 수 있다. 인사적체 문제를 해결하려고 임기제를 두어 많은 사람으로 하여금 마지막에 교장을 거쳐 가게 하는 현행제도는 민주성·전문성 모든 면에서 맞지 않는다. 인사적체 문제 해결이 교육행정의 목적이 될 수는 없다. 어떻게 하면 행정이나 교육을 잘하게 하느냐가 목적이고 인사문제는 수단에 불과한 것이다.

교직과 같은 전문직에서 교사의 전문적 권위는 보장되어야 한다. 그래서 교사의 교수권위와 자율권은 보장되고 옹호받아야 마땅하다. 그러기 위해서는 교사에게 최대한 권한이 부여되어야 한다. 이와 마찬가지로 학생의 학습권과 학부모의 자녀교육권도 교사의 학생교육권 그 이상으로 보장되어야 한다. 이와 마찬가지로 교장의 전문적 권위도 인정되고 보장되어야 한다. 특히 교장은 국민과 주민, 학생과 학부모의 이익을 최대한 보장해 줘야 할 책임을 지고 있다.

교장직의 권위를 우습게 보거나 타도의 대상으로 삼는 풍조는 심히 우려되는 점이다. 교장의 권위가 인정받지 못하면 자연히 교사의 권위까지 약해진다. 이런 현상이 교실 붕괴현상으로 연결되게 된다.

지식정보사회에서 교사와 교장 등 교육자의 권위가 흔들리는 것은 IMF로 경제가 흔들리는 것보다 더 국가의 장래를 위태롭게 한다. 국가의 장래를 위해서라도 전환기에 선 교장의 지도력은 강화되고 강조되어야 한다.

---

대한민국 교장은 최소한 이런 것을 알고(지식), 이러한 성향(disposition)을 갖취야 하고, 이러한 것을 직무수행(persormance)으로 보여줄 수 있어야 한다는 표준(standard)을 정하고, 이 표준에 도달할 수 있도록 연수 또는 양성교육을 하고 임용할 때도 이런 표준에 도달하였는 지 확인하는 기준으로 삼고, 교장평가나 학교평가를 할 때에도 이 표준을 기준으로 삼게 할 필요가 있다. 이러한 일관된 표준이 없이 교장 승진제를 적용하고, 자격연수 프로그램도 즉흥적으로 운영하고, 평가는 또 다른 것을 가지고 하겠다고 하는 것은 문제이다. 교장직의 전문성을 위해서도 교장직무의 최소한의 표준화가 요구된다.

## 1) 자율화 요구

민주화의 물결과 함께 자율화의 요구가 모든 분야, 도처에서 거세게 일고 있다. 여기에 네이스빗트가 말한 분권화의 거대조류가 겹쳐 자율화를 더욱 강조하게 하고 있다. 그래서 교육 분야에서도 학교경영의 자율화와 교사의 자율권 확보가 강조되고 있다. 고도의 지방교육 자치제의 전통에 의하여 자율적 학교경영을 누리고 있던 서구 선진국에서까지도 이에 만족하지 않고 학교자율책임경영제(미국 쪽에서는 School-Based Management, School-Site Management, 영국 쪽에서는 Self-Managing School, Local Management로 많이 부름)를 연구하고 이를 채택하는 경향이다. 그래서 드디어 학교단위자율책임경영제와 학생의 학습 성취의 영향관계를 밝히려는 연구에까지 집중 노력하기에 이르렀다.

우리나라에서도 학교 재량권이란 문제로 말로만 논의되다가 교육개혁의 일환으로 학교운영위원회 제도가 채택되면서 형식적으로는 학교 자율경영제의 형식을 갖추게 되면서 학교경영 자율화 문제가 실질적으로 대두되게 되었다.

여기서는 자율의 의미를 좀 더 자세히 살펴보고, 학교자율의 문화형성 방안을 모색해 보기로 한다.


## 2) 자율의 의미


자율을 자유방종으로 착각하거나 오해하는 경우가 많다. 그러나 자율은 자유방종과는 엄격하게 구별되어야 한다. 원래 '자유'라는 것도 제한된 자유이지 이 세상에 무한한 자유란 존재할 수 없는 것이다. 나의 자유가 다른 사람의 자유를 침해하게 되기 때문이다.

자율이란 자기가 스스로 정해 놓은 기율(紀律)과 규율, 규범에 의하여 행동하고 자기가 행한 행위에 대하여 스스로 책임을 지는 것으로 성숙한 개인이나 조직만이 누릴 수 있는 것이며 매슬로우의 욕구 단계 중 상층에 속하는 높은 수준의 욕구에 해당된다. 그래서 자율은 자기기율(self − discipline), 자기규율(self − rule), 자기규범, 자기관리(self − managing), 자기통제(self − control), 자기통치(self − governing), 자기지시(self − directing)에 의하여 행동한다는 점, 또 자율에는 반드시 엄격한 책임이 따른다는 점에서 방종과는 엄격히 구별된다.

사전에서는 "실천이성(理性)이 스스로 보편적 도덕법을 세워 이에 따르는 일(이성 이외의 외적 권위나 자연적 욕망에는 구속되지 않음)"이라고 하여 '이성'에 의하여 행동하고, 또 만인이 받아들일 수 있는 자기 자신이 정한 '보편적 도덕법'이 앞에서 말한 자기기율, 자기규율, 자기책임에 해당되는 것이다.

이 자율성은 매슬로우의 욕구 단계에서 자아실현 욕구 다음으로 가장 높은 욕구에 해당될 뿐만 아니라 리버맨이 제시한 전문직의 특성 중 하나이다. 전문직이라면 자율성이 있어야 한다는 의미이다. 그래서 교직과 교육행정에서 가장 존중되어야 할 것 중의 하나가 바로 이 자율성이라고 할 수 있다. 그런데 교사들을 대상으로 한 연구에 의하면 교사들이 제일 많이 욕구 결핍을 느끼는 단계도 바로 이 자율성의 단계이다.

자율에 자동적으로 따라붙는 것이 바로 '책임'이다. 책임은 사전에서 "도맡아 해야 할 임무"라고 하여 긍정적 책임과 "불법행위를 한 자에게 법률상의 불이익 내지 제재가 가해지는 일"이라 하여 부정적 책임의 둘로 풀이하고 있다. 책임을 영어로 'Responsibility'라고 하는데 이는 대응, 반응(response)할 수 있는 힘, 능력(ability)이란 뜻에서 나온 것으로 자신의 행위에 대한 질문에 대하여 반응, 또는 대응할 수 있어야 한다는 뜻을 내포한 것으로 책임이란 곧 대응력이라고 할 수 있다. 교육행정에서 많이 요구되는 책무성은 영어로 'Accountability'라고 하는데 이는 '설명(account for)'할 수 있는 '힘(ability)' 또는 '계산(count)'으로 보여줄 수 있는 힘으로 자신의 행위에 대하여 구체적으로 설명하거나 계산하여 보여줄 수 있는 능력이란 뜻을 내포하고 있다. 책무성은 책임성보다 더 구체적이고 법적인 요구까지 하게 된다.

자율에는 반드시 책임이 되었든 책무가 되었든 대응 요구가 따라붙게 된다. 이 무거운 책임이나 책무 때문에 우리는 자신의 자율에 대하여 엄격한 자기 절제를 해야 한다.

자율에는 자발성이나 자기주도성이 있어야 한다. 외부의 권위나 지시, 통제가 있기 전에 자발적으로, 그리고 주도적으로 행동할 수 있어야 이를 진정 자율이라고 할 수 있다. 또 자발적, 주도적으로 행동할 수 있어야 책임을 요구할 수 있게 된다. 그래서 범죄 중에서도 타율에 의한 죄는 자율에 의한 죄보다 가볍게 된다. 어쨌든 자율은 책임질 수 있는 사람에게만 주어질 수 있는 것이고, 누릴 수 있는 사람만이 누릴 수 있는 것이다.

## 3) 학교경영의 자율화

자율은 인간이 가장 높은 수준의 욕구이고, 전문직에서 요구되는 가장 중요한 특징의 하나라고 하였다. 그래서 교육과 교육행정, 학교경영에서 자율화 요구가 더욱 강하게 대두되고 있다.

학교경영의 자율화를 위해서는 무엇보다도 최고의사결정권이 학교 수준에 주어져야 한다. 학교경영에서 최고결정권의 핵심은 교육과정 결정권과, 인사권, 재정권이라고 할 수 있다. 무엇을 어떻게 가르칠 것인가에 대한 최종결정을 학교에서 결정할 수 있어야 실질적인 학교경영 자율화가 가능해진다. 최고결정권이 학교에 주어져 학교와 지역사회의 사정과 여건에 맞는 교육을 할 수 있어야 자율화의 길목에 들어섰다고 보는 것이다.

학교에 주어진 교육과정을 자율적으로 운영할 수 있으려면 다음에는 학교 수준에서 교육과정을 운영하기 위한 인적자원(人的資源)을 구성할 수 있어야 한다. 교장에게 인사권이 있어야 한다. 교장이 학교운영위원회와 협의하여 팀워크를 이루어 교육의 질을 향상할 수 있는 교수인력을 조직할 수 있어야 학교를 자율적으로 경영한다고 할 수 있다. 다른 기관에서 일방적으로 발령한 인력을 가지고는 학교를 책임지고 경영한다고 할 수 없다. 학교 수준에서 실질적인 학교장초빙제, 교사초빙제를 활발하게 운영하게 되고, 순환근무제가 폐지되고, 학교단위로 임명하게 되는 학교단위 인사의 자율이 보장되어야 한다.

실질적인 학교경영의 자율화가 가능하게 되려면 세 번째로 학교에 재정(財政)의 자율이 있어야 한다. 학교의 모든 재정을 도급경비식으로 쓸 수 있어야 한다. 교육청과 교육인적자원부에서는 학생 수, 교육여건, 교육 프로그램 등에 의하여 정해진 어떤 공식(公式)에 의하여 총액만 학교에 배정해 주고 학교에서는 전적으로 학교운영위원회에 의하여 운영되도록 해야 학교 경영의 자율화라고 할 수 있다.

이렇게 하여 학교로 내려온 권한은 교사들에 의하여 공유되어야 한다. 인사와 재정은 주로 학교운영위원회와 교장에 의하여 다루어지더라도 특히 교육과정과 교수 분야는 많은 부분을 교사와 나눠 가져야 한다. 교사에게 권한을 많이 위임하여야 한다. 이것이 '교사에의 권한부여(Teacher Empowerment)' 경향이다. 교사에게 간 권한은 다시 학생과 나누어 갖게 된다. 마침내 '학생에의 권한부여(Student Empowerment)'가 되고 학생주도학습이 된다.

교장, 교사, 학생에게 자율권이 주어지고 또 교장, 교사, 학생도 스스로 자발적, 주도적으로 뭔가 하고자 동기 유발되고 강한 책임감으로 충만해야 학교경영의 자율화도 가능해진다. 학교에 자율문화(自律文化)가 형성되어야 학교에 자율권이 주어졌을 때 실질적인 자율화를 실현시킬 수 있다. 학교의 자율문화에 대하여 생각해 보기로 한다.

## 4) 학교의 자율문화

문화란 조직 구성원들 사이에 공유하는 신념, 가치, 규범, 언어, 비전의 총체라고 할 수 있다. 앞으로의 사회는 지식정보사회라고도 하지만 문화예술이 강조되는 문화예술사회라고도 할 수 있다. 그리고 조직이 효과적이려면 먼저 좋은 조직문화를 형성해야 한다는 것이다. 우수한 기업체에는 반드시 우수한 기업문화가 있더라는 연구결과가 알려지면서 기업문화, 조직문화의 중요성이 강조된다. 구조개혁으로 구조를 바꿔 놔도 문화가 바뀌지 않으면 진정한 의미의 개혁은 일어나지 못하게 된다는 생각에서 문화개혁(reculturing)이 강조되고 이 문화개혁을 미국에서는 교육개혁의 제3의 물결이라고까지 부르고 있다. 학교 재구조화(restructuring)의 구조개혁을 제2의 물결, 중앙집권적 하향식 '더 많이(the more)'식 개혁을 제1의 물결이라고 했던 것이다.

학교에서도 학교 내 구성원들이 공유하는 신념, 가치, 규범, 언어, 비전의 총체인 학교문화의 개혁이 구조를 바꿔 놓는 이상으로 중요하다. 학교경영 자율화와 관련지어 학교운영위원회를 설치하도록 하여 자율을 위한 구조를 바꿔 놔도 자율을 행사할 수 있는 공유된 자율문화가 형성되지 못하면 자율의 구조는 무의미하게 된다. 그래서 이 글에서 자율의 문화를 다루게 된다.

교사들이 전문직 특성대로 자발적·주도적으로 성장, 발전하고자 노력하고 자신들의 행위에 대하여 책임지고자 하는 공동의 문화를 자율문화로 본다. 이러한 자율의 문화는 새삼스런 것이라기보다는 전문직이라면 마땅히 이미 그랬어야 하는 것인데 그동안 여러 가지

여건으로 그렇지 못했던 것을 다시 찾고자 강조하는 것이다.

학교에 자율의 문화를 형성하려면 먼저 교육인적자원부나 교육청이 학교와 교사에게 자율권을 완전히 넘겨줘야 하고, 교장·교감이 자율문화 형성을 위해서 문화지도력을 발휘해야 하며, 교사들이 자율권을 책임 있게 행사할 수 있도록 성숙되어야 한다. 최고도로 내적 동기 유발이 되고 사기충천해야 한다.

학교 내 자율과 관련하여 무엇보다 교사도 스스로 배우고자 해야 한다. 교사도 학습해야 학생을 높은 수준에서 가르칠 수 있다. 교사들도 스스로 배우고 성장하고자 노력하여 무엇인가 얻고 성취하여 성취감을 느낄 때 교직의 보람, 삶의 의미와 희열을 발견하게 된다. 학교는 학생만 배우는 기관이 아니라 교직원을 비롯한 모든 구성원이 배우는 총체적 학습기관이다. 이 학교 학습기관이 온통 학습의 문화로 가득 차기를 기대한다. 학습하려면 실험정신, 모험정신이 있어야 한다. 실수를 두려워하지 말아야 한다. 그러려면 실수가 인정되고 용납되어야 한다. 실수 없는 학습은 이 세상에 존재할 수 없다. 실수의 교육적 활용이 더 중요하다.

산업사회는 분업의 시대였으나 지식정보사회는 협동과 통합의 시대이다. 이제 교사들은 팀으로 배우고, 팀으로 가르치고, 팀으로 일해야 한다. 자율과 관련하여 교사는 협동의 문화를 형성해야 한다. 사람은 누구나 강점과 약점을 가지고 있기 때문에 팀으로 협동하게 되면 나의 약점을 상대방의 강점으로 보완해 주기 때문에 나 자신도 자신감을 가질 수 있고 학생들이 그 혜택을 받을 수 있다. 그런데 최근 성과주의를 신봉하는 사람들이 자꾸 교직사회에 경쟁논리를 불어넣으려는 것은 문제이다. 지금 교사에게 필요한 것은 경쟁보다 협동이다.

그동안 교직은 그 특성상 분업을 해 왔고, 특히 교실 내에서 가르치는 동안은 교실 문을 닫고 나면 독립적이어서 마치 소왕국과도 같았다. 교직은 그동안 고독하고 외로운 직업이었다. 혼자서 계획하여 실천하고 평가하여 혼자 책임져야 하는 외로운 일을 해 왔다. 그러나 이제는 공동으로 계획 – 실천 – 평가하여 공동으로 책임져야 하는 시대로 바뀌었다. 학교에 협동의 문화가 충만하도록 해야겠다.

협동문화와 같은 문화가 동료문화이다. 전문직의 특성은 동료 지향적이다. 동료 간에 서로 도움을 주고받는 것이다. 교사의 수업기술 향상과 전문직적 성장을 위해서 동료교사 간에 서로 협동적 노력을 하는 것이 동료장학, 동료코치이다.

동료코치는 둘 이상의 동료 전문교사들이 (1) 현재의 교육실천을 반성하고, (2) 새로운 교수기술을 확장·정련·형성하고, (3) 동료교사 상호간에 가르치고, (4) 교실 수업을 연구 수행하고, (5) 현장의 문제를 해결하기 위하여 협동적 노력을 하는 신뢰적 과정이다. 운동과 예술의 기능을 서로 코치하고 개인교수 하듯이 교직에서 필요한 기술과 능력을 서로 코치하는 것이다.

동료 간에 협동하려면 신뢰가 전제되어야 한다. 서로 도움을 주고받아 서로 배울 수 있고 성장·발전할 수 있다는 강한 믿음이 교직 동료사회에 형성되어야 한다. 또 동료 사이에 비밀이 지켜질 수 있다는 믿음이 있어야 한다. 교직사회에 신뢰의 문화가 형성되어야 하는 것이다. 우리나라의 일반사회는 말할 것도 없고 학교 안에서까지 지금 온통 신뢰가 깨져 버린 것이 가장 큰 문제이다. 백성도 정부를 못 믿고 정부도 백성을 믿지 못하고 있다. 사회 전체가 불신으로 가득 차 있다. 학교 안에서도 교장과 교사 사이, 동료교사 사이, 교사와 학부모 사이, 심지어는 교사와 제자 사이에 믿음이 깨져 버렸다. 이런 속에서는 자율의 문화, 자율화는 의미를 찾기 어렵다. 학교에 무엇보다 먼저 신뢰문화를 형성해야겠다.

지금까지는 학교 내 자율문화가 필요하다고 하면서 이와 일정하게 관련된 학습문화, 협동문화, 동료문화, 신뢰문화의 형성이 요구된다고 하였다.

그런데 우리의 학교에서는 얼마 전부터 새 학교문화를 창조한다고 하면서 '토론문화'에만 매달려 있는 현실을 몹시 안타깝게 생각한다.

학교 지도자는 좋은 문화를 유지하고 형성하기 위해서 문화지도력을 발휘해야 한다고 하면서 열한 가지의 문화를 강조하는 책도 외국에서 나왔다. (1) 수직적 팀 문화, (2) 결점에 초점을 맞추기보다는 비전에 초점을 맞추는 문화, (3) 동료관계성의 문화, (4) 신뢰와 지원의 문화, (5) 권력과 지위 지향이 아니라 가치와 흥미·관심 중시의 문화, (6) 광범한 참여의 문화, (7) 평생을 통한 계속적인 성장의 문화, (8) 현재의 생활에 충실하면서도 장기적 전망을 하는 문화, (10) 계속적이고도 부단한 개선의 문화, (11) 개인에게 권한을 부여하는 문화가 바로 그것이다.

어떤 다른 사람은 교육의 질 향상을 위한 학교문화의 변화를 다른 말로 제시하기도 한다. (1) 관료적 의사결정 체제로부터 참여적 공동의사결정 체제로의 변화, (2) 수락과 순응 강조로부터 창의와 비판적 사고가 존중되는 문화로의 변화, (3) 굳어진 계층적 구조로부터 전문적 동료구조로의 변화, (4) 고립체제로부터 협동적 공동체 문화로의 변화, (5) 교사와 학생의 수동적 태도로부터 적극적, 열정적 태도로의 변화, (6) 전통지향으로부터 혁신지향의 문화로의 변화, (7) 기관과 개인을 비난하는 대신 기관과 개인의 책임을 강조하는 문화, (8) 경쟁으로부터 협동의 문화로, (9) 획일성으로부터 다양성의 문화로, (10) 분리로부터 통합의 새 학교문화로 바뀌어야 한다는 것이다.


## 5) 전환적 사고

지금까지 시대적 요구가 자율화인데 자율화 의미를 올바르게 이해해야 한다고 하여 자율의 의미를 제시하고, 학교경영에서도 자율화가 요구되는데 학교경영의 자율화는 교육과정 결정권, 인사권, 재정권이 학교에 주어져야 한다고 하였다. 그리고 학교경영을 자율화할 수 있도록 교육과정 결정권, 인사권, 재정권이 학교에 주어지도록 구조가 바뀌어도 학교문화가 자율문화로 바뀌지 않으면 구조변화는 무의미해지고 학교경영의 자율화는 불가능하다는 논리에서 학교의 자율문화를 강조하였다. 교사들이 스스로 자발적·주도적으로 하고자 할 때 자율화가 실현될 수 있다고 본 것이다. 자율문화는 학습문화, 협동문화, 동료문화, 신뢰문화와 밀접하게 관련되어 있다고 보아 이들 문화에 대해서도 언급하였다.

우리는 5,000년 역사를 통하여 여러 가지 어려운 여건 속에서도 교육에 힘써 온 결과 오늘날과 같이 발전해 왔고 이런 면에서 세계가 주목하는 민족이 되었다. 그동안 한국교육을 욕하고 비난하는 사람도 있었으나 뭐니 뭐니 해도 교육은 우리나라를 지탱해 온 버팀목이었다. 우리는 교육의 힘을 가지고 짧은 시간 내 산업화도 이룩했다. 그런대로 우리의 교육이 산업사회 시대정신에 알맞았던 셈이다.

그러나 이제 시대가 바뀌어 지식정보사회, 문화예술사회로 바뀌었다. 산업사회에 그런대로 알맞았던 우리의 교육은 더 이상 새로운 사회에 알맞지 못한 것이다. 그래서 우리는 잠시 IMF체제의 시련을 겪게 되었는지도 모른다.

우리의 교육은 새로운 사회, 새로운 시대에 맞게 구조를 바꿔야 한다. 이러한 구조개혁의 하나가 학교경영의 자율화이다. 단순히 구조만 바꿔서는 새 시대의 승자가 될 수 없다. 학교문화까지 바뀌어야 한다. 자율구조와 함께 자율문화로 바뀌어야 한다.

우리의 학교, 우리의 교원은 더 이상 상부의 지시나 명령, 통제를 받아서 가르치는 존재가 될 수 없다. 피동적 존재, 개혁의 객체가 아니라 적극적·자발적인 존재, 스스로 변하고자 하는 주체가 되어야 한다. 그래야 기왕에 들어온 교직에서 보람도 느끼고 인생살이에 있어서 살맛을 느끼게 된다. 교사에게 있어서 학교는 단순한 일터에 그치는 것이 아니라 삶터라는 것을 먼저 생각해야 한다. 21세기의 행복한 우리나라 교사의 모습을 그려 본다(경남교육 157권, 2000).

---

자율은 저절로 주어지는 것이 아니다. 피나는 자기 노력과 관리, 무서운 책임과 수준 높은 전문성이 전제 되어야 한다.

## 1) 서 론

한국은 전통적으로 교육을 중시해 왔다. 자연자원이 부족한 나라가 러시아, 중국, 일본 등 강대국들 틈바구니에서 살아가기 위해서 우리는 교육에 의존해 왔는지 모른다. 거기에다 유교적 전통은 교육과 인문을 숭상하게 되었다. 여기에다 일본의 식민지정책의 영향은 한국의 교육열을 더욱 부채질하여 세계에서 교육열이 제일 높은 나라가 되었다. 대체로 유교적 전통과 식민지 경험을 가지고 있는 나라에서 교육열이 높은 경향이다. 한국도 그중의 한 나라이다.

이러한 높은 교육열의 덕으로 60년대부터 80년대에 이르기까지 30년 동안에 산업화를 이룩할 수 있었다. 우리의 교육은 그런대로 산업화 시대정신에는 알맞았던 셈이다. 그런데 사회는 지식정보사회로 바뀌었는데 교육은 아직 산업사회교육을 하고 있는 것이다. 한국교육은 지식정보사회에 맞게 전환하지(transform) 못하여 지식정보사회를 지원하지(supporting) 못하는 데 고민이 있다.

여기서는 지난 100년간, 1세기 동안 한국교육이 걸어온 주요 대목에 대하여 살펴보면서 우리 교육의 고민거리와 전환방향을 제시해 보고자 한다.

## 2) 세 줄기 흐름의 잔재

한국교육은 세 줄기 거대한 흐름이 밑바닥에 깔려 있고, 이 세 가닥의 흐름이 서로 뒤섞여서 한국교육의 현상으로 나타난다고 본다.

그 하나는 전통적인 한국교육의 흐름이라고 본다. 전통적 한국교육은 소수 양반과 귀족을 위한 엘리트 중심 교육이었고 정부 관리 양성을 위한 것이었다. 그러나 개별화 교육에 가까웠고 통합적인 인간을 위한 인간성 교육이 바탕에 깔려 있었다. 이러한 교육이 AD 372(Taehak, Kyngdang) - 1900까지 계속된 것으로 볼 수 있고 이러한 전통은 지금의 교육의 밑바닥에 깔려 있을 것으로 가정된다.

다른 하나의 흐름은 일본식 식민교육의 흐름이다.

1900년대(실제로는 1883년 원산학교), 20세기 초부터 근대학교가 설립되기 시작되면서 일본의 영향을 받기 시작했고 일본의 식민교육이 시작되었다. 이때부터 공교육(public education)이 시작된 셈이다. 동시에 일본에 대한 저항정신이 민족의식 고취를 위하여 사립계통의 민족학교가 설립되기 시작하여 근대학교가 시작된 것이다. 그래서 우리나라에는 지금도 사립학교를 많이 갖게 되었다. 그래서 지금은 중등학교는 41%, 고등교육은 77%를 사립학교가 차지하고 있다.

일본의 식민교육은 중앙집권적이고 통제적이었다. 충실한 일본인을 만들려는 교육을 하였다. 복종과 순종만을 강요받게 되었다. 일본인을 위해서는 지배계층을 형성하기 위한 교육을 했고, 극히 소수 한국인에게는 즉시 일을 부려먹기 위한 기술교육을 시켰었다.

일본식 교육의 영향으로 한국교육 밑바닥에는 강한 중앙집권, 통제, 지시, 명령과 순종과 복종의 교육이 깔려 있을 것으로 본다. 그리고 지배층으로 상승하기 위한 강한 교육욕구, 그리고 지배층을 위한 관료가 되기 위한 인문 분야 교육에 대한 욕구를 불러일으켰을 것이다.

또 하나의 세 번째 흐름은 미국 교육의 영향이다. 1945년 일본으로부터 해방이 되면서 미군정 교육이 1948년 정부수립 전까지 계속되면서 미국 교육체계와 방식을 한국교육에 심었다. 1948년부터 한국정부에 의하여 한국교육을 해 왔으나 현재까지도 미국 교육의 영향에서 벗어나지 못하고 있다. 특히 나를 포함하여 많은 미국 유학을 한 교육자들이 우리나라 교육을 하면서 미국 교육의 사상과 이론을 한국교육에 실험하여 미국 교육의 영향은 자연스런 현상이 되고 강력하게 작용하였다. 여기서 불행한 것은 미국 교육의 영향이 아주 강력했음에도 완전히 미국식 교육도 학교에 정착하지 못했다는 점이다. 그것은 교육여건이 미국의 수준에 이르지 못하고, 또 지도자들이 자주 바뀌어 지속적이지 못했기 때문에 미국 교육은 완전히 뿌리내리지 못했다. 거기다 미국의 기후 풍토와 한국의 것이 다르다는 원인도 있었기 때문이다. 또 앞에서 언급한 것처럼 한국교육의 밑바닥에 한국의 전통교육, 일본의 식민지 교육의 전통이 깔려 있기 때문에 완전히 미국 교육이 정착할 수도 없었다.

그래서 현재의 우리의 교육은 ① 우리의 전통적 흐름과, ② 일본의 식민교육 전통, ③ 미국 교육영향이 혼재해 있다고 봐야 할 것이다. 그런데 세 나라 교육의 장점만을 따오지 못하고, 불행하게도 단점만이 남아 있는 것 같아 고민이다.

1950년대에는 우리 손으로 우리의 교육을 시작하자마자 한국전쟁으로 모든 것이 파괴되었다. 우리는 어려움 속에서도 국민들의 많은 교육적 욕구를 소화해 내야 했다. 먼저 우리는 문자해득 교육으로 문맹퇴치를 하고 초등교육에 집중 노력했다. 그래서 1950년대를 우리는 초등학교연대라고 부른다. 이 정책은 다음 1960년대 산업화의 기초를 닦고 산업화의 저력이 되어 나중에 성공적인 것으로 평가되었다.


## 3) 산업사회교육의 잔재


한국은 1960년대 초부터 갑자기 농경사회로부터 산업화로 전환하기 시작하였다. 그래서 60년대, 70년대 그리고 80년대의 30년 동안에 우리는 산업화를 이룩하고 개발도상국이 되었다. 이것을 '한강의 기적'이라며 세계 사람들이 놀랐고 우리들 자신도 스스로 놀라 흥분하고, 열광하고, 성취감에 도취되기도 했다. 이러한 흥분과 자만이 잘못된 것이었다. 이것 때문에 결국 1990년대 IMF 관리체제와 경제적 위기를 맞게 된 것으로 본다.

그러면 무엇 때문에 30년 짧은 기간 내에 산업화를 달성할 수 있었을 것인가? 산업화에 성공한 후의 평가는 '교육'이 밑에서 지원해 줬기 때문이었다는 것이었다. 우리의 교육이 그런대로 산업사회 시대에는 알맞았던 셈이다.

우리의 교육은 산업사회의 공장모델이었다. 먼저 적은 돈과 시설, 사람을 가지고 대량 교육을 했다. 1960년대 필자가 초등학교 교사일 때 내 반에 88명까지 있었던 것으로 기억된다. 일주일에 32시간(40분 1시간) 8개 교과를 가르쳤었다. 지금은 수업일수, 학교에

머무는 시간, 교육과정의 양, 지식의 양, 교과목 수 모두 양적으로는 많다.

둘째, 고도로 분업식이고 조립식이었다. 유치원-초-중-고가 연계되거나 협동이 없었다. 학년 간, 학급 간 연결과 협동이 안 되었다. 지식을 파편조각으로 나누어 가르치고는 학생들 보고 조합하여 스스로 전인(全人)이 되라고 한 셈이다.

셋째, 공장에서처럼 고도로 중앙집권적이고, 통제식이고, 지시적이고, 표준화, 평균적이고, 정형화·획일화 교육이었다. 개별화, 다양성, 선택을 보장할 수 없었다.

넷째, 실증주의 철학에 의하여 경험적으로 증명할 수 있는 것만 믿을 수 있는 지식이라고 했다. 객관화, 계량화, 측정, 시험이 강조되었다.

기타 모든 교육 활동이, 학교 활동이 공장과 같았다고 봐야 한다. 1960~1970년대에 우리의 중등교육이 팽창하고 우리의 정책지원이 중등교육 분야이어서 우리는 이때를 중등교육의 연대라고 한다. 1980년대는 고등교육이 팽창하여 고등교육의 연대라고 하고 현재 고등교육 인구는 해당 연령 인구의 78%이다.

우리는 이 산업시대에 물질을 많이 얻고 GNP의 상승을 보았다. 반면에 우리는 잃은 것도 많다. 물질을 얻는 대신 한국인의 정신을 잃었다. 전통적 가치관과 규범이 파괴되고 윤리도덕이 무너졌다. 더불어 권위도 사라졌다.

## 4) 한국교육의 고민

1990년대부터 우리나라의 기운이 내리막길을 걷기 시작했다. 1988년 국제올림픽을 할 때가 한국의 기운은 절정이었다고 본다. 민주화를 한다고 나라의 기강과 질서가 무너지기 시작했다. 민주주의 리더십이 군사정권의 리더십을 슬기롭게 대체하지 못했기 때문이다. 산업화로부터 지식정보사회로 잘 전환하지 못했기 때문이다. 우리는 아직 산업사회의 사고와 구조, 문화에서 벗어나지 못한 채 21세기의 문턱을 넘고 말았다.

그래서 지금 한국교육에서는 교실 붕괴현상이 나타나고 있다. 과거에는 교사가 학생을 통제할 수가 있었는데, 지금은 교사가 학생을 통제하지도 못하고 학생 스스로가 자신을 통제하지도 못하고 있다. 우리가 짧은 시간에 갑자기 산업화했던 것처럼 갑자기 학교가 무너지고 있는 것이다.

거기다가 교육개혁을 한다고 중앙집권적, 획일적, 하향식 접근을 하고 있어서 개혁을 확실하게 하지 못한 상태에서 우리 교육의 뿌리가 흔들리는 데 문제가 있다. 교육개혁을 한다고 경제논리, 정치논리로 교육을 접근하는 데 한국교육은 중심을 잃고 표류하고 있다.

근본적으로 우리 교육의 고민은 산업사회 공장모형으로부터 지식정보사회, 문화예술사회, 인본사회에 알맞은 21세기형 모델로 transformation하지 못한 데 있다.

21세기형 교육을 위해서는 먼저 우리의 교육을 인간화(humanize)하고 개별화(personality) 교육, 인성교육(character education)을 강조해야 한다. 둘째, 분량과 평등으로부터 질의 교육을 지향해야 한다.

셋째, 분업교육, 파편지식교육으로부터 통합교육의 방향으로 가야 한다. 관계성, 협동, 팀 접근을 해야 한다. 넷째, 효과성, 효율성, 중앙집권 관료제, 획일화, 표준화로부터 다양성, 개별화, 선택의 자유가 보장되도록 해야 한다.

지금까지 한국교육의 어두운 면이 많이 부각되었는데 밝은 면도 많이 있다. 무엇보다도 우리는 교육을 중시한 교육열이 높은 나라이다. 지식정보사회에서는 지식정보는 기업이 공장에서 만들어 내는 것이 아니라 학교에서, 교육에서 만들어 내기 때문에 근본적으로 지식정보사회는 교육열이 높은 한국에 매우 유리하다. 다만 교육방법만 지식정보사회에 맞게 고치면 된다.

우리는 가능한 빨리 경제위기를 극복하고 교육에 투자하여야 하고 우리의 높은 교육열을 지식정보사회의 방향과 목적에 아낌없이 쏟아 부어 교육의 시대에 지도력을 발휘해야겠다.

---

물 위에 떠오른 빙산의 일각만 보지 말고 물 밑에 잠긴 거대한 빙산을 볼 줄 알아야 한다. 한국교육의 문제도 현상만 보지 말고 한국교육의 뿌리에서부터 더듬어 볼 필요가 있다. 그래서 한국 교육행정과 교육정책을 바르게 하기 위해서는 한국교육의 철학과 역사, 사회학과도 연결시켜 봐야 한다.

# Korea's Education Dilemma

## 1. Introduction

Education has traditionally been of great importance in Korea. As a nation with little natural resources, and being surrounded on all sides by three powerful neighbors; China, Russia, and Japan, Korea has relied on education as a means of survival and strength. Also, Korea has had a deeply Confucian culture where education is regarded as one of the highest virtues. In addition, thirty − six years of Japanese colonial rule has raised even more the awareness of the importance of education as a means of national strength in the minds of Koreans. As a result of these cultural and historical factors, Korea's aspiration for education is second to none.

Korea's rapid industrialization from the 1960's to the 1980's, "the miracle on the Han river", is commonly accredited to the high level education of its general population. And Korea's education system can be regarded as having been well designed to support the needs of its industrialization process. However, as Korea enters the 21st century, and as it is transforming from an industrial society to a knowledge and information society, its education system isn't changing along fast enough. The challenge of Korea's education system is that unless it transforms itself accordingly, it will not be able to produce a population that can support the growth of a knowledge and information based society.

I would like today to briefly describe the key themes of Korea's education system of the last 100 years, point out its major problems and propose some directions it needs to go.

## 2. Three Main Influences of the Korean Education System

There are three main influences that make up the basis of Korea's education system today.

The first is Korea's traditional education system(*Taehak and Kyungdang*) that was in place from 372 AD to 1900 AD. It was designed to educate the noblemen(*Yangban*) and also to produce government administrators. The curriculum was highly individualized and focused on liberal arts. It was based on the ideal of developing a whole, humanitarian person — much like the Renaissance man of the West. To be educated was regarded in the highest esteem and this value system still remains important in the minds of Koreans today and forms one of the bases of the Korean education system.

The second major influence is the Japanese colonial education system. Korea was under Japanese colonial rule from 1910 to 1945. Public education, which didn't exist in Korea until this time, was introduced under Japanese rule.

The aim of establishing an education system in Korea was to produce a population subservient and loyal to Japan. Classes were taught in Japanese(the Korean language was abolished) and the curriculum was mainly Japanese propaganda. However, for those Japanese living in Korea at that time, the schools were designed to produce a governing class. A minority of Koreans received technical training, to serve under Japanese administrators.

The Japanese colonial education system was very autocratic. At its core it was: highly centralized, controlling, had lots of regulations, and had a hierarchy based on directives and obedience.

Also at this time, the national independence movement was growing. One of the phenomena at this time was the establishment of private schools by nationalists and by Christian missionaries. This is why there are so many private schools in Korea to this day. Private school comprise of 41% of secondary schools and 77% of higher education schools.

While the curriculum may have changed since Korea gained its independence in 1945, much of the hierarchic structure and burea-ucratic styles still remain underneath the present day Korean education and educational administration.

The third major influence is the American education style. Korea gained its independence in 1945 with the end of World War Ⅱ. From 1945 to 1948, as the Korean government was being established, the American military government oversaw the implementation of an American style education system in Korea. The Korean government took over the administration of the education system beginning in 1948, but the American influence was firmly established by then. Since then, many educators — like myself — who have studied in the U.S. have endeavored to implement many of the positive aspects of the American model. However, this hasn't been without its difficulties.

Insufficient financial resources, differences in cultural values, and frequent changes in political power have all made adaptation of a more American system a difficult task.

Therefore, the present day Korean education system is based on a mix of historical tradition, Japanese colonial experience, and the American system.


## 3. The Remnants of the Industrial Period


The history of Korean education, like the history of Korea, has been filled with one challenge after another. As Korea began to recover from colonization, it was devastated again with the advent of the Korean War in 1950. After the war in 1953, the main goal of the education system was to eliminate mass illiteracy, which it did successfully. The initial focus was on primary school education, and the 1950's can be regarded as the "decade of primary education." The enrollment level of elementary schools reached the ceiling in the late 1960's. In the 70's, "the decade of secondary education", we emphasized secondary education, and secondary school enrollment increased rapidly, reaching the ceiling by the late 70's. In the 1980's, "the decade of higher education", education expansion continued to higher education until the 1990's.

From the 1960's to the 1980's, in a span of just 30 years, Korea went from an agricultural nation to an industrial nation. Its success is well documented earning the label as one of the "Asian miracles." Not only was the rest of the world surprised at the rapid development of Korea, Koreans themselves were surprised and excited at their accomplishments. However, Koreans began to pop the champagne too early. Excitement turned into overconfidence and poor government policy. The result was the economic crisis of 1997 and the ensuing intervention by the IMF.

There is wide consensus that one of the key factors responsible for Korea's rapid growth was its high education level. And in that regard Korea's education system was well suited for its industrialization stage.

The Korean education system adopted the factory model of the industrial age: it had aspects of mass production and division of labor. First, it had to facilitate as many people as possible with little financial resources and infrastructure. In the 1960's, when I was a grade school teacher, I remember there were up to 80 students in my class. I taught 32 hours a week and eight subjects.

Secondly, the education system was very un－integrated. There was little cooperation or communication between grade school, middle school, and high school. Education was provided in fragments and it was left to the students to piece it together.

Thirdly, like a factory, the education system was centralize, bureaucratic, restrictive, and inflexible. It offered a standardized education with little room for individualism.

Fourthly, adopting the logical positivism philosophy it stressed only subjects that were deemed 'scientific.' School curriculum and college entrance exams emphasized rote memorization of objective, measurable, or quantifiable facts. Creativity, reasoning, and character education were not given much importance.

Through industrialization, Korea and it's people gained a lot economically. However, it also lost a lot in terms of traditional values, ethics, and civility. In the process of GNP growth, Korea also lost part of its dignity.

## 4. The Dilemma of Present Day Education

During the 1990's Korea began to experience growing pains. Korea didn't transform smoothly from an industrial society to a knowledge – information society. Nineteen eighty – eight, the year of the Olympic games in Seoul, may have been the height of Korean growth. As we started to transition from military rule to democratic rule in the 90's, Koreans began to lose their drive and focus. Part of the blame falls on the initial democratic leadership, which did a poor job of replacing the military leadership.

The present day Korean education faces grave problems with the wide spread "collapse of the classroom." A number of problems are arising nationally such as; the decline of teaches' authority, increase in school violence and juvenile delinquency, and the inability for teaches and students to relate to each other. Teachers, while being underpaid, traditionally enjoyed a large amount of social respect. This, however, is changing rapidly with the change in social values.

Today, there is a vast generation gap between the teachers and the students, and the teacher's traditional authority cannot sufficiently be replaced by their professional authority.

Exacerbating the situation is an education ministry that is too bureaucratic and inflexible. Even though the ministry of education is trying to reform the education system, it is not working because education policy is being influence too much by economic and political considerations. This is one of the fundamental problems of the Korean education system today.

The primary challenge of Korea's education system is that it needs to transform itself fundamentally, as Korea shifts from an industrial society the $20^{th}$ century to a knowledge − information, culture, and individual based society of the $21^{st}$ century.

For this task it needs to change in several ways. First, the education system needs to be humanized, personalized, and focus on character education. In that regard it needs to go back in a sense to its traditional education values. Students in Korea are cramming too much fragmented information, especially in preparation for college entrance exams. The knowledge and information age requires integrated whole persons rather than fragmented ones.

Secondly, it must shift from quantity education to quality education. Korean's educational opportunities have been enlarged relatively in quantity, but its quality is too poor.

Thirdly, the schools need to be more integrated than in the past.

Fourthly, it must change from a standardized education to a more diverse, personalized education and increase the freedom of choice.

I have described a mostly gloomy picture of the state of Korea's education, but there are also a lot of hopeful sides. Most importantly is the fact that Koreans still maintain a high aspiration for education itself. The main produces of the knowledge and information society aren't factories, but individuals with creative and innovative ideas. And it is the job of education and the schools to provide the proper nurturing environment for these individuals to grow. The summary of main contents is as following<Figure Ⅰ−1>.

What needs to be done now is for Korea to recover quickly from its economic crisis, rededicate itself and begin investing its resources into education.

I believe, that with the strong desire for education that the Korean people possess, if the Korean education system can successfully transform itself to effectively direct and utilize that desire, Korea win face a bright future(2000. 4. 3. 미국 미네소타대학교교육대학 특강 원고).

# Korea's Education Dilemma〈Figure Ⅰ - 1〉

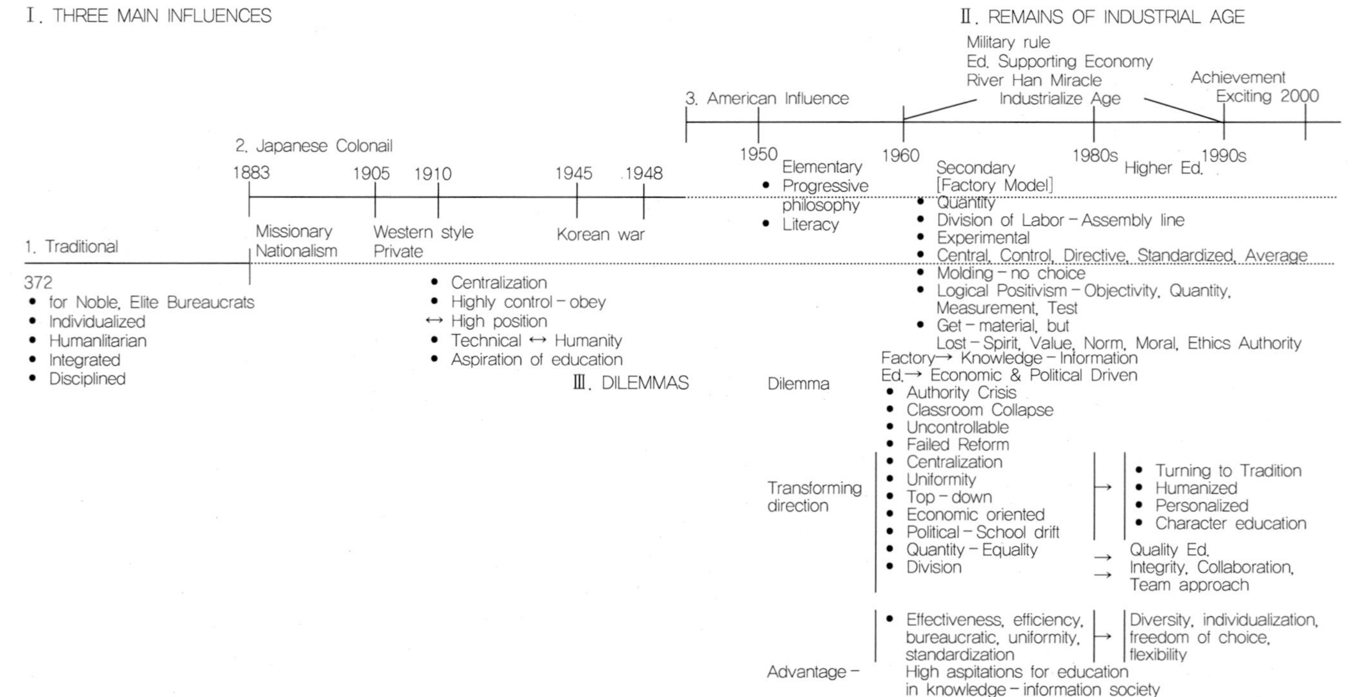

# 참고문헌


정태범(2000), 교장의 양성체제, 한국교사교육 제17권 3호, 한국교원교
육학회.

주삼환(1997), 변화하는 시대의 장학, 서울: 원미사.

주삼환(1999), 교육행정강독, 서울: 원미사.

주삼환(2000), 지식정보화사회의 교육과 행정, 서울: 학지사.

주삼환(2000), 학교장직의 전문성과 연임제, 초등교육 여름호, 한국초등
교장협의회.

천세영(1999), 정보사회교육론, 서울: 원미사.

Banathy, Bela H.(1991), *Systems Design of Education*, Englewood Cliffs,
N.J.: Educational Technology Publications.

Beach, Don M. and Judy Reinhartz(2000), *Supervisory Leadership: Focus on
Instruction*, Boston: Allyn and Bacon.

Beare, Hedley and Slaughter, Richard(1993), *Education for the Twenty −
First Century*, London: Routledge.

Drake, Thelbelt L. and William H. Roe(1999), *The Principalship* 5th ed.,
Columbus, Ohio: Merrill.

Glatthorn, Allan A.(1994), *Developing a Quality Curriculum*, Alexandria,
VA: ASCD.

Liberman, Myron(1995), *Public Education: An Autopsy*, Cambrige,
Massachusetts: Harvard University Press.

Maehr, Martin L. and Midgley(1996), *Transforming School Cultures,* Boulder,
Colorado: Western Press.

Marsh, David D.(1999), *Preparing Our Schools for the 21st Century,* Alexandria,
VA: ASCD.

Phi Delta Kappa(1996), *Do We Still Need Public Schools?,* Bloomington:
IN: P.D.K.

Schlechty, Phillip C.(1991), *Schools for the Twenty −First Century,* San Francisco:

Jossy – Bass  Publishers.
Sergiovanni,  Thomas  J.(2001),  *The  Principalship:  A  Effective  Practice  Perspective*
    4th  ed.,  Boston:  Allyn  and  Bacon.
Seyfarth,  John  T.(1999),  *The  Principal:  New  Leadership  for  New  Challenges,*
    Columbus,  Ohio:  Merrill.
Walling,  Donovan  R.(1995),  *At  the  Threshold  of  the  Millenium,*  Bloomington,
    Indiana:  P.D.K.

# 표류하는 한국교육정책

- 한국교육정책의 표류
- 교원연수, 교직발전의 미봉책
- 학교장직의 전문성과 연임제
- 교직발전 종합방안과 진단
- 한국의 과외: 금지 · 처벌보다 원칙적·긍정적 접근을
- 대학종합평가 모형 탐색

## 1) 정책환경 변화

선진국들은 산업사회로부터 지식정보사회로 바뀐 지 이미 오래되었고, 이에 따라 국가경제사회로부터 지구촌경제사회로 전환되었는데 우리는 90년대에 들어와 지식정보사회, 국제화·세계화를 부르짖기 시작하였으나 말로 떠들기만 했지 제대로 이에 맞게 체제와 구조를 바꾸지 못하고 시대에 뒤떨어져 21세기의 문턱에서 IMF 관리체제에 무릎을 꿇고 말았다.

사실은 교육이 먼저 바뀌고 나서 교육이 지식정보사회를 선도하고 사회적·세기적 대전환을 지원해야 하는데 오히려 교육이 바뀐 사회에 끌려가기에도 벅찬 실정이다. 우리나라를 산업화시키는 데는 교육이 뒷받침해 줄 수 있었는데 지식정보화를 뒷받침하기에는 우리나라 교육이 너무나 열악하고 거친 상태이다. 산업화에서 벌어들인 돈과 그때 성장한 경제가 이번엔 반대로 교육을 뒷받침해 줬어야 하는데 기업과 경제가 교육을 외면했기 때문이다. 높은 교육열이 경제를 일으키고 다시 올라간 경제가 교육을 지원해 줘 교육을 끌어올렸어야 한다. 이것이 필자의 지그재그론(Z)이다. 60~80년대 벌어들인 돈이 교실로, 연구실과 실험실로, 기술개발로 투입되지 못하고 허영과 사치, 졸부들의 행진으로 낭비되어 우리는 지금 시련을 겪고 있는 것이다.

50여 년 전에 이미 지식정보사회로 방향을 틀기 시작한 선진국들도 이에 맞춰 교육개혁을 하여 이제 그 꽃과 열매를 보기 시작하는데 우리의 경우는 남들이 교육개혁을 한다고 할 때 덩달아 목청만 높이다 세월과 국가적 에너지만 낭비하고 말았다. 15년 전 1985년 시작한 교육개혁심의회 때부터만 제대로 교육개혁을 했어도 지금쯤은 가닥을 잡을 수 있었을 것이다. 그러나 지금부터라도 15년 후를 내다보며 개혁정책을 추진하지 못하면 또다시 15년 후 후회를 하게 된다.

어쨌든 사회와 환경이 바뀌었으므로 우리의 교육정책이 바뀌지 않을 수 없다. 우선 산업사회의 공장모델 학교와 교육으로부터 지식정보형 학교와 교육으로 바뀌어야 한다. 그러기 위해서는 양(量)의 교육으로부터 질(質)의 교육으로, 분업에 의한 쪼개기 교육으로부터 통합과 협동, 팀의 교육으로, 물질·실증주의 교육으로부터 윤리도덕·정신·정서·인간성(humanity)의 교육으로 바뀌어야 한다.

좀 미시적으로 보면 군사정권으로부터 민간정권으로 바뀌었으니 우리의 교육과 교육정책도 바뀌어야 한다는 심리적 유혹을 받지 않을 수 없다. 그래서 지난 '문민정부'에서 한꺼번에 너무나 많은 것을 바꾸겠다고 교육개혁 100대 과제를 제시해 놓고 정권임기 내 제대로 처리하지 못한 것을 다음 정권인 '국민의 정부'에서 떠맡게 되었다. 그래서 그런지 교육개혁을 주도해야 할 '새교육공동체위원회', '교육혁신위원회'는 제대로 된 개혁안을 제시하지 못하고 있다. 그렇더라도 새 정부인 국민의 정부와 새로 들어선 장관들은 뭔가 새로운 것을 내놓고 터뜨리고, 대통령에게 보고하고, 보여주지 않을 수 없었을 것이다.

이러한 정책환경의 변화에 교육정책은 대응하지 않을 수 없는 것이다. 여기에 학부모와 국민의 요구와 기대는 부풀어 올라 있으므로 과거의 교육과 교육정책으로 대응할 수 없게 되어 어쩔 수 없이 교육정책의 변화는 피할 수 없게 되어 있다. 그래서인지 1999년도에도 많은 새로운 교육정책이 제시되었다.

## 2) '99 주요 교육정책 변화

1999년도에도 많은 주요 교육정책이 제시되고 또 결정되어 교육계에 많은 충격을 주기도 하고 또 혼란을 야기하기도 하였다. 1999년도에 제시되거나 확정적으로 결정된 주요 교육정책의 대강을 살펴볼 필요가 있다.

가장 대표적인 것은 ① 교원정년 연령 단축, ② 교원노조 합법화, ③ BK21 사업, ④ 교육발전 5개년 계획 시안, ⑤ 교직발전 종합방안(시안) 등이고, 이 외에 많은 논란을 일으킨 것은 교원성과급제, 소규모학교 통폐합, 사립학교 운영위원회 설치, 사립학교 공익이사 의무화, 법학전문대학원 신설, 대학의 교무위원회의 법적 기구와, 중등교사 초등 배치 등이 있다.

## (1) 교원정년 연령 단축

교원정년 연령 단축정책은 98년도에 정책의제로 형성되어 99년 1월 6일 국회의 통과로 정책 결정이 입법화된 것이다. 이것은 초·중등 교원의 정년 연령을 65세에서 62세로 단축시킴으로써 많은 정규퇴직자를 포함하여 명예퇴직자를 낳게 되어 결과적으로 초등교사 부족 사태를 빚게 되었다.

또 이로 인하여 많은 교장·교감, 교육지도자들이 퇴직하게 되어 갑자기 많은 수의 교육지도자를 자격 연수시켜 새로 임용하고 얼마 써먹지 못한 채 몇 년간은 계속 새로운 교육지도자를 연수시켜야 할 입장이다. 초등교사가 부족하게 되자 이를 메우기 위하여 편법으로 중등교사를 초등학교에 기간제교사로 배치하고 퇴직교원을 기간제로 임용하려는 교육정책이 파생되어 99년 1월 내내 교육대학을 중심으로 교육계가 시끄럽게 되고, 기간제교사 후보자들도 불만의 시위를 하게 되었다. 또 초등교사 부족사태를 메우기 위해서 소규모학교 통폐합을 무리하게 추진하다 보니 또다시 정책 부작용을 낳기도 하였다.

정년 연령 단축으로 교사들이 시위와 서명으로 길거리에 나서게 되고 결국 교육부 장관이 99년 5월 24일자로 물러나게 되었다. 실세 장관이라고 하던 장관이 퇴출되게 됨으로써 또다시 교육정책은 흔들리게 되는 결과를 낳게 되기도 했을 것이다.

교원정년 연령 단축정책으로 인하여 많은 교육재정이 퇴직금으로 나가게 됨에 따라 교육재정의 불균형으로 교육의 본질과 내실에 투자하지 못하게 되었을 것은 분명한 사실이다.

교원정년 연령 단축으로 교원의 사기가 저하되고 교원의 불만이 고조되고 교원이반 현상이 벌어지자 정부는 후속정책으로 교원의 환심을 사기 위한 또 다른 교육정책을 수립할 필요를 느끼게 되었다. 이렇게 해서 나오게 된 교육정책의 하나인 '교직발전 종합방안(시안)'이 또 졸속으로 나오게 되었다.

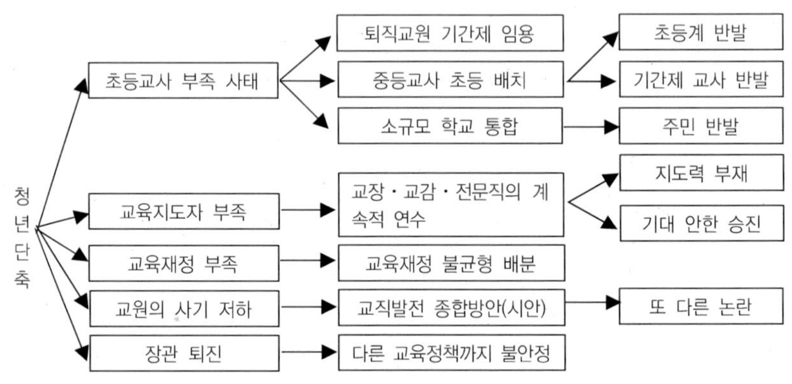


〈그림 Ⅱ-1〉 교원정년 연령 단축정책에 따른 부작용과 파생정책

이렇게 하나의 정책은 또 다른 정책들을 낳게 되고 한번 악수를 두게 되면 이어서 계속 악수를 두게 된다. 교원정년 연령 단축으로 인한 파생정책을 나타내면 <그림 Ⅱ-1>과 같다.

그러면 교원정년 연령 단축정책으로 달성한 정책목표와 효과는 무엇인가? 원로교사 1명을 퇴출시키고 젊은 교사를 3배 채용했는가? 월급 많이 주는 원로교사를 퇴출시키고 남는 돈으로 교육시설과 교육환경을 개선했는가? 젊은 피와 젊고 유능한 교사를 많이 수혈하고 채용하여 교원의 자질이 향상되었는가? 도대체 교원정년 연령 단축으로 얻은 것은 과연 무엇인가?

## (2) 교원노조 합법화

교원노조 문제도 1998년에 논란을 일으켰으나 1999년 1월 6일 국회 통과로 정책 결정이 입법화되었다. 이로 인해 교원은 두 얼굴을 갖게 되었다. 전문직의 얼굴과 노동직의 얼굴이 그것이다. 사용자는 여러 단체를 상대하지 않으면 안 되게 되어 있다. 노조와는 근무조건, 임금, 복지후생 문제를 교섭해야 하고 전문직 단체와는 교육정책 문제를 교섭해야 한다. 노조도 전교조, 한교조 양쪽을 따로따로 상대해야 한다.

그런데 교원노조에서 교섭이나 협상을 할 수 있는 것도 법령이나 예·결산으로 정해진 것은 못 하게 되어 있다. 거기다 단체행동권도 갖지 못한다. 교원노조가 사용자로부터 실질적으로 얻어 낼 수 있는 것이 없다. 실지로 지금까지 교원노조에서 근무조건, 임금, 후생복지, 신분에서 얻어 낸 것이 하나도 없다. 음성적으로만 존재하던 교원노조가 법적으로 인정받아 합법화되었다는 데 의미를 두는 수준으로 만족하게 될지도 모른다.

그나마도 사립학교의 경우 사용주는 학교법인으로 단위학교 수준인데 법적으로 단위학교와 시·군·구 수준에서는 교원노조를 조직할 수 없게 되어 있다. 교섭상대 자체가 없는 것이다.

소수 교원노조에서 교섭에 의하여 이익을 얻어 냈다면 그 이익은 노조원에게만 줄 것인가, 교원 전체에게 혜택이 가도록 나누어 줄 것인가? 전문직 단체에서 교육정책과 관련하여 얻어 낸 것은 노조원에게는 안 나누어 줄 것인가? 전체 교원의 소수에 해당하는 교원노조와 합의한 것에 노조원 외 다수 교원이 불만을 갖게 된다면 이를 어떻게 처리할 것인가?

교원노조를 인정할 바에는 완전한 노조활동을 할 수 있도록 했어야 한다. 불완전하고 형식적인 합법화로는 노조가 노조일 수 없다.

이렇게 되면 교원노조는 법을 더욱 어기게 되고 정치적으로 움직이게 되기 쉽다. 실지로 지금도 위법하고 정치활동을 하고 있는 것이 많다. 교원노조는 단체행동을 못 하게 되어 있는데 전교조가 소속된 민노총은 단체행동을 하게 되어 있다면 전교조 임원이 민노총 임원이 된다면 단체행동은 어떻게 되는가?

교원노조가 노사정위원회에 의하여 정치적으로 성급하게 합법화로 인정받게 되다 보니 미비점과 모순점을 많이 내포하고 있다.

교원노조 합법화 정책의 정책목표는 과연 무엇이었으며 또 실지로 정책목표를 어느 정도 달성하였는가? 정부와 국민에게 이익이 된 것이 무엇이며, 교원과 노조원에게 도움이 된 것은 무엇인가? 당장 얻은 것이 없다면 앞으로 얻을 정책효과는 무엇인가?

## (3) BK21 사업

BK21 사업은 세계 수준의 대학원을 집중 육성하여 대학의 연구·교육 경쟁력을 강화하고 장기적으로는 두뇌강국으로의 발전을 주도할 고급 인력을 양성한다는 목표로 시행된 국가적 사업이다. 이 사업을 위해서 1999년부터 2005년까지 1조 4000억 원을 투자하여 7년간 14,000명의 박사 인력을 양성하고, SCI 논문 발표 수를 1998년 1만 편에서 2005년 2만 편으로 끌어올려 세계 10위권으로 진입하고 특허출원건수를 1998년 17,000건에서 2025년 40,000건으로 증가시킨다는 계량적인 목표를 제시하였다. 그동안 여러 대학, 여러 사람에게 나누어지던 연구비를 경쟁에 의하여 소수 대학에 집중 배분한다는 내용이다. 이 사업은 1999년 4월 12일 교육부가 대통령에게 국정개혁 보고하면서 논란을 일으키게 되었다.

이 정책으로 인해 많은 교수들이 반대 서명을 하고 집단시위까지 하면서 격렬하게 반대했으나 결국 이 사업도 약간 변질된 상태에서 실시되고 있다.

이 정책도 여론 형성과정이나 합의과정 없이 비밀리에 진행하여 갑자기 발표되어 더욱 큰 반발을 일으켰다고 본다. 물론 사업의 성격상 비밀을 유지할 필요가 있다고 판단했을지 모르나 그럴수록 국가정책은, 더욱 개방적이어야 한다. 더구나 이 사업의 경우 비밀이 새어 준비기간의 기회가 동등하게 주어지지 않았다는 비난도 받았다.

별도의 예산을 마련하여 사업을 마련했으면 좀 더 호응을 받을 수 있었을 것이나 기존의 사업예산을 모아서 편중 지원함으로써 반발을 더 사게 된 것이다.

문제는 이 사업이 계획대로 7년간 지속될 수 있느냐와, 지속되었을 경우 계획된 목표를 달성할 수 있느냐에 있다. 목표달성을 못할 경우 엄청난 손실을 가져오게 된다. 이와 비슷한 성격의 사업이 국책공대사업, 교육개혁 평가에 의한 차등지원 사업이 있었는데 이 둘 다 성공적이었다고 보기 어렵다.

## (4) 교육발전 5개년 계획 시안

1999년 3월 11일 교육부는 국민의 정부에서 1999~2003년까지

5개년간 추진할 청사진이라고 하면서 '교육발전 5개년 계획 시안'
을 발표하였다.

이 계획안은 '창조적 지식기반국가 건설을 주도하는 교육이'라는
기본방향 아래 (1) 배우는 즐거움으로 활기가 넘치는 학교, (2) 가
르치는 보람과 긍지가 충만한 교직사회, (3) 누구에게나 필요한 교
육을 제공하는 교육복지 사회, (4) 지식강국의 초석으로서 세계적
경쟁력을 갖춘 대학, (5) 산업수요와 연계된 직업교육 및 삶의 질을
높이는 평생학습 사회, (6) 창의적인 학습과 인간적인 만남이 이루
어지는 쾌적한 교육환경, (7) 사이버 공간과 지구촌을 학습의 장으
로 만드는 교육의 정보화와 세계화, (8) 국민과 사회의 요구에 부응
하는 학교운영과 교육행정이라는 8개 부문 8개 정책목표를 설정하
고 67개 대과제에 따라 200여 개 소과제의 계획으로 구성되었다.
1998년 9월부터 5개월간 준비하여 시안을 발표하고 광주, 대구, 대
전, 서울 5개 지역에서 대규모 공청회와 설문지 및 인터넷을 통한
의견을 수렴하여 1999년 5월 최종안을 확정한다는 것이었는데 최
종안을 확정하지 못한 채 1999년 5월 24일 교육부 장관이 경질되
고 이 시안이 시안인 상태로 유효한 것인지 아니면 아주 무효화된
것인지 알려지지 않은 상태로 2000년 1월 14일 교육부 장관이 또
바뀌게 되었다. 그렇다면 국민의 정부교육 청사진이 없는 상태로 2
년을 보내고 나머지 3년도 까딱하면 방향감 없이 보내게 되기 쉽
다. 이 시안계획서를 55만 부나 인쇄하여 배포했다 하니 계획수립
비, 공청회비까지 합치면 재정낭비도 막대할 것이다. 이 5개년 계획
중 인건비, 경상운영비 등을 제외하고 총 32조 3,356억 원으로 연평
균 6조 4,671억 원을 투자한다는 계획이었다. 이러한 계획에 대한

처리가 불명확하고, 또 1999년부터 시행할 것을 1999년 5월까지 확정한다고 했으니 얼마나 무모한 계획이었느냐를 짐작할 수 있다.

그리고 5개년에 걸친 종합교육계획이라면 앞에서 언급한 'BK21 사업'이나 다음에 언급한 '교직발전 종합방안' 등이 포함되지 않아 일관성도 없다. 또 당시 교육부 교육정책담당관실은 여론 수렴결과 교육정책 방향이 63%가 옳다고 하고 교육미래에 80%가 긍정적인 영향을 줄 것이라고 선전하면서(교육마당 21, 99. 6) 왜 이를 채택하지 않았는지 알 수 없다. 그래서 이 교육발전 5개년 계획의 내용에 대해서는 더 이상 살펴볼 필요도 없다.

### (5) 교직발전 종합방안

교육부는 1999년 12월 24일에 '21세기 지식기반 사회에 대비하는 교직발전 종합방안(시안)'을 발표하고 의견수렴을 거쳐 2000년 9월에 확정한다는 것이다.

이 방안이 나오게 된 배경은 교원정년 연령 단축으로 교원들이 사기를 잃고 동요하자 이를 달래기 위한 대책이 필요하게 된 데 있다. 다급해진 당시 교육부는 ① 1999년 2월 교육부 업무보고 시 21세기 지식기반사회에 대비해 새롭고 활력 있는 교직사회의 건설을 위해 1999년 상반기 중으로 교직인력의 형성, 배분·활용, 능력발전, 동기화 등 교원정책 전반에 걸친 기본 틀을 재구조화한 '교직발전 중·장기 종합대책'을 내놓겠다고 하고, 또 ② 앞에서 다룬 '교육발전 5개년 계획'에서도 종합방안을 내놓겠다고 미루고, ③ 1999년 4월 12일 국정보고 시 1999 교육부 중점추진과제의 하나로

'새 학교문화 창조를 위한 교직사회 활성화'를 보고했으나 대통령은 '교권확보책'을 세울 것을 지시했다. ④ 1999년 5월 11일 제18회 스승의 날에 즈음하여 '교원의 전문성, 권익 및 후생·복지 향상 대책'을 내놨으나 청와대나 교원을 만족시키지 못한 것으로 보인다. 5월 24일 교육부 장관이 바뀌자 ⑤ 1999년 6월에는 6～7월에 교직발전 종합방안의 시안을 발표하여 의견수렴 후 8월에 정부안을 확정한다고 했다가 이를 실천하지 못하고, ⑥ 1999년 12월 24일 이 시안을 발표하고 2000년 9월 확정한다는 계획으로 교육부 차관을 위원장으로 하는 '교직발전 종합방안 협의회'까지 구성하였다. 이렇게 교원정년 연령 단축에 따른 교원 달래기의 묘안을 찾기가 어려웠다는 의미가 되며, 이 시안이 확정된다 해도 교원 달래기 목적은 달성하기 어렵게 되어 있다.

'교직발전 종합방안'은 ① 전문직으로서의 교원의 위상 강화, ② 자율과 참여의 교육공동체 형성, ③ 교육활동에 전념할 수 있는 교육여건조성이라는 교원정책의 방향에서 10대 과제를 제시하고 있다. 교원자격 및 양성과 관련하여 ① 교사자격증 제도 및 양성기관 체제의 개편, ② 병역특례제도 도입, ③ 교원양성·연수기관 평가인증제 도입, 연수와 관련해 ④ 연수·연구 실적학점제 강화 및 자율연수 휴식제 도입, ⑤ 교육전문박사학위 도입, 승진·평가제도와 관련하여 ⑥ 수석교사제 도입, ⑦ 교장연임제 도입 검토, ⑧ 직무수행기준 및 표준수업시수 정립, 근무여건 개선을 위해 ⑨ 교원증원 및 배치기준 개선, ⑩ 초과수업 수당 신설 및 보수체계 개편의 10대 과제로 되어 있다. 이 과제의 내용에 교원의 관심을 끌 만한 무슨 획기적인 방안이 제시되었다고 보기는 어렵다. 교직발전방안에 인색하다고 볼 수밖에 없다.

이 방안은 2001년부터 2005년까지의 5개년 방안으로 3조 6,382억 원을 투입한다는 계획이다. 이 시안 마련을 위해 교육부는 이미 30여 회의 토론회를 거쳤으며 연인원 700여 명의 폭넓은 의견을 수렴했다는 것이다.

이 방안에는 획기적인 내용이 들어 있는 것도 아니고, 관련 부처 간에 협의를 거친 것도 아니고, 이 시안대로 2001년부터 시행될 것이라는 확신도 없어 임기응변의 대처라고 보는 입장이 강하다.

### (6) 기타의 정책

앞에 제시된 교육정책 외에 많은 논란을 일으킨 것으로 교원성과급제, 소규모 학교통합 방안, 사립학교운영위원회 설치, 사립학교 공익이사 의무화, 법학전문대학원 신설, 대학의 교무위원회의 법정기구화, 중등교사 초등 기간제 교사문제 등이 있었다.

교원성과급제는 기업체나 일반 공무원의 경우와 달리 교육과 교직의 특성상 적용하기 어려움에도 불구하고 이를 무리하게 적용하려 하여 반발을 일으키고 있다. 무리하게 적용하라고 하면 편법이나 변칙으로 운영되게 된다.

소규모 학교통합 방안도 학생과 주민의 편에 서서 정책을 고려해야 하는데 경제성만 따지다 주민의 반발을 일으켰다. 그러면서 학교통합이 학생의 학습권을 보호한다는 억지 논리를 펴기도 했다. 그리고 나중에는 교원정년단축으로 초등교사가 부족하게 되자 학교통합에서 나오는 교사를 돌려 쓰려 한다는 의심을 불러일으키게 되었다.

사립학교운영위원회 설치를 의무화하고 의결기구화하고, 사립학교이사를 공익이사로 대체하려는 법안을 추진하고, 대학의 교무위원회를 법정기구화하는 법안을 통과시키려다 운영위원회가 자문기구화하고 후자의 두 안이 통과되지 않자 이의 통과를 위해 투쟁하던 집단에서는 신임 교육부 장관을 7적의 한 사람으로 몰아붙이기도 하였다. 투쟁경력을 갖고 있는 전임 장관은 호의적이었으나 사립학교 총장 경력을 갖고 있는 후임 장관은 반대 입장이었다는 평을 받고 있다.

법학전문대학원 신설안은 새교육공동체위원회에서 제안했다가 논란만 일으키고 정책 결정의 단계에는 이르지 못하고 말았다.

이 외에도 많은 새로운 안과 정책들이 나와 1999년의 교육계는 바람 잘 날 없이 혼란스럽고 시끄럽기 그지없었다. 교육은 차분하게 안정된 속에서 이루어져야 하는데 1999년 한 해가 온통 어지럽기만 했으니 그 피해는 결국 모두 학생과 학부모, 국민에게 돌아가지 않을 수 없었을 것이다.


## 3) 1999 교육정책 결정과제의 문제

국민의 정부 1999 교육정책 결정에는 여러 가지 문제점을 갖고 있다. 우선 너무 자주 중요하고도 충격적인 정책이 나오고 있다는 점이 문제이다. 너무나 많은 양의 정책이 나오고 있다. 정책안들이 통합되어야 할 것이 따로 놀고 또 중복되기도 한다. 발표나 보고, 지시로 끝나 버리고 말아 집행 - 평가로 마무리되지 않는 것이 대부분이다. 시안으로 그치고 말아 혼란을 일으키기도 한다. 정책에 대하여 책임을 지지 않는다. 정책의 과정과 절차, 공개성을 지키지 않는 경우도 있다. 그래서 졸속으로 급하게 이루어지기도 한다. 충분한 연구나 자료에 근거하지 못하고 있다.

정책 결정자와 참여자에게도 문제가 있다. 교육인적자원부 장관과 교육 관료가 너무 자주 바뀌고 이에 따라 일관성과 지속성이 있을 수 없다. 정책평가에 의하여 수정·보완·발전시키려는 노력도 않고 있다. 이런 문제점에 대하여 좀 더 자세히 살펴보기로 한다.

### (1) 교육정책 결정의 양과 빈도의 문제

앞에서 살펴본 것처럼 ① 교원정년 연령 단축, ② 교원노조 합법화, ③ BK21 사업, ④ 교육발전 5개년 계획, ⑤ 교직발전 종합방안, ⑥ 기타 교원 성과급제, 소규모학교 통폐합, 사립학교운영위원회 문제, 사립학교 공익이사 문제, 법학전문대학원 문제, 대학 교무위원회 문제, 중등교사 초등 배치 문제 등 1년에 다루기에는 너무나 벅찬 많은 중요한 교육정책을 다루었다고 볼 수 있다. 그런데 이런 정책들이 너무나 중요한 문제들이기 때문에 모두가 이해집단 간에 갈등과 파장을 일으키고 이로 인해 정책 결정자들로 하여금 시달리게 되는 것들이다. 너무나 많은 정책을 빈번하게 다루다 보니 졸속 처리되고 또 거칠게 된다. 이렇게 되면 더욱 논란을 일으키게 된다.

이렇게 정책의 양이 많아지는 것은 정책을 종합적으로 다루지 못하는 데도 한 원인이 있을 수 있다. 예를 들면 교육발전 5개년 계획을 구상했다면 그 안에 BK21 사업이나, 교직발전 종합방안을 포함할 수도 있었을 것이다. 정책이 중복되고 또 중복되는 사이에 모순을 일으킬 수 있다. 예를 들어 교원정책과 관련한 것만 봐도 1999년 한 해에 너무나 많은 것이 나왔다. 아마 담당 부서나 담당자가 무엇을 발표했는지, 무엇을 보고했는지 그 자체도 기억 못 할 정도이다. 여기에 예시된 교원정책에 관한 계획과 발표에 일관성이 있는지 살펴볼 필요가 있다.

***1999 교육부 주요 사업(교육마당 21, 99. 3.)**

| | | |
|---|---|---|
| 6. 새롭고 활기찬 교직풍토 조성 | 교원정년 조정 및 교원노조 합법화에 다른 대책 추진 | 능력위주의 교원인사 시행<br>산업체 인사의 공고 교장 임용 추진<br>중등교사 자격자의 초등 교과전담교사 활용<br>교원 명예퇴직 기회 확대<br>교직단체 활성화를 위한 제도, 조직 마련 |
| | 교직발전 중장기 종합대책 마련 | '99년 상반기 중으로 능력과 실적 중심의 교원 정책의 기본 틀 마련 |

***교육발전 5개년 계획(99. 3. 11.)(99 - 03에 113조 699억 투입)**

가르치는 보람과 긍지가 충만한 교직사회(99 - 2003에 주요 사업비 1조 1천 억 투입)
- 학교현장 중심의 우수교원 양성체제 확립
- 신축적이고 개방적인 임용제도 구축
- 교직인력 및 직무관리의 효율화
- 능력과 실적 중심의 인사 및 보수제도 정착
- 생애에 걸친 교원연수체제 구축
- 교원의 권익과 전문성 신장을 위한 여건 개선

15. 교원정년 조정과 교원단체·노조 복수화 조치에 따른 갈등을 조기에 극복하고 활기차고
    신명나는 교직사회를 건설하기 위하여 1999년에 교원의 양성, 연수, 자격, 임용, 평가, 보
    수 등 교원제도 전반에 관한 교직발전 종합대책을 마련, 광범위한 공론화 과정을 거쳐 확
    정·발표한다.

16. 2000년까지 교원양성기관 체제 개편방안을 강구하여 연차적으로 추진한다.

17. 1999년 8월부터 초·중등 교원의 정년을 62세로 한다. 정년에 달한 우수교원 중 일부는
    3년의 범위 내에서 초빙계약제로 임용한다.

18. 1999년 7월부터 교원의 노동조합 결성을 허용한다. 교원 노동조합에 대해서는 교원의 근
    무조건의 유지·개선을 위한 단결권과 단체교섭권을 부여한다. 또한 교원의 전문성 신장을
    위하여 자유롭게 전문직 단체를 결성할 수 있도록 1999년도에 교원단체에 관한 제도를
    개선한다.

19. 1999년부터 모든 교사들이 교사 상호간의 전문성을 신장하기 위한 자율적인 교과연구 활
    동에 적극 참여하도록 장려하며, 이러한 교과연구 활동에 대해 특별히 재정적으로 지원한
    다. 교원들의 활발한 교과연구 활동을 뒷받침하기 위하여 4천여 개의 연구실 및 휴게실을
    확충한다.

● **1999년도 교육부 중점추진과제**
(99. 4. 12. 교육부 국정 개혁보고회 교육마당 21, 99. 4.)

▣ **새 학교문화 창조를 위한 교직사회 활성화**

　　교직풍토를 쇄신하기 위해 교장의 교원 인사권을 확대한다. 또 직무수행기준 표준수업시수
등 교사의 역할과 직무수행에 대한 기준을 마련하고 성과급제를 도입해 직무에 충실한 교원
이 더 나은 대우를 받을 수 있도록 한다.

　　교사 임용고사의 개선, 수습 교사제 도입 등 교사채용제도를 개선하고 교육대학과 사범대
학의 구조조정 등을 통해 교사양성체제를 개편한다.

**■ 교원의 교육활동과 전문성 신장을 위한 지원 강화**

- 교원 증원
  초등학교 교과전담교사 및 중등학교 수행평가 내실화를 위한 인력 확보
  2000년부터 5년간 초·중등 교원 2,000명 증원
- 자율연수휴직제 도입
  현행 연수휴직제를 자율연수를 위한 경우로까지 확대
  자율연수휴직 중인 교원에게는 본봉의 50% 수준 보수 지급
- 교원의 교육정책 수립과정 참여기회 확대
  교원 전문직 단체 활성화
  교육정책 공모제 도입
- 교육활동 연구지원 사업단 신설
  교원개인 및 교원단체에 대하여 교육활동 연구비 지원 및 해외연수 기회 부여

**■ 교원예우 · 교권확립 방안 강구**

- 교원예우에 관한 지침을 총리지침에서 대통령령으로 격상
  교원의 외부행사 동원 억제, 각종 행사, 회의 시 교원 예우
- 교권보호를 위한 교원자문변호인단 운영
  부당한 교권 침해 및 명예실추, 기타 교원의 법률문제에 대한 전문적인 자문·지원
  2~3개 지역교육청 단위에 변호사 등으로 구성된 가칭 '교원 자문변호인단' 설치·운영

**■ 교권 침해 우려가 있는 사안의 언론보도 신중**

**■ 행정업무 및 잡무 경감**

- 보고문서 등의 획기적 감축을 위한 특별규정 제정
  관할교육청을 경유하지 않은 외부공문 응신의무 면제
  단위학교에서의 위임전결권 확대로 문서처리 절차 간소화 지역 교육청이 통합 관리할 수 있는 분야 확대
- 시·도교육청 평가의 격년제 실시
  교원의 업무부담 경감을 위하여 매년 실시되고 있는 평가를 격년제로 실시
- 교원의 수업 외 업무 경감을 위한 지원 체제 강화
  학생 전·편입학 업무 등을 행정직원이 전담 시·도 교육청의 일반직·기능직 공무원 배치기준을 조정하여 소규모 학교에 적정인력 배치 추진
  행정업무 지원을 위하여 공공근로사업 인력 배치, 교대·사대 재학생을 근로 장학생으로 활용

**■ 후생 · 복지 증진**

- 업무부담이 큰 교원에 대한 보상강화 추진
  담임수당의 인상을 관계부처와 협의추진 수업시수 등 업무량이 많은 교원에 대한 경제적 보상 병행 추진
- 안심하고 교육에 전념케 학교안전공제회 기능 강화
  학교안전공제회의 기금 확충 및 전담조직 설치 등 기능 강화
- 교원 전용 편의·복지시설 확충
  폐교 등 유휴시설을 활용하여 6대 권역별로 교원 전용 휴양·복지·연구시설 확대
  교원공제회, 사립학교 연금관리공단의 주택자금 처리융자, 대학생 자녀학비 융자 등 복지사업 강화

• 교직발전 종합방안(99. 12. 24.)(2001～2005에 3조 6천 억 투입)

■ 10대 핵심 추진과제
〈자격 및 양성〉
1. 교사자격증 제도 및 양성기관 체제의 개편(1.1.1)
▶ 장기적으로 유치원·초·중등학교 간 교육의 연계성을 강화하기 위하여 연계자격증 제도를 마련하고, 7차 교육과정에 대비, 전문직업인의 교직입직 기회 제공을 위해 교원자격 검정을 실시하며, 기존의 교대·사대가 종합교원 양성기관으로 전환하는 것을 허용하는 방안을 강구합니다.
2. 병역특례제도 도입(1.1.8)
▶ 우수교원을 유치하기 위하여 교원임용고사 합격자가 초·중등학교에서 5년간 의무적으로 복무하는 것을 전제로 병역법상의 보충역에 포함될 수 있도록 하는 방안을 관련 부처와 협의하여 추진합니다.
3. 교원양성·연수기관 평가인증제 도입(1.1.2)
▶ 교원양성·연수의 질적 수준을 보장하기 위하여 교원양성·연수기관에 대하여 주기적인 평가인증을 실시하고 이를 전담하는 평가인증기구를 설치합니다.
〈연 수〉
4. 연수·연구실적 학점제 강화 및 자율연수휴직제 도입(1.2.2)
▶ 자율연수를 통한 교원의 전문성 신장을 위하여 연수·연구실적 학점이 일정 수준에 이르는 경우 승진과 보수에 반영하는 구체적 방안을 마련합니다.
▶ 현행 무급 연수휴직제 이외에 국내 교육기관 등에서 연구·연수하기 위하여 휴직하는 경우에 보수의 50% 및 연수비 일부를 지급하는 자율연수휴직제 도입을 추진합니다.
5. 교육전문박사학위(Ed.D) 도입(1.2.4)
〈연 수〉
▶ 교과교육전문가 또는 학교 관리자로서의 전문성을 위하여 일정수준 이상의 교육대학원을 전문대학원으로 개편, 교육학 전문박사학위 과정 설치를 추진합니다.
〈승진·평가제도〉
6. 수석교사제 도입(1.3.1)
▶ 가르치는 일에 충실한 교원이 우대받는 풍토를 조성하고 교장·교감 등 관리직으로의 지나친 승진경쟁을 완화하기 위하여 수석교사제를 도입합니다.
7. 교장연임제 도입 검토(1.3.4)
▶ 현행 교사중임제의 문제점을 보완하여 재임기간 동안 높은 교육성과를 올린 유능한 교장이 계속적으로 근무할 수 있도록 교장연임제 도입을 검토합니다.
8. 직무수행기준 및 표준수업시수 정립(1.3.2)
▶ 직급별·자격종별·임용형태별·학교 급별 교원의 직무내용을 명확히 하는 직무수행기준 및 표준수업시수를 정립합니다.
9. 교원증원 및 배치기준 개선(3.2.1)
▶ 2000년부터 2004년까지 매년 2천 명씩 5년간 1만 명의 교원을 증원하고 계약제교사를 포함한 교원의 배치기준을 합리적으로 개선하여 인력활용의 효율성을 극대화합니다.
10. 초과수업 수당 신설 및 보수체계 개편(3.1.1)
▶ 업무량에 따른 보상체제를 구축하기 위하여 초과수업 수당·보직교사 수당 등을 신설 또는 인상하는 등 보수체계를 개편하여 실질적인 처우개선이 되도록 합니다.

이들 발표 사이에 '일관성'도 없고 이들 정책의 '실현 가능성'도 없다. '교육발전 5개년 계획'은 1999년도부터 시행한다고 계획하면서 1999년 3월에야 시안이 나오고 5월에 확정한다고 했다가 2000년 3월까지도 계획이 확정되었다는 소식은 없다. 이 계획에 의하면 5년간 113조 699억 원의 재정을 다룬다는 국가의 계획이 이렇게 되어도 되는 것인가? 교직사회에 관한 교육인적자원부의 다섯 차례의 발표와 보고 사이에도 일관성, 실현 가능성도 없다. 최종적으로 나온 '교직발전 종합방안'이 예정대로 2000년 9월에 확정된다 해도 2001년부터 시행할 예산을 확보하기는 어려워 실현 가능성이 희박하다. ① 1999년도 주요 사업계획, ② 1999 중점추진과제, ③ 장관 발표 사항 중 1999년도에 실천된 것이 과연 몇 퍼센트나 되는가? 제목만 봐도 실천되지 않은 것이 많다는 사실을 쉽게 알 수 있을 것이다. 실천하지 못할 것은 발표를 하지 말든가 대통령에게 보고를 하지 말았어야 한다. 이렇게 발표로 끝나기 때문에 조령모개 소리를 듣고, 교원과 국민의 신뢰를 잃게 된다.

## (2) 교육정책 결정자의 문제

교육정책 결정자에게 문제가 있다. 장관 독단에 의하여 정책이 결정되거나, 소수 교육 관료에 의하여 중요한 결정이 이루어지는 경우가 많은 것으로 알려져 있다. 그래서 국민의 정부에 들어와 '교육마피아'란 말이 나왔다. 투쟁 경력의 장관 때에는 투쟁집단의 영향이 컸을 것으로 보는 견해가 많다. 교원정년 연령 단축, 교원 노조 합법화, BK21 사업은 장관과 소수관료나 소수 투쟁집단의 영향이 컸던 것으로 보고 있다. 교육발전 5개년 계획이나 교직발전 종합방안 등은 관료들의 펜대에 의하여 좌우된 흔적이 많다.

교육인적자원부에서 미세한 것까지 다 계획하고 개혁하겠다고 결정하여 중앙집권화는 더욱 강화되고 있다. 교육인적자원부가 학교계획서나 심사하고, 교과교육연구회나 다루고, 총장 선출문제, 모의고사 횟수 문제까지 다 다루겠다니 이 나라 정책이 어느 방향으로 가는 것인가?

여기서 문제는 장관과 관료들이 자리를 자주 바뀌는 데 또 문제가 심각하다. 이해찬 장관이 1년 3개월(98. 3. 3.~99. 5. 24.), 김덕중 장관이 8개월(99. 5. 24.~2000. 1. 14.)의 임기였고 두 장관의 색깔이 달랐으니 정책의 계속성이 있을 수 없다. 장관이 바뀌면 관료들은 새 장관의 눈치를 보느라고 계속성 있게 정책을 추진하기도 어렵게 된다. 그리고 관료들 자신들도 1, 2년이 멀다 하고 자리를 바꾸게 되어 우리나라 교육정책은 불안정하다. 대표적인 것이 5개년간에 113조 규모라고 했던 '교육발전 5개년 계획'이 표류하고 있는 것이다. '교직발전 종합방안'도 1년여 동안 떠돌다 겨우 시안이 나온 상태인데 앞으로 어떻게 처리될 것인지 아무도 확신을 갖지 못한다.

정책 결정자들이 교육계획이나 교육개혁에 전문성이 부족하다는 데 문제가 심각하다. 교육계획과 개혁에 목표, 내용, 방법과 전략에 이론과 전문성이 요구되는 것인데 이에 대한 연구 노력 없이 저질러 놓고 보는 식의 정책 결정이 많았다. 정년단축, 노조문제 등이 모두 그랬다.

## (3) 교육정책 과정상의 문제

정책형성 - 정책 결정 - 정책집행 - 정책평가의 대체적인 단계도 거치지 않고, 정책형성이나 결정의 과정에서도 문제의 정의나 - 정보활동 - 대안형성 - 선택의 과정을 제대로 거치지도 않았다. 문제의 제기나, 여론 형성, 여론 수렴의 과정을 생략하거나 형식적으로 했다. 정년단축이나, 노조문제, BK21 문제 등 어느 것 하나 제대로 문제를 제기하고, 여론을 수렴하거나 형성하려고 노력한 흔적도 없다. 모두 결정해 놓고 뒤치다꺼리하는 형식이었다.

정책 결정을 위한 자료나 연구가 없었다. 교원의 정년을 3년씩 단축하면서 정확한 단순 숫자 계산도, 돈 계산도 못 해서 엄청난 차질을 빚게 되고, 또 이것을 임시 눈가림하려고 정직하지 못하게 거짓으로 둘러대는 잘못까지 저지르게 되었다. 분명히 초등교사 숫자와 퇴직금 줄 돈은 모자라는데 여기에 차질 없다는 발표로 국민을 속이기까지 한 것이다.

최종적으로 정책 결정을 하기 전에 정책분석을 했더라면 최소한 무모한 결정은 안했을 것이다.

정책 결정 후 집행과정에서도 융통성을 발휘하거나 수정·보완할 수도 있었을 것인데 그런 노력이 적었다. 정년단축이나 노조문제를 다루는 데 있어서도 집행과정에서 유연하게 대처할 수도 있었을 것인데 그렇지 못했다. 그래도 BK21 사업은 약간의 수정이라도 가했었다. 결국 정책 대상자들을 무시하고 정책 결정·집행자들이 오만했던 것이다.

정책효과에 대한 정확한 평가를 하려는 시도도 찾아보기 어렵다.

효과성, 능률성, 적정성, 형평성, 대응성, 적절성 등의 기준에서 정년, 노조, BK 사업도 평가해 보면 지금이라도 수정할 수도 있을 것이다.

### (4) 교육정책의 목표와 전략의 문제

근본적으로 국민의 정부의 교육 철학과, 방향, 목표가 무엇인지 뚜렷하게 제시된 것이 없다. 단순히 '지식기반사회', '창의성' 같은 막연한 용어만으로는 국민과 교원을 설득할 수가 없다. 뚜렷한 철학과 목표, 방향감이 있을 때 국민은 고통을 참고 따라올 수 있는 것이다. 그리고 그 목표를 달성하기 위한 확실한 전략이 있어야 한다. 1999년도에 이루어진 정책에는 이런 근본적인 것들이 제시되지 못했다. 우격다짐으로 비치고, 정교하게 다듬어진 것으로 보이지 못하고 일시적, 즉흥적인 것으로 국민과 교원에게 다가오는 것이다.

목표와 전략 없는 개혁을 위한 개혁, 발표를 위한 정책으로 비쳐 교육정책은 갈 길을 못 잡고 지금도 표류하고 있는 것이다.

## 4) 표류하는 교육정책으로 나타난 문제

5개월 동안 교육인적자원부 장차관을 비롯한 실국장, 주요 관료와 '제2의 교육입국기획단'을 포함하여 65명에 의하여 만들어진 113조짜리 '교육발전 5개년 계획'이 길을 못 찾고 1년 동안 표류를 하고 있다. 또 재정경제부가 주관해 만든 '교육 중장기 비전'도 공청회 이후 어떤 결론도 없이 떠 있는 상태이다. 교직발전 종합방안도 1년 이상 떠돌고 있다. 교원노조도 아직 정착하지 못하고 겨우

법으로 양성화시켜준 수준에서 좌충우돌하고 있다.

이러한 정책표류에 의한 가장 큰 문제는 교육정책에 대한 불신이다. 교육정책이 정책으로서의 기능을 할 수 없는 것이다. 대통령에게 보고하고 국민 앞에 공포된 것도 1회용으로 그치고 말게 된다. 교육인적자원부를 믿지 못하고 있는 것이다.

이제는 불신을 넘어 교육인적자원부를 적으로 간주하는 현상을 빚기까지 했다. 어떻게 교원들이 직속 교육인적자원부 장관에게 욕설을 퍼붓고 물러가라고 외쳐 대고, 물러간 후까지 복수하려고 따라 다니게까지 되었단 말인가? 교육 관료들도 교원을 적으로 간주하고 교육정책과 행정을 펴고 자기들 세 불리기에만 매달리니 교원들은 교육인적자원부를 없애야 한다는 주장까지 하고 있다. 교원들은 교육인적자원부 무용론, 불필요론을 제기하는데 정부는 반대로 '교육부 총리제'를 들고 나오니 거리는 점점 더 멀어지고 있다. 교육부 총리가 교원에게는 아무 의미가 없다는 것이다. 교원과 학교는 부총리제가 되면 더 지시·명령하고 통제, 규제하려 들까 봐 더 두려워하고 있는 상황이다. 이런 상황판단도 못 하고 관료들은 정책비판을 하는 사람들까지 미워하고 있으니 점점 더 진구렁에 빠지게 된다.

불신을 넘어 적대관계로까지 규정하게 되니 현장에 혼란을 가져오는 것은 말할 필요도 없다. 위에서는 사교육비, 과외비 없애는 정책을 쓴다는데 학부모는 사교육비와 과외비를 더 지출하고 있다. 교육인적자원부에서는 교원의 잡무를 줄이고 교원을 우대한다고 하는데 교원은 쓸데없는 일에 더 바빠지고, 스트레스는 더 받고, 더욱 초라해지고 더 비참해지니 혼란스럽지 않을 수 없다.

둘째, 교육정책 표류로 인적·물적·시간적 자원의 낭비가 따르게 된다. '교육발전 5개년 계획' 하나를 시안하는 데 교육인적자원부 주요 인물들이 5개월여나 매달렸고, 또 5회의 공청회를 거치고, 거기에 더하여 질문지, 인터넷을 통한 의견수렴을 하고도 까딱하면 영원히 사라질지도 모르는 처지이니 그 낭비와 심리적 허탈감은 측정하기 어려운 정도일 것이다. 정책이 안정되지 않을수록 낭비는 많을 수밖에 없다.

셋째, 교육정책의 표류는 결국 교육목표, 내용 등 교육본질을 훼손한다는 데 문제가 있다. 교육정책이 행정을 거쳐 교육본질로 스며들어야 하는데 정책 수준에서 표류하게 되니 교육의 본질을 추구하지 못하게 된다. 교육목표 달성은 불가능하게 된다. 그리고 1999년도 정책으로 다룬 것들 자체가 모두 교육의 본질과는 거리가 먼 것들이다.

교육의 목표나, 내용, 방법에 관한 것도 적고, 또 어떻게 하면 교육의 질을 높이느냐 하는 문제는 교육정책으로 다루려 시도 자체도 않았다는 것도 문제이다. 지금은 교육의 질을 가지고 경쟁하는 시대이다. 지식정보사회는 교육의 질에 의하여 판가름 나기 때문이다. 그래서 세계 여러 나라들의 경우 교육개혁은 거의 모두 교육의 질 향상에 집중하고 있다는 사실을 주목할 필요가 있다.

1999년도 교육정책 자체가 교육의 본질이 아닌 주변적인 것에 집중되어 있고, 그것마저도 착실하게 정책으로 정착되어 효과를 발휘하지 못하는 것이 문제이다.

교육의 질 향상에 국가적 에너지를 총집중하고 특히 교사들이 사기충천하여 교육의 질적 고도화에 최선의 노력을 경주해야 할 이때에 교육개혁을 한다고 오히려 혼란을 일으키고 또 몇 번의 정책실패로 교원들은 사기가 저하되어 손을 놓고 있는 사이 교실은 붕괴되고 이에 실망한 학생과 학부모는 학교 밖으로 눈을 돌리는 반면 학교에 등을 돌리기 시작하고 있다. 이런 현상을 우연히 일어난 현상으로 보거나 외국에서부터 일어나기 시작한 유행쯤으로 생각해서는 안 된다. 교육정책 결정자와 담당자는 이런 정책실패에 대하여 한국교육 역사 앞에 책임을 져야 한다.

## 5) 정책의 발전 방향

교육정책의 발전 방향은 쉽게 생각하면 앞에서 지적된 문제점을 제거하거나 해결하는 것이라고 할 수 있다. 이것을 좀 정리해서 제시해 보기로 한다.

첫째, 교육정책의 우선순위를 교육의 본질 추구와 교육의 질 향상에 두어야 할 것이다. 아무리 법과 제도, 교육의 주변을 바꿔놔도 교육의 본질과 핵심을 변화시키지 못하면 그 변화의 의미는 줄어들게 된다. 지금 우리나라 교육에서 가장 급한 것은 교육의 질 향상이다. 교육의 양은 그래도 비교적 많이 확대되고 기회균등도 많이 이루어졌는데 이에 반비례하여 교육의 질이 떨어진 것이다. 그 방법상에는 문제가 있었을지 모르나 그래도 BK21 사업이 교육의 질과 가장 가까운 정책이었다고 생각할 수 있다.

둘째, 정책 결정자와 참여자에 있어서 집단결정체제와 전문가 참여의 확대를 고려할 수 있다. 계선상에 있는 과장-국장-차관-

장관의 결재 라인만으로는 훌륭한 정책 결정을 하기 어렵다. 기안 단계에서도 팀제를 활용하고 결정과정에서도 계층이 다른 사람들로 구성하는 수직적(vertical) 행정팀, 수직적 정책 결정팀을 활용하면 훨씬 나아질 것이다. 위대한 사람(great-man theory)의 세대는 이미 지나갔다. 부족하게 보일지라도 집단의 지혜(집단지)를 활용하는 것이 낫다. 말할 것도 없이 정책 관련 이익집단들뿐만 아니라 전문가들을 최대한 참여시켜야 좋은 정책이 개발되고 나올 수 있다. 중앙교육위원회 제도를 두고 이를 활성화시키는 방안도 하나의 대안이 될 수 있다. 지금도 각종 위원회와 심의회가 있는데 번거롭게 생각해서인지 잘 활용되지 않고 있다.

장·차관은 말할 것도 없고 관료들도 가능한 한 자리 이동을 하지 말고 같은 분야에서 수십 년씩 일할 수 있도록 해야 전문성도 길러지고 정책의 안정성도 유지할 수 있고 책임도 지게 되는 것이다.

셋째, 정책의 과정, 정책형성과 결정의 주요 과정을 생략하거나 형식만 갖추는 시늉만 하지 말고 기본을 지키는 것이 필요하다고 본다. 정책은 그 과정에서 비판도 받고 수정·보완도 할 필요가 있다. 정책의 기초이론은 그만큼 중요하고 필요하니까 책 속에 존재하는 것이다. 비판에는 비판하는 사람을 보지 말고 비판의 내용과 뜻을 보고, 듣고, 이해하려는 자세가 필요하다. 우선 비판이 단순히 이해집단의 이익을 지키기 위한 것인가, 아니면 이익집단을 초월한 것인가를 가릴 줄 알아야 한다. 교원정년 연령 단축, 교원노조 합법화 등도 좀 더 정책의 절차와 과정을 지키고, 좀 더 개방적이고, 비판에 귀를 기울였으면 좀 더 나은 결정을 할 수도 있었을 것이다. 권력 정점의 의도가 있었더라도 오히려 그 권력의 정점을 설득하고 이해시켰어야 했다고 본다. 그리고 정책이 잘못되었다고 판단되면 그 즉시 수정하는 것이 더 많은 희생을 줄이는 길이다. 이러한 정책수정은 조령모개라도 옳은 것으로 봐야 한다.

넷째, 충분한 자료와 연구, 분석에 근거하여 정책이 이루어지도록 해야겠다. 충분한 자료를 컴퓨터에 의하여 분석도 해 보고 모의상황에서 실험도 해 보고, 게임도 해 보아 확실할 때 최선안을 선택하려는 노력을 해야 할 것이다. 최소한의 자료와 상식만 가지고 있었더라도 교원정년 연령 단축으로 인한 초등교사 부족사태와 퇴직금 고갈사태는 빚어내지 않았을 것이다. 아마도 반대 극복에만 매달렸거나 결정의 난관 극복에만 정신이 집중되었었는지 모른다. 아니면 정책 결정자들이 하부 관료들이나 반사이익집단들의 정책사기에 휘말렸을지도 모를 일이다. 교원의 정년 연령 단축으로 틀림없이 국가적으로 이익을 보고 효과를 거둘 수 있다고 확신하더라도 자료와 연구에 근거했더라면 최소한 정책혼란을 일으키지는 않았을 것이다. 정년 연령이 62세가 아니고 기안자들의 고집대로 60세로 결정되었더라면 어떻게 되었을 것인가? 끔찍스런 일이다. 이것은 한 나라의 정책, 그것도 교육정책이 아니라 무모한 장난이다.

이제는 나라의 정책도 제정신을 찾아야 한다. 지도자들도 정상으로 돌아와야 한다. 교육발전 5개년 계획도 바람과 함께 사라져야지 그것이 통째로 확정되었더라면 아마도 또다시 전 분야에 걸쳐 엄청난 파장을 일으키거나 아니면 시안이 아니라 결정해 놓고도 휴지조각이 되었을 것이다. 교직발전 종합방안은 오히려 잡다한 것을 포함하기보다는 이 시점에서 우선 3조 6,382억 원을 들여 차라리 교원의 사기를 높일 수 있는 확실하고 단순한 획기적인 한 가지를 채택하는 것이 교원의 관심을 끌기에 알맞을지도 모른다. 물론 이것도 자료와 연구에 근거해야 한다. 지금의 시안은 '종합'이라고 하여 오히려 정책목표를 흐리게 하거나 희석시키고 있다. 왜 교직발전방안(대책)을 세우라고 대통령이 지시했는지 그 의도를 모르고 만들었다고 봐야 한다.

다섯째, 이제 교육인적자원부 수준에서의 교육정책은 국가의 교육이 나아가야 할 대강의 방향만 정해 주는 정도로 그쳐야 한다. 나머지는 지방, 학교, 대학의 자율에 맡겨져야 한다. 교육인적자원부가 일일이 미세한 것까지 돈 가지고 다 하려고 하는 것은 인구 5천만의 지방교육 자치, 대학 자치하는 나라의 교육정책으로 보기 어렵다. 최소한 국가의 교육정책은 어느 과, 어느 계의 실행계획서와는 구별되어야 한다(2000 한국교육평론, 한국교육개발원).

---

지나간 우리나라의 교육정책이란 걸 지금 다시 보면 너무나 허망하다. 1년 뒤의 일도 내다 보지 않고 마구 발표하거나 보고해버리고 일시적으로 모면하고 지나가 버리면 그만이라는 식이다. 10년 전에 중요한 정책이란 것들이 지금 어떻게 되었는가? 좋은 반성자료가 될 것이다.

## 1) 교직파괴 후 교직발전방안?

교육인적자원부는 99년 12월 말 ① 교원양성·자격 및 임용제도 개선, ② 교원의 연수 강화, ③ 교원의 승진·평가제도 개선, ④ 교육공동체의 참여 및 자율성 강화, ⑤ 교육공동체 구성원 간 신뢰 회복, ⑥ 교권신장 및 교원존중 풍토 조성, ⑦ 교원의 처우 개선, ⑧ 교원의 근무여건 개선, ⑨ 교원의 업무부담 완화의 아홉 가지 주요 내용으로 하는 '교직발전 종합방안(시안)'을 발표하였다. 그런데 왜 이 '교직발전 종합방안'이 나오게 되었는지, 또 이 방안대로 하면 과연 교직이 발전할 것인지 먼저 의문이 제기된다.

헌신적이던 교직사회를 ① 정년 연령 단축, ② 촌지·체벌교사로 몰아붙이기, ③ 교육 관료의 횡포 등으로 파괴시켜 놓고 나서 이제 이것으로 교직사회를 발전시키겠다는 의도 자체가 또 잘못을 저지르고 있는 것이다. 교직을 노동직으로 몰아 '노동직' 수준으로 정년 연령을 낮추고, 또 교원을 개혁의 표적으로 삼아 놓고 나서 이제 '전문직으로서 교원의 위상 강화'를 한다는 것 자체가 모순이다. 또 교원을 다루고 이 시안을 다루는 부서 자체가 교원들이 아니고 일반직들이어서 교원 자신들의 문제를 남에게 맡겨야 하는 신세인데 교원을 어디에, 무슨 일에 참여시키고 또 무슨 자율을 준다는 것인가? 교원들이 자기들 문제(교직발전)를 다루지도 못하게 만들어 놓고 '자율과 참여'를 내세우는 자체가 모순이다. 교육인적자원부는 교직사회를 파괴시켰다 발전시켰다 교직사회를 손바닥 뒤집듯 하는 일을 하는 부서인가?

이러한 얄팍한 방안을 내놓기보다는 교직사회 파괴의 근본원인을 먼저 제거하지 못하면 정책은 더욱 악수를 두게 된다. 교직사회를 우습게 보고 함부로 다뤄 교직사회를 파괴시킨 데 대하여 ① 책임 있는 사람들이 먼저 사과하고 나서, ② 원상회복하고, ③ 보다 강력한 유인가를 교원에게 제공하지 못하면 교직사회는 발전하기는 고사하고 더 파괴되지 않기도 어렵다는 점을 먼저 지적한다. 분노한 교원들은 시시한 시안을 '눈가림'으로 인식하고 이를 거들떠볼 생각조차 않을 것이다. 이제 교원들은 교육인적자원부가 무슨 방안을 내놔도 더 이상 이를 믿으려 하지 않는다는 것을 알아야 한다. 그동안 너무나 많이 무시당하고 또 너무나 많이 속아 왔기 때문이다. 그동안 현장에서는 분명히 초등교사가 모자라고 있는데도 교육인적자원부 관리는 계속 교원수급에 문제없다는 거짓 발표를 너무나 많이 해 온 것이다. 또 지금 교원들 중에 교육인적자원부의 5개년(2001~2005) 계획을 믿고 기대할 사람은 아마 극히 드물 것이다. 그동안에 관리와 장관이 수없이 바뀌고, 대통령도 바뀌고 정권도 바뀔지 모르는데 누가 5개년 계획을 믿을 것인가?

## 2) 교원연수 발전방안의 개요

'교직발전 종합방안' 중 '교원연수' 분야의 발전방안의 내용에 대하여 알아볼 필요가 있다. 이 방안에서는 "현직교사에 대한 임용 전·후 지속적인 능력 발전을 위한 연수가 형식적으로 운영되고 있으며, 연수 프로그램 및 연수기관에 대한 평가체제가 미흡하다."는 현상 진단에 따라 "교원이 자율적인 자기계발을 통하여 지식기반사회, 평생학습사회에서 필요한 교사의 전문성을 끊임없이 향상시킬 수 있는 연수제도를 마련한다."는 정책목표를 세우고, '전문직으로서의 교원의 연수 강화'를 교직발전방안의 주요 추진과제의 하나로 제시하고 있다.

교원연수 발전방안에는 ① 신규·현직교사 연수 강화, ② 자율연수기반조성 및 활성화 유도, ③ 자율연수휴직제 도입, ④ 교육학 전문박사학위 과정 개설, ⑤ 해외체험연수 및 민간 기업체 등 다양한 연수기회 확대의 다섯 가지가 포함된다.

## 3) 교원연수 방안 내용검토

이제 이 다섯 가지 교원연수 방안에 대하여 내용을 검토해 보기도 한다.

### (1) 신규·현직교사 연수 강화

신규교사를 매년 1만 명씩 40억 원을 투입하여 연수시키고 일정수준에 도달하지 못하면 자비부담 재연수를 의무화한다는 것이다.

현직교원도 연수를 강화하고 일정 수준 미달자는 자비부담 재연수를 의무화한다는 내용이다.

여기서 현재와 다른 것은 일정 수준 미달자에게 강제 자비 재연수를 시킨다는 점이다. 신규연수, 자격연수에는 강제성, 자비부담을 요구해야 할지 모르나 '직무연수'에까지 이를 적용하기는 극히 어려울 것으로 본다. 여기서 수준 미달자를 일정 비율로 일부러 만들어 내려고 해서는 안 된다는 점을 강조하고자 한다.

## (2) 자율연수 기반조성 및 활성화 유도

여기서는 교과 연구회, 전문 교원조직의 연수, 학교 내 자율연수도 인정하고, 연수를 학점화하여 상위자격 취득·보수·승진에 반영하고, 100학점마다 1호봉을 승급시키고 자율연수 경비를 소득 공제해 주고, 도서를 할인 구입하게 한다는 내용이 들어 있다.

대체로 바람직한 방향이라고 할 수 있다. 그러나 대학의 학점처럼 15시간을 1학점으로 100학점이라면 1,500시간 연수에 해당되며, 60시간 자율연수에 15만 원씩 든다고 가정하면 1호봉 승급에 375만 원이 들어가는 것으로 교사에게는 고비용이라고 할 수 있다. 근본적으로 공무원의 연수비용은 국가나 공공단체가 책임져야 한다는 원칙을 세워야 한다. 공무원을 자비 연수시키는 부서가 교육 말고 또 어디에 있나? 그리고 석사학위의 경우 24학점＋논문, 박사학위 36학점＋논문, 1정 자격·교감·교장자격 연수의 경우 각각 180시간에 비하여 100학점 1호봉 승급은 너무 과다한 요구라고 할 수 있다.

### (3) 자율연수 휴직제 도입

국내 무급휴직제를 계속 운영하고, 15년 이상 경력자 5%(시·도 교육청의) 이내에서 연수휴직을 가능하게 하고 보수의 50%와 연수비 일부를 지급한다는 내용이다.

이것도 교원에게는 대체로 환영할 일이다. 그러나 휴식 시 이를 대체할 교사 충원계획과 예산계획이 따라붙어 줘야 한다.

### (4) 교육학 전문박사학위 과정 개설

여기에는 교육대학원을 전문대학원으로 개편하여 전문박사학위를 수여하고 이들에게 수석교사, 교장·교감, 장학관·교육연구관 임용 시 우대해 준다는 내용이 들어 있다.

이것도 없는 것보다는 있는 게 낫겠고, 교원에게는 환영할 일이다. 그러나 여기서 두 가지 주의할 점이 있는데 전문박사학위가 저질화되어 남발되지 않도록 해야겠다는 점과, 학위취득자 우대책을 충분히 해 줘야 한다는 점이다. 학위취득에 투입된 학비는 국가가 모두 보전해 줘야 한다.

### (5) 해외체험연수 및 민간기업체 등 다양한 연수기회 확대

해외체험연수에 연 400명에 22억 8천만 원씩(1인당 570만 원) 투입하고, 공공·민간단체에 파견·고용휴직제에 연 1,600명에게 12억 8천만 원씩(1인당 80만 원) 투입한다는 내용이다. 이것도 없는 것보다 있는 게 낫겠고, 교원에게 돈을 안 쓰는 것보다 쓰는 게 낮겠다는 차원에서 환영할 일이다. 그러나 얼마나 실질적으로 활용될 수 있을는지는 여전히 의문으로 남는다.

### (6) 교원양성·연수기관 평가인증제 도입

이는 '교원 양성·자격 및 임용제도 개선' 항목에 들어 있는데 연수기관에도 해당되는 내용이다.

교원연수기관의 질적 수준을 확보·유지하기 위하여 교원연수기관 평가인증제를 도입하고, 이를 위하여 평가인증기구를 신설하거나 기존기구를 확대 개편하고, 여기에 년 50억 원씩 투입한다는 것이다.

이것은 양성기관 인가 시 잘 관리하고, 연수기관 인정 시 철저히 잘 관리하면 되는 것이지 인가나 인정 후 특별히 평가인증기구를 따로 두어 인력과 재정, 에너지를 낭비할 필요까지는 없다는 지적에 주목해야 한다. 그동안 자유시장 경쟁원리를 적용한다는 논리를 내세워 교원양성·연수기관을 교육인적자원부 자신이 남발하도록 해 놓고 나서 이제 질 관리를 한다는 핑계로 작은 정부시대에 별도의 기구를 따로 두겠다는 논리는 모순이다. 그동안 교대·사범대 평가, 교육대학원평가가 있었는데 실효가 없었다는 점을 유의해야 한다. 또 한국대학교육협의회가 대학평가(교대, 사대, 교육대학원 포함)의 목적으로 이미 존재하고 있으며 평가인정의 일을 하고 있음에도 불구하고 교육인적자원부에서 가칭 '대학평가원'과 '교원양성·연수평가인증원'을 자꾸 따로 만들려고 하는 것은 일반직의 자리 늘리기 전략이라는 의심과 비난을 받기에 충분한 것이다.

## 4) 교원연수에 관한 종합의견

교직발전 종합방안 중 교원연수 분야는 전반적으로 없는 것보다는 있는 게 낫겠고, 않는 것보다는 하는 게 좋겠다는 정도로 환영한다. 그러나 이런 방안으로 근본적인 교직사회문제가 해결되거나, 교원의 사기가 진작되거나, 발전방안은 되지 못할 것으로 본다. 교원연수와 관련하여 몇 가지 같이 생각해 보기로 한다.

먼저 돈 안 들이고도 교원을 정신적, 심리적, 내적으로 존중해 주고 존경해 주면 될 것을 교육인적자원부가 앞장서서 교원의 자존심과 사기를 꺾어 놓고 나서 뒤늦게 돈을 들여서 외형적 겉치레 교원연수 강화로 치료하겠다니 논리적, 근본적으로 맞지도 않고, 문제가 해결되지도 않고, 또 이런 계획이나 방안이 5년간 계획대로 추진되지 못할 경우 또다시 조령모개, 유치한 발상이란 비난을 받게 되고 교직사회에 더욱 불신만 가중시키게 될 것이다.

둘째, 모든 교원연수는 근본적으로 국비로 해야 한다는 원칙을 세우고 이를 지켜야 한다. 교원은 교육공무원으로서 국가에 매인 몸이므로 국가의 돈으로 연수교육을 시키고 질 향상을 시켜야 한다. 어느 나라, 우리나라 어느 부서가 공무원을 자비로 연수를 시키고 있는가? 교육인적자원부 일반직공무원은 국민의 세금을 들여서 해외파견으로 석·박사학위를 따오게 하고, 교원은 휴직하게 하여 자비로 연수하게 하는 것은 모순이다.

셋째, 교원연수도 양보다 질에 충실해야 한다. 지금도 교원들이 연수에 정신이 없다. 일반연수에서 세 번을 만점 받아야 승진된다고 점수 따기에 바빠 차분히 교재 연구하여 수업하는 분위기와는 반대방향으로 가고 있다. 작은 학교에서 교원들이 연수받겠다고 다 빠져나가고 나면 학교에 남아 있을 사람이 없다. 교장·교감도 교원들이 연수받겠다는 것을 막을 길도 없다. 교사들이 자비 연수로 쓰는 비용도 수입에 비하여 과다지출이 되고 있다. 도시 교원에게는 연수기회가 많지만 벽지 교원에게는 연수기회도 적고 비용도 많이 든다.

교원연수가 양(量)으로 외형적(外形的)으로 치우친 부작용도 많다. 이제는 질을 높이고 내실을 기하려는 노력을 해야 한다. 형식적 연수보다 점수화·계량화 못 하는 비형식연수가 더 중요하고 효과적이다. 영국의 교사센터는 교사들이 스스로 자발적으로 모여 연구·연수하던 곳이다. 이것이 전 세계로 퍼져 나갔던 비형식적 연수에 해당된다. 연수란 명칭 자체도 관제(官制)의 'in-service education'에서 자발적·비형식적, 비평가적인 'staff development'의 능력개발 의미로 바뀌었다는 것을 알아야 한다.

넷째, 교원연수도 지방분권의 원리에 의하여 교육청, 단위학교에 넘겨줘야 한다. 전국 획일의 제도는 부작용을 낳게 된다. 연수 내용의 대부분은 학교단위에서 교사 끼리끼리 하는 연수가 가장 효과적일 수 있다. 세계적인 경향이 단위학교 자율경영의 방향으로 가고 있는데 교원연수만 아직도 국가 통제식으로 갈 것인가?

다섯째, 교원연수 방안의 현실성을 감안해야 한다. 다양한 많은 연수, 자율연수, 휴직연수, 해외연수 등으로 많은 교원들이 학교를 비우게 되면 학생을 가르칠 인력을 어떻게 채울 것인가? 여기에 인력과 재정이 요구된다. 발전방안에 나타나지 않은 교사인력, 연수 비용을 고려하여 현실적으로 효과를 거둘 수 있는 방안을 찾아야 할 것이다.

여섯째, 교사양성과 연수를 위하여 평가인증기구를 둔다는 것은 위험한 발상이다. 교육인적자원부 자신이 양성·연구기관을 남발해 놓고 이를 수습하기 위하여 다시 별도의 기구를 만든다는 것은 시대정신에도 맞지 않는다. 질 관리가 필요하면 자율기구(自律機構)로 하여금 하게 하는 것이 낫다.

마지막으로 교원연수도 교원의 자발성과 자율성, 내적 동기 유발에 기초해야 한다는 점을 강조하고자 한다. 교육인적자원부의 외형적 조작에 의하여 교원의 연수 열기를 아무리 높여 놔도 수업의 질 개선, 학생의 성취도에는 별로 도움이 되지 못한다. 교사들이 가르치기 위하여 스스로 배우고, 연구하고, 성장하고자 하는 의욕이 마음속에서 우러나지 않으면 모든 것이 허사로 돌아간다. 학교 내에 교사들 사이에 학습의 문화, 성장의 문화, 자율과 협동의 문화가 먼저 형성되도록 해야 한다. 그리고 신뢰의 문화가 먼저 형성되도록 해야 한다.

지금부터라도 교원을 외적 당근과 채찍으로 조작하려 하지 말고, 진정으로 교원을 겨레의 스승으로 존경하는 마음을 갖고 교직발전에 접근하기 바란다. 교원은 정신적, 심리적 자존심을 먹고 산다. 최소한 겉으로는 그렇다. 최소한 겉으로는 존경해 주는 척이라도 해야 돌아선 교원들의 마음을 조금이라도 되돌릴 수 있을 것이다. 교원의 심리도 알지 못하는 교육인적자원부 일반직이 교원문제를 다룬다는 사실 자체가 한심스러운 것이다. 교원들 입장에서도 자신들의 정신적인 병을 돌팔이 일반인들에게 맡겨 놓고 있다는 신세한탄을 하고 있다는 사실을 알아야 한다. 환자와 의사가 한 덩어리가 되어도 정신적 병을 고치기 어려울 텐데 지금은 환자와 의사가 물과 기름이 되고 있다.

결론적으로 교직발전 종합방안 중 교원연수 부문 방안은 실현된다면 않는 것보다는 나을지 모르지만 교원문제를 근본적으로 해결하지는 못할 것이고, 교직을 발전시키기는 더욱 어렵다. 차라리 교원들에게 협조를 구하고 호소하는 게 나을 것이다. 앞으로 원천적으로 우수인력이 교직으로 오지 않을 것인데 교원에게 연수만 많이 시킨다고 교직이 발전하겠는가? 연수 미봉책으로 교직이 발전하기 어렵다고 본다. 교직문제에는 근본적인 정책 전환이 요구된다(새교육, 한국교총, 2000).

---

세계 여러 나라는 교육의 질은 교사에게 달려 있다고 믿고 교사의 전문직적 능력개발(**professional development**)에 집중하고 있는 경향이다. 그런데 교원평가만 하면 저절로 교원의 능력이 개발될 것이라고 믿는 것은 잘못이다. 교사의 능력개발도 교사 자신의 적극적 참여와 동기유발을 끌어내야 효과가 있다.

## 1) 교장직에 관한 논의의 초점

교육인적자원부에서 마련한 교직발전 종합방안(시안)에 '교장연임제도입검토'란 항목이 포함되면서 이에 대한 찬·반 논란이 일고 있다.

찬성하는 쪽에서는 교장직 연임을 너무나 당연한 것으로 생각하여 미온적이거나 소극적인 데 비하여 반대하는 쪽에서는 아주 적극적인 의사표현을 하고 있는 것 같다. 그래서 "우리나라는 세계에서 유일하게 교장·교감에게 자격증을 부여하는 나라"라느니 "교장선출 보직제는 일반적으로 국제사회에서 통행하는 제도이며, 대부분의 OECD 국가에서 이미 시행하고 있다."느니 하는 무책임한 표현까지 하면서 교장선출제를 제시하고 있다.

교장직에 관한 이와 같은 논의는 교장직이 무엇이며, 그 나라의 역사와 전통, 교육적 상황이 어떠냐에 따라 달라질 수 있을 것으로 본다. 그리고 교장직을 어떻게 보고 어떻게 수행해야 학생교육을 잘하고 교육의 질을 향상시킬 수 있느냐에 논의의 초점을 맞춰야 할 것으로 본다.

## 2) 교장직에 대한 이해

교장은 학생교육의 책임자이다. 학생교육을 잘하기 위해서 소속 직원을 지도·감독하기도 하고, 교무를 통할하기도 해야 하는 것이다. 그리고 교장은 학교경영의 책임자이다.

학교경영도 결국 학생교육을 잘하기 위해서 필요한 것이다. 그래서 학생교육은 학교의 최고 목표이고 또 학교가 이 세상에 존재하게 되는 학교의 존재 이유이다. 교장은 학생교육과 학교경영의 책임자이기 때문에 학생교육과 학교경영에 책임을 져야 한다.

그러면 이 학생교육과 학교경영의 책임은 누가 교장에게 주었는가? 이 책임과 권한은 '주민(국민)'의 대표기관인 '교육위원회'를 통해서 간접적으로 또는 직접적으로 '교육감'을 거쳐 '교장'에게 주어진 것이다. 미리 말해 두면 학생교육권을 학부모가 교사 한 사람 한 사람에게 직접 넘겨주지 않았다는 사실을 알아야 한다.

다시 말하면 학부모가 내 자식 가르쳐 달라고 개개 교사에게 직접 부탁하고 책임과 권한을 맡겨 주지 않았다는 점이다. 즉 학부모와 교사 간에 직거래를 하지 않고 <주민 → 교육위원회 → 교육감 → 교장 → 교사>로 권한과 책임이 위임된 것이다.

학부모가 교사에게 자녀교육권을 직접 넘겨줬다면 교장을 선출할 필요도 없이 교사 혼자서 가르치고 책임지면 된다. 마치 과외교사처럼 학생을 책임지도하고 교사가 학생지도에 책임지면 된다. 그런데 사설 학원만 해도 강사명단과 인기를 보고 학원(장)에 자녀교육을 맡긴 것이지 학원 강사 한 사람 한 사람에게 학부모가 직거래로 강사에게 자녀교육을 직접 맡긴 것이 아니다. 그래서 학원 강사들이 학원장을 선출하지 못한다. 그러나 학원 강사들이 공동으로 출자하여 학원을 설립한 학원이라면 학원장을 선출하고 보직제로 하면 민주적이고 좋을 것이다.

<주민 → 교육위원회 → 교육감 → 교장 → 교사>로 이어지는 선 때문에 관료제의 역기능이 있어 "교장의 교사 지배"나 "교장의 장기 '집권'"과 같은 말을 만들어 낼 수 있는데 이는 어쩔 수 없는 우리나라의 교사 자치제 때문이다. 우리나라에서 교사 자치의 단위는 '시·도 교육청'이지 '시·군 교육청'이나 '학교'가 아니다. 우리나라 교육 자치의 단위는 주민의 대표가 있는, 즉 교육위원회가 있는 '시·도 교육청'인 것이다. 학교는 자치기구가 아니다.

학교에 학교운영위원회가 있지만 이는 현재 학교운영에 책임질 수 없는 기구이다. 주민들이 시·도 교육위원회가 아니라 학교운영위원회에 학교교육의 모든 책임을 맡기고 학교운영위원회가 시설·재정·인사·교육과정·학생교육 등 모든 책임을 진다면 시·도교육청도 필요 없고 학교단위 학교자치를 할 수 있을 것이다. 이런 경우는 <주민 → 학교운영위원회 → 교장 → 교사>가 되어 관료제의 긴 선이 필요 없게 될 것이다.

학교단위의 교사 자치를 한다고 해도 주민이나 주민의 대표인 학교운영위원회가 교장을 먼저 선임하고 교장의 추천에 의하여 교사를 채용 또는 임면하게 되어 학교교육의 책임이 교장에게 있어 여전히 <교장 → 교사>의 관계가 되지 <교장 ← 교사>의 관계는 이루어지지 않는다.

직접 민주주의를 하는 스위스의 농촌에서는 마을 사람들이 모여 마을 사람 중에서 학교를 책임질 농민 교장을 뽑고 교육을 모르는 농민 교장이 교사들의 학생교육을 지원해 주는 경우는 있다.

이런 마을에서는 마을단위에서 자기들의 교육에 대한 자치를 하고 교육에 책임을 진다. 그래도 교장은 마을에서 선임하지 교사들보고 선출하라고 하지는 않는다. 만일 교사에게 교장을 선출해서 교사 자치를 하라고 한다면 마을 주민이나 학교운영위원회가 교사를 먼저 임명하고 이들 교사단에 자기들 자녀교육을 책임겨 달라고 위탁하는 경우에 가능할 것이다.

또 하나 교사들이 교장을 선출할 수 있는 가능성은 대안학교 또는 계약학교처럼 교사들이 모여 먼저 학교를 설립하고 학생들이나 학부모들이 이렇게 하여 설립된 학교를 선택하여 그 학교의 학생이나 학부모로 참여하게 된 경우는 학부모를 배제하고 교사들이 직접 교장을 선출하거나 민주적으로 교장을 돌려 가면서 골고루 해먹을 수 있을 것이다. 즉 교사들이 먼저 학교 조직을 만들고 학생이나 학부모가 나중에 선택하여 그 학교 조직의 구성원으로 가입한 경우에 학부모를 배제하고 교사가 교장을 직접 선출해도 좋을 것이다.

여기서 우리가 분명히 알아야 할 것은 민주주의 국가에서 모든 권한은 국민에게 있는데 교육에 관한 권한도 국민에게 있으며, 지방교육 자치를 하는 나라에서는 교육에 관한 권한은 '주민'에게 있는 것이지 '교사'에게 있는 것이 아니라는 점이다. 교육 자치는 주민 자치가 우선이지 교사 자치가 아니다.

교장의 직무 중 중요한 영역은 학생교육을 위해서 ① 교육과정 운영, ② 수업지도성, ③ 교직원 인사와 교사평가, ④ 학생인사, ⑤ 재정과 시설, ⑥ 지역사회와 대외관계를 들고 있다. 이러한 교장의 직무들은 가르치는 전문가인 교사들이 할 일이 아니라 전문학교행정가들이 할 일이다.

가르치는 일도 고도의 전문성을 요하는 일이지만 학교행정을 하는 일도 이와 못지않게 고도의 전문가들이 해야 할 일들이다. 그래서 미국교장의 대부분은 교육행정전공의 박사학위를 가지고 있다. 교사 중에서 발탁하여 연수시켜 교장을 시키기보다는 교육행정·학교행정을 전공할 학생을 선발하여 교육행정 전문가를 양성 교육하여 교장을 공개채용·임명하는 것이다.

이렇게 교장 전문가를 양성하는 나라와 전문성 없이 '20년 교직경력자 1급 정교사' 중에서 교사들이 투표해서 선출하는 나라가 국제무대에서 만났을 때 경쟁이 될 수 있겠는가? 우리나라도 앞으로 교장을 전문가로 양성해야지 교장연수 정도로 만족해서는 안 된다. 교장의 전문성 때문에 교사에 의한 교장선출제는 교장의 질 저하를 가져오게 된다. 일부에서 교장은 자격증도 자격기준도 필요 없이 교직경력 20년만 되면 누구나 교장을 할 수 있는 자격을 갖춘 후보자로 충분한 것같이 표현하면서 우리나라를 세계 유일의 자격증 부여(요구)국가로 오도하고, 마치 OECD 국가가 다 교사에 의한 교장선출제를 하는 것처럼 호도하는 것은 큰 잘못이다. 전문직에는 자격증 대신 고도의 '자격기준'을 요구하여 그 기준해당자 중에서 최우수자를 선발 임용하는 경우는 있어도 단순히 교직경력 20년에 1급 정교사라는 거친 자격기준으로 교장자격 기준을 삼을 수는 없다.

교장직은 학생교육과 학교경영의 책임자로서, 학생만을 가르치는 단순한 전문가와 달리 고도의 전문성을 요구하는 또 다른 교육행정 전문직으로 봐야 한다.

전문가들은 서로 다른 전문직과 다른 전문가를 존중해 줘야 한다. 교육행정과 학교행정은 거의 동의어로 쓰일 정도로 교육행정의 대부분이 학교행정인데 교장직이 따로 필요 없다면 이 세상에 왜 교육행정전공, 학교행정전공, 교육리더십이란 학문과 실제가 존재하겠는가? 교장의 전문성을 무시하면 일반직이 교장직을 차지하겠다고 달려드는 것을 무엇으로 막고 방어할 것인가?

전문성은 장기간의 훈련과 교육, 경험을 필요로 한다. 그리고 전문성이 있어 잘하는 사람은 그 직을 계속할 수 있어야 한다. 전문성과 전문가의 혜택을 많은 학생들과 학부모, 교사가 받을 수 있게 해야 한다.

축구팀의 감독과 코치를 선수들과 뒤섞으면 어떻게 될 것인가? 선수들이 구단주를 제쳐 놓고 자기들이 감독과 코치를 선출하여 보직을 주고 보직 기간이 지나면 다시 선수로 뛰라고 하면 이런 팀이 월드컵에 나가서 승리할 수 있겠는가? 선수 안에서도 전문 위치가 있어야 하고, 선수는 선수이고 감독은 감독이어야 한다.

물론 선수 중에서 지도자 수업을 받아 감독으로 전공을 바꾸는 길은 열려 있어야 한다. 그러나 감독에서 선수로 가는 길이 열려 있다고 해서 이 길로 가게 되면 팀의 경기력이 약화되지 않을 수 없게 될 것이다. 감독 없는 축구팀은 오합지졸로 전락하게 되기 쉽다.


## 3) 대학총장 선출제는 정당한가

교장선출제 옹호자들은 대학총장과 보직의 예를 드는 경우가 많다. 아주 그럴듯한 논리이고 주장이다. 그런데 학교(schools)와 대학(universities and colleges)을 같이 섞으려는 데 문제가 있다. 학교는 학교이고 대학은 대학인 것이다. 그리고 대학에서 총장을 교수들이 선출하는 제도, 총장 하다가 다시 교수를 하는 제도 자체도 정상이 아니라는 것을 알아야 한다.

교수로서 또 학자로서 교수하고 연구하는 일과 총장으로서 대학 행정을 하는 일은 완전히 각각 다른 전문적인 일이다. 그래서 대학 총장을 같은 대학교수 중에서 교수들이 투표로 선출하는 제도가 반드시 좋고 옳은 제도라고 할 수는 없다. 그래서 선진국에서는 대학총장을 전문경영인으로 하여 몇 십 년씩 근무하게 되며 직무를 잘 수행하게 되면 보다 나은 대학에서 스카우트해 가게 된다. 대학 총장 임기를 4년으로 하여 기계적으로 총장을 바꾸는 것이 반드시 좋다고 할 수는 없다.

대학총장을 4년간 하다가 교수로 돌아와서 다시 교수와 연구를 하기도 몹시 힘든 일이다. 학문과 지식이 숨 가쁘게 바뀌는 시대에 4년간의 행정으로 인한 학문적 공백을 메우기는 극히 어려운 일이다. 그래서 대학행정이나 학문 중 뭐 하나라도 제대로 하려면 교수 아니면 총장 중 어느 한 길로 가야 한다.

대학총장은 교수만의 대표는 아니다. 대학 전체의 대표자인 것이다. 그래서 지금도 총장 선출 투표에 참여해야 한다고 주장하는 집단들이 많다. 행정직원과 학생들까지 총장 선출 투표에 참여하겠다는 것이다.

대학총장의 임명권자는 사립의 대학 이사회와 국립의 경우 국민의 대표자인 대통령인 것이다. 대학총장은 교수협의회 회장이 아니다. 교장도 교원노조 위원장이나 친목회장은 아니다. 대학교수들이 대학총장을 선출하니까 교사도 교장을 선출해야 한다는 논리가 반드시 옳다고는 볼 수 없다.

또 대학 발생의 초기에는 학생조합과 교수조합이 있어서 교수조합에서 교수단의 대표를 뽑았던 역사를 가지고 있다. 이렇게 해서 교수단에서 총장을 뽑는 일이 시작되었다.


## 4) 왜 교장만 임기제인가

왜 교장직에만 임기제를 적용하는지 이해할 수 없다. 임기제가 과연 좋은 것이라면 모든 직에 적용해야 공평하고 논리에 맞을 것이 아닌가? 중임제가 좋으면 모든 직에 중임제를 적용하고, 선출제가 정말 좋다면 모두 선출제로 하자고 주장해야 옳을 것이다.

교사에게 4년(＋)4년의 임기를 적용하면 교사들은 긴장해서 연구하고 최선을 다하여 학생을 잘 가르칠 가능성도 있다. 4년간 가르치는 것을 보아 학생과 학부모의 평가를 받아 중임 여부를 결정한다면 무능자, 부적격자 교사를 조기에 선별하여 퇴진시키고 양질의 교사만 중임시키면 양질의 교사만 남게 될 것이 아닌가? 그러면 취직 못 한 젊은 사람들을 계속 채용할 수 있지 않은가? 정년 연령을 단축시키려고 애쓸 필요도 없게 될 것 아닌가? 임기제가 좋다면 교감도 임기제를 적용하고, 계장, 과장, 국장, 사무관, 서기관도 모두 임기제를 적용해야 할 것이 아닌가? 교장에게 임기제를 적용하더라도 논리가 있어야 하고, 일관성이 있어야 한다. 공무원에게 임기제, 계급 정년제를 적용하려면 일관되게 똑같이 적용해야 한다.

승진과 인사적체 문제는 반드시 교장직에만 있는 게 아니다. 모든 직, 모든 계급에 다 적용된다. 교장연임제를 반대하는 사람들이 들고 나오는 관료주의 구조, 승진기회 확대, 민주주의 확대, 예비인력 충분, 장기집권, 하급자 사기문제, 하급자의 자율성과 창의성 문제 등은 교장직에만 해당되는 것이 아니라 모든 직급, 모든 계급에 다 있을 수 있다. 교사에게도, 교감직에도, 일반 공무원에게도 이런 문제는 다 있을 수 있다. 이런 문제 때문에 교장에게만 임기제를 적용하는 것은 부당하다.

능력 있는 사람, 잘하는 사람까지 임기제를 적용하여 기계적으로 잘라내는 것이 과연 인적자원을 잘 활용하는 것이고, 민주주의 정신인가?

중임이든, 연임이든 교장에게만 임기제를 적용한 자체가 잘못된 것이다. 관료제에서는 신분보장, 경력발전이 되지 않으면 공무원이 열심히 일할 수 없게 된다. 특히 교원의 경우 신분안정이 안 되면 학생들 교육을 열심히 할 수 없게 된다. 그래서 교직의 특성은 신분안정성을 기본으로 하고 있는 것이다.

모든 교원에게 4년 임기제를 적용할 때 교직이 이 세상에 존재할 수 있겠는가? 그래서 공무원과 교원에게는 특별한 잘못이 없는 한 정년을 보장해 주는 제도를 채택하고 있는 것이다. 교장임기제는 논리가 없이 정치적으로 결정된 것이다. 승진적체, 무능자 제거 등 인사문제는 다른 접근으로 해결해야 할 별도의 문제이다.

## 5) 공무원에게 선출제가 가능한가

교사도, 교감도, 교장도 모두 (교육)공무원이다. 공무원은 국민의 녹을 먹는 공복이고 머슴이다. 공무원으로 고용된 사람들이 모여서 기관장을 선출하여 뽑을 수 있는가?

그러면 순경들이 경찰서장을 뽑고, 사병들이 모여 사단장을 뽑고, 면직원이 모여 면장을 뽑고, 청와대 직원들이 모여 대통령을 뽑을 수 있는가? 국민으로부터 고용당하여 학교에 임용된 교사들이 교장을 뽑는 것이 정당한가?

회사에 고용된 직원들이 모여 사장을 선출할 수 있는가? 주인(국민, 주민)이 조직의 장을 선출하거나 임명할 수는 있어도 고용당한 사람이 조직의 장을 뽑을 수는 없을 것이다. 교육의 주인은 어디까지나 주민이다.

고용당한 사람은 임명권자에게 책임이 맡겨져야 한다. 공무원 조직에서 공무원이 기관장을 선출하기는 어렵다. 주인인 국민이 공무원에게 특별한 권한 위임을 준다면 가능할지 모른다.

## 6) 교장선출제가 되려면

교장선출제가 가능하려면 최소한 다음 조건들이 갖추어져야 한다.

첫째, 교사들이 공동으로 설립한 학교일 경우는 교장선출제가 가능할 것이다. 이런 학교일 경우는 교사들이 명실 공히 학교운영의 주체가 될 수 있기 때문이다.

둘째, 교육의 주인인 주민이 교사들을 먼저 선임하고 교사단에 많은 부분의 교사 자치를 위임하는 경우 교사 자치 단장과 같은 교장을 선출하게 할 수 있을 것이다. 주민이 교사에게 직접 학생교육과 학교운영권을 넘겨준 경우에 교장선출은 가능하다. 이런 경우에도 교사구성원의 이동이 없이 비교적 안정되어야 할 것이다.

순환근무제 상황에서는 교장선출의 의미가 없어지거나, 교장 임기를 1년씩으로 하든지 해야 할 것이다. 교장임기를 1년씩으로 하여 골고루 돌려 가면서 하는 것이 좋을 것이냐는 그 다음의 문제이다.

셋째, 우선 앞에서 언급한 것처럼 교사의 이동이 없어야 한다. 교장을 선출해 놓은 교사들이 전출해 나가고, 교장을 선출하지 않은 교사가 전입해 들어오면 교장선출제는 아무런 의미가 없다.

넷째, 벽지 소규모 학교에서 교사가 몇 명 안 되는 곳에서도 몇 명의 교사에 의하여 선출된 교장이 교육청에 의하여 임명된 교장보다 우수하다는 보장이 있고, 교사에 의하여 선출된 교장이 학생교육과 학교운영에 책임질 수 있어야 할 것이다.

학생과 학부모, 주민의 이익이 먼저 보장될 수 있어야 한다. 벽지 소규모 학교에는 교직경력 20년도 안 된 교사들만 있을 수도 있다.

다섯째, 학교단위자율책임경영제에서 교사가 한 학교에서 평생을 보내다시피 할 때 그리고 교장을 공개 채용할 때 교사의 의견을 들을 수 있다. 평생 같이 근무할 교장을 초빙할 경우 교장이 교사와 안 맞으면 안 되기 때문이다.

이런 경우는 교사가 먼저 조직구성원으로 들어온 경우이다. 이런 경우도 전적으로 교사선출에 맡기기는 어렵다. 학교의 운영주가 교장 선임권을 전적으로 교사에게 넘겨주지는 않기 때문이다.

## 7) 교원인사문제가 교육의 목적인가

교장임기제를 주장하거나 교장연임제를 반대하는 사람들 중에는 교원인사문제, 특히 교원의 승진적체를 들고 나오는 경우가 많다.

교장을 하고 싶어 하는 사람들이 많기 때문에 유능교장이든 무능교장이든 임기를 정해서 순환시켜야(쫓아내야) 여러 사람이 골고루 교장을 할 수 있는 기회가 생긴다는 생각이다.

그래서 '승진기회 확대', '예비인력 얼마든지 있다', 승진적체 현상, '평교사 사기 높이기 위하여 연임제 바람직하지 않다', '젊은 교장 진출기회 제공' 등의 이유를 든다. 그런데 이런 인사문제보다 우선하는 것이 원리와 원칙, 전문성, 학생교육이라는 문제이다. 원리와 원칙에서는 첫째, 교사 자치는 교사 자치 이전에 주민 자치라는 점이다. 둘째, 공무원이 조직의 장을 선출하기 어렵다는 점이다. 물론 국민과 주민이 공무원 자치를 위임해 줬을 특별한 경우는 가능하다고 할 수도 있을 것이다.

주민들이 조직의 장, 기관장 선임 시 조직원 공무원의 의견을 들을 수는 있다. 학교단위자율책임경영제에서 교장을 공개 채용할 때 교사나 교사대표의 의견을 듣는 경우는 많다. 이런 때 교사들은 그 학교에 장기 근무하는 경우이다.

다음으로 교장의 전문성이 승진문제보다 우선해야 한다. 누가 유능하고 더 전문성이 있느냐가 승진적체 문제보다 우선이다. 교사에 의해 선출되는 사람이 교장직에 더 전문적이냐, 교육청에서 선발하여 연수 – 자격부여 – 배치제가 더 전문성을 갖추느냐를 따져 봐야 한다. 교육청 관내 전체에서 선발 – 연수시키는 것이 한 학교 안에서 선출하는 것보다 나을 것으로 본다.

인사문제보다 우선하는 것이 학생교육이다. 어떻게 하면 학생교육을 잘하느냐에 초점을 맞춰야지 어떻게 하면 교장 희망자를 많이 교장을 하게 하느냐에 초점을 맞출 수는 없다.

학부모와 주민들은 누가, 얼마나 많은 사람들이 골고루 교장을 하느냐에 관심이 있는 것이 아니라 어떻게 하면 질 높은 교육의 서비스를 학생들이 받느냐에 있는 것이다. 교원인사, 승진적체는 교육목적 달성을 위한 부수적인 문제로 원칙과 전문성, 학생교육의 질 향상이란 근본적인 것을 제쳐 놓고 우선시할 수는 없다. 대부분의 교사들로 하여금 교실에서 학생을 가르치는 데서 행복을 찾을 수 있는 방법을 따로 강구해야 한다.

임기제로 유능한 사람까지 제거하여 젊은 교장의 진출기회를 확대하려고 하기보다는 교장 전공자를 30대, 40대에서 연수가 아니라 양성 교육하여 수십 년씩 교장을 전공으로 할 수 있게 하는 방안을 강구해야 할 것이다.

젊고 유능한 30대, 40대 교장을 양성해야 한다. 그래서 가르치는 전문가와 행정하는 전문가를 분리하여 양성할 필요가 있다. 이런 길이 인사문제도 해결하고 교장의 전문성의 문제도 해결하고, 교장으로 인한 평교사의 사기 문제도 해결할 수 있는 길일 것이다. 승진적체 문제 해결이 교육의 목적은 아니다.

## 8) 민주적인 교장의 리더십

교장연임제를 하면 '장기집권'이 되고, '비민주적 관료적 구조'가 되고, '교장의 교사 지배 강화'를 하여 연임제를 반대하고 선출제를 해야 한다는 주장이 있다. 교육이야 어떻게 되든, 주민·학부모·학생이 무슨 생각을 하느냐에 상관없이 교사 자치를 할 수 있다면 우리 교사들은 얼마나 좋을까?

아마 이렇게 되면 교장 자체가 필요 없게 될지도 모른다. 무교장 상태가 아마 더 좋을 것이다.

우리에게 사용주가 없다면 노조 자체도 필요 없게 된다. 그런데 우리 공립학교의 사용주인 국민·주민·교육위원회는 사용주 노릇을 하고 싶어 한다. 사용주가 직접 다 학교를 관리하지 못하니까 최소한의 자격을 갖춘 교장을 두어 사용주 대신 학교교육을 관리하도록 맡기고자 하는 것이다.

이들 사용주가 학교교육의 모든 것을 교사들에게 전적으로 믿고 맡기면 교사들은 얼마나 좋을까? 각각의 교사에게 믿고 맡기면 각각의 교사에게 책임을 묻게 될 것이다. 이렇게 되면 우리 교사들의 사용주가 교장을 거치지 않고 직접 우리 교사의 인사문제를 다루게 된다. 이런 때 우리 교사의 신분은 더 위험해지고 불안해지게 된다. 학부모나 주민의 영향을 교사들이 직접 받게 된다.

그래서 우리 교육조직은 아직도 관료제를 택하게 된다. 교장이 부당하게 교사를 지배하고 비민주적으로 행동한다면 임기 중이라도 사용주는 교장을 해고해야 될 것이다. 부적격자를 교장으로 임명해서는 안 되겠지만 임용 후라도 발견된다면 해고 절차를 밟아야 할 것이다.

그러나 학생교육을 잘하기 위하여 노력하는 교장의 행동이 비민주적이고 교사 지배로 교사들에게 비치는 경우도 있을지 모른다. 미국에서 효과적인 학교, 우수한 학교, 좋은 학교라고 이름난 곳에 가 보면 그런 학교에는 반드시 강력한 교장의 리더십이 있더라는 것이다. 독재는 강력한 리더십이 못 된다. 민주적인 리더십이 오히려 강력한 것이다. 학생교육을 잘하기 위해선 교장의 강력한 민주적인 리더십이 요구된다.

교장은 지나치게 교육청의 눈치를 봐도 안 되지만 교사의 눈치를 봐도 안 된다. 교장은 교장의 사용주에 대하여 충성하고 책임을 져야 한다. 교사를 지배하는 교장, 비민주적인 교장은 엄격하게 도려내야 한다. 교사를 지배하는 교장이 아직도 우리나라에 있다는 것은 불행한 일이다.

그렇다고 이런 일부 교장을 도려내기 위해 모든 교장에게 임기제를 적용한다는 것도 모순이다. 잘못된 부분이 있으면 잘못된 부분만을 바로잡으면 된다. 빈대 하나만을 찾아내야지 초가삼간을 다 태우는 정책을 쓸 수는 없다.


## 9) 앞으로의 교장직

교장직은 필요하다. 아니 더욱 강력한 민주적인 교장직이 요구된다. 강력한 민주적인 교장의 지도력은 전문성과 전문적 권위에서 나온다. 교장직을 전문화시키기 위해서는 장기간의 양성 교육과 연수를 필요로 한다.

전문양성 교육을 통해서 30대, 40대에 교장이 될 수 있도록 하고, 평생을 교장직에서 전문직으로 교장직무수행을 하여 양질의 교육행정 서비스를 교사와 학생에게 제공할 수 있게 되어야 한다. 학교단위자율책임제의 방향으로 가고 있는 것은 분명한 세계적인 경향이다. 학교단위에서 학교교육을 책임질 수 있어야 이런 제도는 가능해진다. 중앙의 권한을 지방에, 다시 지방의 권한을 학교에 내려 주고, 학교에서도 최대한 교사의 자율과 학생의 자율로 넘겨줘야 한다. 교장도 교사도 학교단위에서 초빙하고 채용할 수 있어야 한다.

교장도 교사도 학교단위로 채용하고 한 학교에서 평생을 보내게 해야 한다. 교육청에서 교사를 채용하여 이 학교 저 학교로 배치하고 이동(전근)시키는 것이 반드시 좋은 것은 아니다. 이런 때 교장 선임 시 교사들의 의견을 들을 수 있게 된다.

교사의 인사문제를 교장이나 교육청을 거치지 않고 사용주들이 직접 다루게 되면 신분상 많은 영향을 받게 된다는 점을 유의해야 한다. 교장도, 교육청 전문직도 동료이기 때문에 여기에 인사권이 있을 때는 교사의 신분이 그래도 안정될 수 있다는 것을 알아야 한다. 교장과 교사는 같은 교원으로서 하나의 팀이 되어야 한다. 이들 사이에 틈이 벌어지면 교원은 모두 초라해진다. 서로가 전문성과 권위를 존중해 줘야 한다. 서로가 전문성과 권위를 무시하면 교직 전체가 무시당하고, 일반직으로 전락하고 만다.

그렇게 되면 교원은 이미 유리한 입장을 차지하고 있는 일반직의 지배를 받게 된다. 교원정년 연령 단축은 교직 전체로 볼 때 큰 손실이다. 당장의 이익만 따지지 말고 교직 전체의 이익을 생각해야 할 것이다. 교사도 교장도 더 전문화되고 신분도 안정되는 방향으로 나아가야 한다(초등교육 2000. 8. 여름호, 한국초등교장협의회).

**교장선출제의 비논리**

최근 보도대로라면 교직을 발전시킨다면서 교장선출제를 들먹여 교원정년 단축에 이어 또다시 교육 황폐화를 획책하고 있다.

교장은 우선 학생을 교육하는 교원이고 교육자이다. 그래서 경영능력을 내세워 일반인, 일반직을 교장직에 앉히려는 음모에 속아서는 안 된다.

교장은 교사를 이끌어야 할 고도의 전문성이 요구되는 전문교육지도자이다. 그래서 교장에게는 고도의 훈련과 교육을 포함한 높은 자격기준이 요구된다. 교사에게 자격이 요구되듯이 교장에게는 더 높은 자격과 자질이 요구된다는 것은 삼척동자도 다 아는 상식이다. 그래서 미국 초·중등교장의 대부분이 교육행정학 박사학위를 갖고 있다.

교장에게 자격이 필요 없다면 교육행정, 교장론, 장학론 등 그런 책과 전공·학문이 왜 이 세상에 존재하겠는가? 학생, 학부모, 교사에게는 교육인적자원부 장관보다 자기네 학교 교장이 더 중요하다.

가르치는 교사전문가와 교육행정과 교육지도력을 전문으로 하는 교장전문가를 뒤죽박죽 섞으려고 하면 안 된다. 축구선수와 축구감독을 뒤섞어 돌려 가면서 하자거나 인기투표해서 선출하자는 주장에 국민들이 속아 넘어가겠는가? 같은 육상에도 단거리와 마라톤 전공이 다르듯이 교사의 일과 교장의 일은 다르다.

교육의 주체는 국민이고 지역주민이다. 지역주민은 교육위원→교육감→교장에게 교육경영과 학교행정, 학생교육의 책임을 맡긴 것이지 지역주민이나 학부모가 직거래로 교사에게 직접 학교경영이나 학생교육의 책임을 맡긴 것이 아니다. 그래서 교장의 추천에 의하여 교육위원회나 교육감이 교사를 채용하거나 면직시킬 수는 있어도 교사가 교장을 선출할 수는 없다. 교사 자치는 주민 자치이지 교사 자치는 아니다.

만일 교장을 선임하려면 학교경영과 학생교육을 위한 고도의 전문적 자격을 갖춘 자를 주민이나 학교운영위원회 그리고 주민의 대표기관이고 운영주체이며 사용주인 교육위원회가 하는 것이 원칙이다.

순경이 모여 경찰서장 뽑고, 사병들이 투표해서 사단장 뽑고, 회사원이 사장을 뽑겠다는 것은 가능한 일인가. 고용된 사람이 고용주·경영주를 뽑겠다는 것을 국민들이 용납하겠는가.

교장을 노조위원장이나 교사친목회장으로 착각해서는 안 된다. 노조위원장이라면 1급 정교사 중 20년 교육경력자로 선출해도 좋을 것이다. 그러나 교장은 노조위원장은 아니다.

초빙교사, 초빙교장제로 평생 한 학교에만 근무하기로 계약돼 있는 경우에 한해 교장초빙 시 교사대표가 학교운영위원, 교육위원, 교육청 인사담당과 함께 면접에 참여하는 경우는 있을 수 있다. 평생 같은 학교에서 교장과 교사로 근무하게 되기 때문에 먼저 들어온 교사들 대표의 의견을 듣기 위한 장치를 두는 것이다.

설사 교사들에게 교장선출권을 준다 해도 지금과 같은 4, 5년의 순환근무제에서는 불가능하다. 교장선출에 참여한 교사와 선출교장과 같이 근무할 교사가 계속 바뀌기 때문이다. 학기별로 해마다 그해의 교장을 선출해야 교사 입맛에 맞는 교장을 뽑는다고 할 것이다. 이렇게 되면 학교행정과 학생교육의 안정성은 있을 수 없다.

또 낙도·벽지 같은 소규모 학교에서는 몇 명 안 되는 교사들이 훌륭한 교장을 과연 선출할 수 있겠는가? 20년 된 교사가 한 명도 없는 학교가 있을 수도 있기 때문이다.

좋은 학교에는 반드시 민주적이면서도 강력한 리더십을 가진 교장이 있다. 교장을 중심으로 교사들이 똘똘 뭉칠 때 학생교육을 잘하고 교육의 효과도 높일 수 있고 교원도 보람을 느낄 수 있다.

자격을 갖춘 능력 있는 전문지도자 교장이 필요하다면 최소한 교육행정대학원 수준에서 교육행정을 전공하고 의사처럼 인턴과정을 거치게 하는 교장 양성과정을 설치하는 안이 있을 수 있다. 교직경력 5~7년 된 자 중에서 교감·교장과정 대학원생을 선발·교육·임용하면 젊고 유능한 교사도 교장이 되는 길이 트일 것이다. 태국의 경우 교사경력 5년 이상 자 중에서 국가 교장시험에 의해 선발 임용하지만 교사로 교장으로 왔다 갔다 하지는 않는다. 20~35년씩 전문교장으로 일하게 하는 것이다. 부분적으로라도 젊고 유능한 교사를 선발하여 교육행정대학원에서 전문교장교육으로 양성하여 높은 자격을 갖춰 교장으로 임용하는 방안을 제안한다.

교사는 주장할 것을 주장해야 한다. 특히 노조는 약속대로 보수·근무조건·후생복지에만 목소리를 내야 한다. 교육과 교육행정에서 교사의 주장 과 자율성은 최대한 존중돼야 한다. 그렇다고 원칙에 어긋난 것까지 존중될 수는 없다. 교직발전 종합방안에 알맹이는 하나도 없다는 평이다(한국교육신문, 2000. 10. 9).

찰스 윌리엄 엘리어트, presidency 하버드대학 총장은 40년 동안 총장을 하여 현재까지 최장수(longest presidencg im Harvard history) 기록을 갖고 있다.

지금까지의 하버드대 총장 재임기간은 14년 이상이다. 미국 교장도 몇 십년씩 한 학교에서 리더십을 발휘한다. 잘못하면 몇 개월만이라도 책임지고 물러나야 한다. 우리나라에서는 책임이 없기 때문에 누구나 교장이 되려고 하는 지 모른다. 지금 미국에서는 교장 부족 현상이 벌어지고 있다. 왜 그럴까?

## 1) 교원의 양성 및 임용, 연수, 승진 및 평가

'교직발전 종합방안' 시안에서는 주요 추진과제를 ① 전문직으로서의 위상 강화, ② 자율과 참여를 통한 교육공동체 형성, ③ 교육활동에 전념할 수 있는 여건 조성의 세 과제로 나누어 제시하고 있다. 이 중에서 첫 번째 '전문직으로서의 교원의 위상 강화'가 가장 중요한 과제인데 이는 다시 ① 교원 양성 및 임용제도 개선, ② 교원의 연수 강화, ③ 교원의 승진·평가제도 개선의 세 부분으로 나뉘었다. 여기서는 이 세 부분의 주요 내용을 검토해 보고 필요한 경우 대안을 제시하고자 한다.

### (1) 교원의 양성 및 임용

교원의 양성 및 임용과 관련하여 교육인적자원부는 ① 현행 교사자격증 제도가 유치원 - 초등 - 중등학교 급 간에 연계성이 미흡하고, 교원수급에 있어서 초·중등 간에 현저한 불균형이 초래되고, ② 교원 양성과정이 교과내용이나 교육학 등이 학문적인 지식 중심으로 운영되어 학생지도에 필요한 기본능력을 배양할 수 있는 현장 적합성이 미흡하고, ③ 정규교원 위주의 인사정책 때문에 사회변화에 대한 교단의 탄력적인 적응력을 떨어뜨리고 있다는 현장진단과 문제진단을 하고 있다. 그래서 교원양성 및 임용제도를 개선하여 "제7차 교육과정 도입에 따른 다양한 교육수요에 부응하고 전문직으로서의 교직의 특성에 맞는 양성·자격 및 임용제도를 재정립한다."는 정책목표를 달성한다는 것이다. 그런데 여기서 '7차 교육과정'을 끌어들인 것 자체가 문제이다. 이 시안이 2001년부터 시행된다 하더라도 새로 양성된 교사가 현장에 나오게 되는 것이 빨라야 2004년이 되는데 그때는 이미 7차 교육과정의 적용은 완성단계에 이르고, 8차 교육과정 개발이 논의되고 있을 것으로 보아 7차 교육과정 때문에 교사양성·자격·임용제도의 틀을 바꾼다는 목표 제시는 설득력이 약하다.

교원양성·자격·임용제도의 개선의 핵심은 ① 교사자격증 제도 및 양성기관 체제의 개편과, ② 병역특례제도 도입, ③ 교원양성·연수기관평가인증제 도입의 셋이라고 할 수 있다.

1 교사자격증 제도 및 양성기관 체제 개편

이와 관련해서는 첫째, 현재 교사자격증 구분을 학교 급에 따라 유치원, 초등, 중등의 셋으로 되어 있는 것을 여기에다 ① 유치원 ~초 2, ② 초 3~6, ③ 초 5~고 1 자격증의 셋을 추가 신설한다는 것이다.

그리고 둘째, 이런 교원양성을 위하여 교대와 사대를 합쳐 종합교원양성기관으로 전환하거나 대학원에서 양성하는 방안을 강구한다는 것이다.

셋째, 전문적 직업 경험자를 교직에 유치하기 위하여 교원자격검
정을 실시하고 40~45세의 교원임용시험 응시연령 제한을 폐지한
다는 내용이다.

우선 현행 유·초·중등의 세 종류 자격증 제도를 유지하면서 다
양한 종류의 교사자격증 제도를 신설한다는 것은 교사의 질만 떨어
뜨리지 않는다는 조건이라면 바람직하다고 할 수 있다. 그리고 유치
원 교육은 0~8세의 교육과 연결되므로 기왕에 합치려면 초 3까지
합치는 게 나을 것이다. 초등교육과 중등교육은 엄연히 다르므로 자
격증을 통합하기보다는 오히려 엄격히 구별해야 하는 입장이다.

교사의 전문성을 위해서는 교사의 자격증을 통합하기보다는 오
히려 세분해야 하고, 자격증을 바꾸려면 필수과목과 필수학점을 이
수하게 하여 자격증 갱신제를 활성화시켜야 한다. ① 유아교육 자
격증, ② 초등저학년(1~3) 자격증, ③ 초등고학년(4~6) 자격증,
④ 중학교(7~9) 자격증, ⑤ 고등학교(10~12) 자격증으로 세분해
야 한다. 이러한 전문화가 오히려 세계적인 경향일 것이다.

그러나 학교는 다양한 학교형태로 통합하는 경향이다. 다만 한
학교 안에서 교사들이 자격증에 따라 담당하는 학년이 다르게 되
는 것이다. 현재의 유, 초등, 중학, 고등학교 형태에 더하여 유~초
등(저학년)학교, 초등(5)~중등(7~8)(중간)학교, 중(7)~고등학교의
형태를 추가하는 것이 바람직하다. 한 학교 안에 여러 종류의 자격
증을 가진 교사들이 함께 근무하게 되는 것이다.

교사양성기관도 현재의 교대와 사대를 무리하게 통합하기보다는
이에 더하여 종합교원대학, 대학원으로 다양화시키는 것은 바람직
하다고 본다. 그리고 교사임용고사연령을 무제한으로 한다는 것은

교원정년 연령 단축의 정책과 모순을 낳고 있다.

② 교원양성·연수기관 평가인증제 도입

교원을 수준 높게 양성하고 연수시키는지 확인한다는 것이다. 교원을 질 높게 양성하고 연수하기 위하여 이런 기관을 평가하고 인증한다는 것이야 필요하고도 또 중요한 일이다.

그러나 여기에도 문제가 있다. 교육인적자원부가 교원양성·연수기관을 신규로 인가해 줄 때 철저히 관리해 주면 될 것을 이때에 남발하여 인가해 주고 나서 질 관리를 위해서 평가인증기구를 신설하겠다는 논리는 잘못되었다. 그리고 평가인증이 필요하다고 하더라도 새로운 기구를 만들기보다는 현재 대학평가의 업무를 수행하고 있는 대학교육협의회를 활용하는 것이 좋을 것이다.

③ 교원양성 인원의 조정

초등교원 양성 인원을 1.3 : 1 정도로 늘리고, 중등교원 양성 인원을 점차 줄인다는 것이다.

그런데 인원을 많이 양성하면 양성된 인력이 낭비되고, 또 활용되지 못하는 인력을 양성하기 위한 교육투자의 낭비가 따르게 된다는 점을 심각하게 고려해야 한다. 그리고 중등교원 양성 인원을 어떻게 줄일 것인가에 대한 대책이 있어야 한다. 교육인적자원부가 무책임하게 양성인원을 많이 인가해 주고 또 스스로 줄이겠다는 모순을 스스로 저지르고 있다는 점을 주목해야 한다. 중등교원 양성 인원을 줄이기 위해 교육인적자원부는 또 통제를 가할 생각을 갖고 있는 셈이다.

4 교과교육 강화 및 현장교원의 교수요원 활용 확대

교사양성기관의 교육과정에서 교과교육 내용을 확충하고 교대·사대교수의 현장교육 경력을 강화한다는 내용이다.

이 의도는 좋으나 대학에서 할 일을 교육인적자원부가 어떻게 하겠다는 것인지 의문이다. 교육인적자원부가 모든 것을 다 하겠다는 발상을 이제는 버려야 한다. 대학일은 대학에 맡길 생각을 해야 한다.

5 교사 기본능력·자질 신장 및 현장실습 강화

교사양성 교육과정에서 교사의 기본능력과 기본자질, 특기·적성 지도능력과 그런 내용을 강화하고 현장실습을 개선한다는 것이다. 그리고 교사양성기관의 학생들로 하여금 사회봉사활동을 하면 교사가 되었을 때 유리하게 한다는 내용이 들어 있다.

내용이야 비판할 것이 없으나 어떻게 실천하여 교직발전을 연결시키느냐가 문제이다.

6 복수 자격 및 부전공 자격 취득기회 확대

복수전공과 부전공의 기회를 확대하여 교사로 하여금 여러 개의 교사자격증을 취득하게 하여 교사인력을 융통성 있게 활용하려는 것이다.

필요하다고 본다. 다만 교사자격의 질이 저하되지 않는다는 것이 전제되어야 한다.

7 임용시험제도 개선

교사임용시험에서 필기시험의 비중을 줄이고 수업·실기능력, 면접의 비중을 높인다는 것이다. 필요한 조치라고 본다. 그러나 이것이 획기적인 교직발전방안이라고 보기는 어렵다.

⑧ 병역특례제도 도입

5년간 교직에 근무하면 군복무로 간주하여 보충역에 포함시킬 수 있게 한다는 것이다.

병역의무를 쉽게 하기 위해서 교사가 되려고 하는 사람이 있다면 이는 오히려 문제이다. 그러나 교직을 존중하는 의도라면 환영할 만한 일이다. 단기 복무시키는 방안과 비교해 볼 필요가 있다. 그러나 두 가지 다 국방부 등 관련 부처가 얼마나 협조적인 것인가에 의문을 제기하지 않을 수 없다.

전반적으로 교직을 발전시킬 수 있는 획기적인 방안으로 기대할 만한 것은 별로 없다. 그리고 그나마도 얼마나 실천으로 옮길 수 있느냐에 아직도 의문을 갖게 된다. 또 그렇게 절실하지도 않은 것을 이것저것 나열해 놓은 느낌을 주는 것도 많다.


## (2) 교원의 연수 강화

교원연수와 관련해서는 "현직 교사에 대한 임용 전·후 지속적인 능력발전을 위한 연수가 형식적으로 운영되고 있으며, 연수 프로그램 및 연수기관에 대한 평가체제가 미흡하다."는 현실 진단하에 "교원이 자율적인 자기계발을 통하여 지식기반사회, 평생학습사회에서 필요한 교사의 전문성을 끊임없이 향상시킬 수 있는 연수제도를 마련한다."는 정책목표를 세웠다.

이 연수 분야에서 중요한 것으로 ① 연구·연구실적 학점제 강화 및 '자율연수휴식제' 도입과, ② 교육전문박사학위(Ed.D) 도입의 두

가지를 내세우고 있다. 그 하나하나에 대하여 검토해 보기로 한다.

### ① 신규·현직교사 연수 강화

신규 교사의 현장 적응 연수를 강화하여 2001년부터 1년에 1만 명씩 40억 원씩 투입하여 실시하고 일정 수준 미달자에 대해서는 자비부담재연수를 의무화한다는 것이다. 현직교원에 대해서도 자격연수 및 직무연수를 강화하고 일정 수준 미달자에 대해서도 신규연수처럼 자비부담재연수를 의무화한다는 내용이다.

현재도 교원들이 승진하기 위해서 연수 열풍을 일으키고 있는데 여기다 더 연수를 강화한다니 교원들이 얼마나 더 연수에 매달려야 교직이 발전할는지 모르겠다. 또 일정수준 미달자에게 자비부담 연수를 의무화한다는 것이 종래에 없었던 것인데 얼마나 실현성이 있을지 의문이다. 자격연수, 의무연수에는 이를 적용해도 좋을 것이나 일반연수, 희망연수에까지 이를 적용한다면 오히려 수준 미달이 두려워 연수 차출을 기피하는 현상이 벌어질 수도 있다는 예상도 할 수 있다. 그리고 성적평가 시 수준 미달자를 일정비율 인위적으로 만들어 내라고 해서는 안 될 것이다.

### ② 자율연수 기반조성 및 활성화 유도

여기에는 우수교과 연구회, 영역별 전문 교원조직, 단위학교의 자율연수를 육성·지원하고, 연수·연구 누가 학점을 상위자격 취득, 보수, 승진에 반영하고, 50학점에 0.5점의 연수실적 평정점을 부여하고 100학점에 1호봉 승급시킨다는 것이다. 교원의 대학원 학비와 각종 연수경비는 소득 공제를 하게 한다는 내용도 있다.

자율연수를 활성화한다는 것은 바람직하나 50학점에 0.5점, 100

학점에 1호봉 승급한다는 것은 너무나 인색하다. 만일 대학처럼 15시간을 1학점으로 계산한다면 100학점이면 1,500시간인데 1정 자격 교감자격, 교장자격 연수가 각각 180시간, 석사 24학점, 박사 36학점인 것에 비해 1,500시간에 1호봉 승급이라면 너무나 인색한 방안이다. 또 이를 자비 연수로 할 경우 60시간에 15만 원씩 비용이 드는 것으로만 계산해도 100학점이라면 375만 원의 연수비가 들어가는데 이에 1호봉 승급이라면 자율연수를 활성화시키는 방안으로 보기는 어렵다.

교원은 공무원이므로 모든 연수는 국비로 해야 하고, 현직 중 학비와 연수경비는 소득공제가 아니라 국비로 전액을 보전해 줘야 한다. 공무원에게 자비로 연수하라는 것은 아마도 어느 나라, 우리나라의 어느 부서에도 없는 일일 것이다. 산업 분야에서까지 직원 발전을 위해서는 웬만한 기업이라면 연수를 개인부담으로 하지는 않을 것이다.

③ '자율연수휴식제' 도입

교육경력 15년 이상 교원 중 5% 이내에서 국내 교육·연수기관 및 민간단체에서 자율연수를 할 경우 보수의 50%와 일부 연수비를 지급하는 자율연수휴식제를 도입한다는 것이다.

현재 무급휴식제만 있는 것을 여기에다 유급휴식제를 추가한다는 것은 발전적이라고 할 수 있다. 그런데 15년 경력자의 5% 이내라는 제한 때문에 그 혜택을 받는 교원은 많지 않을 것이다. 그리고 연수교사의 휴직 시 휴직 교원을 대체할 교원을 확보해야 할 것이다.

④ 교육학 전문박사학위(Ed.D) 과정 개설

교육대학원 정원을 자율화하여 교원의 교육기회를 확대하고, 특화된 전문 프로그램을 육성·지원하고, 우수 교육대학원을 전문대학원으로 개편하여 교육행정 및 교과교육 전공 전문박사를 수여하게 하여 수석교사, 교장·교감 및 장학관·교육연구관 임용 시 우대한다는 것이다.

이 방안도 교원에게 유리하게 한다는 데 반대할 이유가 없다. 다만 학위의 질이 떨어지거나 남발되지 않도록 하는 일이 중요하다고 본다. 그리고 학비는 국고로 보전해 줘야 한다는 점을 재강조한다. 그리고 학위취득자에게 충분한 대우를 해 줘야 한다.

⑤ 해외체험연수 및 민간기업체 등 다양한 연수기회 확대

종래의 해외시찰식 연수 대신 주제별 조사·체험 해외연수를 확대하고 연 400명에게 22억 8천만 원씩 투자한다는 것이다. 또 공공단체·민간기업체에 파견·고용휴직제를 마련하고 이에 연 1,600명에 12억 8천만 원씩 투입하는 시안을 내놓고 있다.

이것도 교원에게 연수 기회를 확대하고 또 이에는 국비 예산까지 계상하겠다니 환영할 일이다. 그런데 1인당 경비로 계산해 보면 해외연수에 570만 원, 공공·민간단체 연수에 80만 원씩이 되는데 이 경비로 얼마나 실효를 거둘 수 있을지 의문이다.

교원연수 발전방안은 전반적으로 않는 것보다, 없는 것보다는 하는 게, 있는 게 낫겠다는 수준에서 발전방안이라고 할 수 있다.

그리고 교원연수는 근본적으로 국비로 한다는 원칙을 세우고 이를 지켜야 한다.

또 교원연수의 양보다는 질을 높이기 위해 노력해야 한다.

교원연수도 지방분권의 원리에 의하여 지방과 단위학교로 비중이 옮겨 가야 한다. 그리고 교원의 동기 유발과 자율을 존중하는 분위기와 정책을 강조해야 한다.

교직발전방안 전체가 다 그렇지만 연수 방안도 현실성, 실현 가능성, 효과성을 고려하여 계획을 세워야 한다. 평가인증기구를 신설한다는 것은 교직발전방안인지 자리 만들기 방안인지 구분하기 어렵다.

교원연수도 물질적 보상보다 정신적, 심리적 존중과 자존심 존중이 바탕에 깔려야 효과를 볼 수 있다는 점을 잊지 말아야 한다.

## (3) 교원의 승진·평가제도 개선

교원의 "승진체제에 있어서는 수업과 생활지도 등 능력과 실적에 바탕한 공정한 평가보다는 연공서열주의에 의한 평가로 공정성과 실효성을 의심받고 있다."는 현황 진단에 의하여 "교단 중심의 새로운 자격·직급제도를 마련하며, 공정하고 투명한 평가제도로 교육활동에 충실한 교원이 우대받도록 승진체제를 재구조화한다."는 정책목표를 세우고 있다.

이런 정책목표를 달성하기 위하여 ① 수석교사제 도입, ② 교장연임제 도입 검토, ③ 직무수행기준 및 표준수업시수 정립의 셋을 주요 방안으로 삼고 있다.

이들 구체적인 방안에 대하여 검토해 보기로 한다.

[1] 수석교사제 도입

총 교원의 10%(약 33,600명) 범위 내에서 수석교사를 임명하여

월 20만 원의 업무추진비를 지급한다는 것으로 매년 806억 4천만 원씩 투입한다는 것이다.

교원을 위해서 많은 돈을 투입한다니까 반대할 이유가 없다. 또 그동안 많은 사람이 이 수석교사제 도입을 요구해 온 것도 사실이다.

그런데 수석교사직급을 새로 신설한다 해도 기대한 역할수행을 하여 효과를 거두리라 기대하기는 어렵다고 본다. 현재도 2급 정교사와 1급 정교사가 구별 안 되듯이 수석교사와 부장교사, 1급 정교사가 별로 다르게 보이지 않을 것으로 본다. 심지어는 대학에서도 조교수 - 부교수 - 교수가 구별되지 않는다는 점을 생각해 보면 짐작할 수 있을 것이다. 그러나 도입을 하는 것은 교원에게 이익이 될 것이나 그 대신 낭비가 따르게 된다. 수석교사의 역할로 제시된 장학, 현장연구, 교내연수 등을 포함한 모든 것은 교감, 교장 또는 부장교사가 할 역할이고 또 이들이 충분히 해낼 수 있는 일이라는 것을 알아야 한다.

2 직무수행기준 및 표준수업시수의 설정

교원의 직급별, 자격종별, 임용형태별, 학교 급별로 교원의 '직무수행기준'을 마련하고, 교원의 적정한 배치, 정원의 효율적 관리 및 교원 직무의 균형 있는 분장을 위하여 학교 급별로 교원이 담당하여야 할 '표준수업시수'를 정한다는 것이다.

우선 이 같은 두 가지 노력은 필요하다고 본다. 그러나 이 두 가지가 모두 상당한 연구와 자료에 근거해야 한다는 점을 강조해 두고자 한다. 다음에는 직무수행기준과 표준수업시수에 의하여 적정한 수의 교원을 확보하여 이 두 가지가 지켜질 수 있어야 실질적인 교직발전이 가능해진다는 사실을 깊이 인식해야 한다. 이것을 마련해 놓고도 이것이 지켜지지 않는다면 아무런 의미가 없게 된다.

3 교원의 승진평정체제 개선 및 교원평가위원회 구성 운영

교원의 승진후보자 명부 작성 시 ① 경력평정 비율을 낮추고 근무성적평정 비율을 높이고, ② 경력평정 기간을 25년에서 20년으로 단축하고 근무성적 평정 기간을 2년에서 3년 이상으로 연장하고, ③ 가산점의 영역과 배점을 교육감 재량에 맡긴다는 내용을 담고 있다.

교사평가와 관련해서는 ① 수업 및 생활지도에 충실한 교원이 좋은 평가를 받을 수 있도록 평가 배점과 기준을 바꾸고, ② 교원평가위원회를 구성하여 객관적이고 공정한 평가를 하게 하고, ③ 계약제 교원에 대해서도 합리적이고 공정한 평가기준과 방법을 마련한다는 것이다.

승진체제와 평가체제를 개선한다고 하는데 이것이 진정 개선안이라는 증거가 있다는 확신이 없다. 그리고 지금까지 수없이 승진체제와 평가체제가 바뀌어 왔고, 너무나 자주 바뀌는 사이에 불리하게 되고, 희생되는 교원이 또다시 많이 나오지 않는다는 보장이 없다.

교원평가체제는 원칙적으로 학교경영 목표에 따라 학교마다 다르고, 또 해마다 달라져야 한다. 그리고 교사평가는 전적으로 교장의 권한이고 교장의 영역이다. 교원평가위원회를 구성해서 교사평가를 하든 교장 혼자서 하든 그것은 전적으로 각 학교, 각 교장에게 맡겨져야 한다고 본다.

여기에 제시된 시안이나 방안, 또는 개선안이란 것들이 어떤 의미에서는 또 하나의 규제가 되고, 조령모개가 되는 측면이 있다는

것을 알아야 한다.

4 교장 연임제 도입 검토

현행 교장 중임제를 연임제로 바꾸는 방안을 검토하고, 연임제를 도입하는 경우 평가를 통해서 연임하도록 하고, 임기를 마친 교장도 수석교사, 초빙교장, 장학관, 교육연구관 등으로 임용되게 한다는 것이다.

많은 공무원이 있고, 또 많은 교육공무원이 있는데 왜 교장만 임기제를 해야 하는가? 임기제를 하려면 모든 공무원, 모든 교육공무원에게 다 임기제를 적용해야 할 것이 아닌가?

교장임기제 자체가 잘못된 것이라는 사실을 알아야 한다. 그렇기 때문에 교장임기제 자체를 폐지하는 게 최선이다. 폐지가 안 된다면 연임제라도 채택해야 한다. 그런데 왜 이 방안만 '검토'라는 꼬리표를 붙이는지 모르겠다. 검토하는 것도 하나의 시안인가?

## (4) 교원의 양성 및 임용, 연수, 승진 및 평가에 대한 종합

교직발전 종합안이 나오게 된 배경이 무엇인가? 근본적인 배경은 교원정년 연령 단축으로 돌아선 교원의 마음을 어떻게든 돌려놔야 한다는 압박에서 나왔다는 것을 누구도 부인할 수 없다. 그런데 여기에 나온 방안으로는 교직발전은 고사하고 교원의 마음을 돌려놓기에도 너무나 미흡하다. 교사는 정신적, 심리적 존경과 자존심을 먹고사는 것인데 이미 이를 짓밟아 놓고 나서 급하게 이런 미미한 방안을, 그것도 시안으로 발표하는 것으로는 어렵게 되어 있다. 정신을 물질로 보상하기는 극히 어렵다.

첫째, 교원의 마음을 돌려놓으려면 먼저 그간의 교원정책의 잘못을 시인 사과하고, 원상으로 회복하고 나서 아주 강력한 교원우대책을 제시해야 할 것으로 본다.

둘째, 여기에 제시된 방안들이 제대로 연구되어 제시되지 못하고 너무나 졸속으로 작성되어 거친 상태로 나와 있다. 교사자격증 변화, 양성기관 변화, 평가인증기구 신설, 양성기관 교수 채용제도 변화, 교육과정 변화, 병역특례제 도입, 연수제도 변화, 유급휴직제도 변화, 학위제도 변화, 승진체제 변화, 평가제도 변화, 수석교사제 도입, 교장임용제도 변화 등 엄청난 변화가 예상되는 것이 제대로 연구도 없이 제시되어 정말 실현될 것인지 회의를 갖게 된다. 법과 제도를 바꾸고 예산을 확보하여 2001년부터 적용한다는 것이 불가능할 것으로 보는 것이 너무 많다. 여러 가지를 나열하기보다 한 가지라도 제대로 확실한 교원우대책을 강구하는 것이 나을 수 있다.

셋째, 여기에 제시된 방안이 교육인적자원부에 의해 실현된다 해도 그 자체가 또 하나의 통제와 획일화를 낳게 되고, 또 하나의 조령모개를 만든다는 것을 알아야 한다.

다양화, 자율화의 방향에서 교육인적자원부는 지원하는 입장을 취해야 할 것이다.

넷째, 이 방안으로 우수인력이 교원으로 들어와 교원들이 사기충천하여 즐겁게 교직에 봉사하도록 교직문화가 바뀔 것이라는 확신을 갖기에는 너무 미흡하면서도 실현하기도 어렵다고 평할 수 있다(한국교육연감, 2000, 한국교총).

이런 계획과 방안, 정책들이 주기적으로 나오다시피 하고 있는데 시간이 지난 이 시점에서 볼 때 얼마나 허구인가를 알 수 있을 것이다.

## 공부하겠다는 게 죄인가

우리나라는 너무 행복에 겨운 나라이다. 남의 나라에서는 학생들이 공부를 안 하려고 하고, 상급학교에 안 가려고 하며, 학부모가 자녀들을 공부를 안 시키려고 해서 문제인데 우리나라에서는 학생과 학부모가 공부를 너무 하라고 하고 너무 시키려고 해서 문제라니 우리는 너무나 행복에 겨운 것이다. 더구나 지식정보사회에서 어린이와 젊은이, 학부모와 온 국민이 공부에 열심이니 이 얼마나 행복에 겨운 이야기인가? 그것도 새벽부터 늦게까지 학교에서 지겹도록 공부하고도 또 과외공부를 하겠다는데 이것을 범죄로 취급하겠다니 세상에 이런 나라가 우리나라 말고 또 어디 있단 말인가?

과외공부까지 열심히 해서 훌륭한 사람이 되겠다는데 이것이 다 죄란 말인가? 학생들이 공부 열심히 하겠다는 것은 죄가 아니다. 더구나 지식정보사회에서 학생과 국민이 공부에 열심인 것은 아주 유리한 조건이다. 다만 공부에 열심인 것을 올바른 방향으로 이끌지 못하는 정부와 지도자들이 잘못이라면 잘못이고 죄라면 죄가 될 것이다. 정부가 국민의 세금으로 운영하는 교육방송, 위성방송까지 동원하여 시험문제풀이 과외를 솔선하여 앞장서서 실시하면서 고액이 됐든 소액이 됐든 다른 과외를 범죄시하고 막으려 하는 것은 큰 잘못이다.

그리고 자본주의 국가에서 열심히 돈을 벌어 자식 공부시키는 데 쓰겠다는 것이 무슨 범죄인가? 자금출처 조사와 세무사찰은 과외와는 상관없는 별도의 문제이며 교육인적자원부가 다뤄야 할 성질의 문제도 아니다. 과외는 공교육이 부실하기 때문에 생기는 문제도 아니다. 공교육이 충실해도 우리나라에서는 여전히 과외는 존재하게 될 것이다. 공교육이 충실해져도 돈이 있는 사람들은 공부를 더 잘 시키려고 또 다른 과외를 시킬 것이다. 과외를 시킬 돈이 있는 한 우리나라에 과외는 존재할 것이다. 봉사활동을 점수화한다니까 부모가 아이들에게 가짜 증명서까지 떼다 주는 나라가 우리나라이다. 높은 점수를 받을 수만 있다면, 일류학교에 보낼 수만 있다면 부모가 몸소 자녀들에게 거짓말 교육까지 서슴지 않는 나라인데 공교육이 충실해진다고 과외가 없어질 것인가?

과외가 나쁜 것이 아니고 죄가 아니라면 과외를 구태여 막으려고 하지 말고 시장경제 자연상태에 맡겨 두거나 오히려 올바른 방향의 과외를 권장해야 한다. 특히 우리나라 예체능계의 세계적인 인물 중 과외 없이 공교육만으로 그렇게 훌륭하게 된 사람이 한 사람이라도 있겠는가? 과외를 없애려 하기보다는 근본적으로 과외의 필요를 없애거나 적극적으로 필요한 과외를 권장해야 한다.

대학문을 아무리 늘려 놔도 일류대학을 가기 위한 과외는 여전히 존재할 것이다. 일류대학 출신이 독점, 독식하는 사회체제를 바꿔야 과외는 줄어들 것이다. 대통령이 장관 임명 시 일류대 출신으로 싹쓸이만 안 해도 세상은 달라지기 시작할 것이다. 과외문제 해결의 첫째는 우리나라 사회체제를 지나치게 일류대 중심으로 치우치게 하지 않는 노력이 앞서야 한다고 본다.

둘째는 대학을 안 나와도 대학 안 나온 것만큼만 손해 보고 더 이상 손해 보지 않게 하는 사회체제를 만들려고 해야 한다. 지금은 대학을 안 나오면 제대로 대접을 못 받게 되어 있다. 아니면 대학을 나와도 별것 아니라는 것을 알게 되면 비경제적인 무모한 과외는 크게 줄어들 것이다.

셋째는 과외를 해 봐도 크게 도움이 되지 않게 하는 제도를 만들어야 한다. 지금은 고액이 됐든 소액이 됐든 과외를 해서 이익이 되기 때문에 어려움을 무릅쓰고 과외를 하게 된다. 입시과외를 줄어들게 하려면 역시 각자 제 할 일을 제대로 하게 해야 한다. 먼저 각 대학은 각자 자기방식대로 자기 식구, 자기 학생을 뽑을 수 있어야 한다. 그것도 시험 준비 효과를 덜 보게 하는 방법으로 학생선발을 해야 한다. 그렇지 않으면 특정대학 준비반을 만들어 과외를 하게 될 것이다. 초·중·고등학교에서는 정확히 법정 정규교육과정만 운영해야 한다. 초·중·고등학교가 대학입시 준비기관이 아니라는 것을 똑똑히 보여줘야 한다. 초·중·고등학교가 입시 요구에 놀아나는 한 우리나라에서 과외문제는 영원히 해결 안 된다. 입시는 개인적, 사적인 문제로 취급해야 한다. 특기·적성교육도 정규교육과정 범위 내에서 해야 한다. 이 단계에서 공교육의 충실화의 약효가 조금 먹혀들게 된다.

넷째, 공교육이 감당하지 못하는 미진한 보충교육, 영재교육, 특기·적성교육은 대안교육이나 과외교육에 의존하지 않을 수 없다는 것을 인정해야 한다. 교육은 더 이상 국가 독점의 교육전매청이 될 수 없다는 것을 알아야 한다. 공교육도 이제는 자유경쟁에서 살아남을 수 있어야 한다. 교육을 비영리사업으로만 묶어둘 필요도 없다. 영리가 되었든 비영리가 되었든 국민에게 질 높은 교육 서비스를 제공해 주는 일이 지식정보사회에서는 더 중요하다. 이제는 국가도 산업사회의 질 낮은 대량교육체제로는 지식정보사회에 대처할 수 없다는 절박한 현실 인식을 해야 한다.

뭐니 뭐니 해도 우리나라는 교육의 나라이다. 강대국들 사이에는 자연자원이 적은 우리나라가 살아남기 위한 수단으로 우리 조상들은 자녀교육에 힘써 왔다. 일본의 식민지에서 독립하기 위한 수단으로도 우리는 민족교육의 전략을 채택했던 것이다. 앞으로 남북통일도 궁극적으로는 민족동질성 교육으로 마무리해야 한다.

과외문제도 이런 거시적 관점에서 풀어가야 한다. 과외를 범죄시하지 말고 긍정적인 방향으로 풀어가길 권고한다. 과열이라도 지식정보사회에 국민들이 교육에 열을 쏟는 것은 아주 다행인 것으로 알아야 한다. 불가능한 방법으로 눈가림하려는 미봉책으로 과외문제를 처방하지 말기 바란다. 오히려 어린이와 젊은이, 학부모와 국민들에게 도움이 되는 과외를 하는 것이 더 바람직하다. 그리고 과외문제와 상관없이 공교육의 질 향상을 위해서 정부는 교육에 엄청난 투자를 해야 한다. 과외문제와 상관없이 자금출처와 세무사찰은 엄격하게 해 주길 바란다. 그리고 국민의 지도자들은 과외 없이도 지도자가 될 수 있는 사회가 되어야 한다(한국교육신문, 2000. 5. 22).

## 1) 서 론

지금 이 글을 쓰는 동안 '과외금지조치 위헌결정'(2000. 4. 27. 98헌가 16·98헌마 429)에 대한 대책에 사회의 관심이 쏠려 있다. 고액 과외를 단속하기 위해 고액의 기준을 정하려고 하다가 합의를 보지 못했다는 뉴스가 나온다. 그리고 '과외교습자'를 신고(등록)하게 하여 세금을 징수하는 방안을 강구하려다 실효성에 의문이 간다고 하여 이것도 교육인적자원부의 '과외교습대책위원회'에서 결정을 보지 못했다는 것이다. 과외를 금지하는 것이 헌법에 어긋난다는 판결이 나왔는데도 정부는 과외대책을 금지시키려는 접근에서 헤어나지 못하고 또다시 대체입법으로 계속 금지시키려고만 하고 있으니 다시 잘못을 저지르려고 하고 있는 셈이다. 과외금지가 국민의 자유와 권리를 침해한다는 것인데도 또다시 국민의 자유와 권리를 제한하는 과외 대책을 세우려 하고 있는 것이다. 평계는 헌법재판소가 과외금지의 위헌판결을 내리면서 "입시의 공정성을 저해할 위험이 있는 고액 과외 교습, 대학 교수 등 입시 관련자의 과외 교습, 학생부나 내신 성적 등에 영향을 미칠 수 있는 교사의 교습은 규제할 수 있다."는 단서를 붙인 데 근거하고 있는 것 같다.

그런데 과외금지가 위헌이라는 대전제와 헌법의 근본정신에서 과외대책을 접근해야지 단서에 근거하여 대책을 세우려는 것은 궁색한 접근이며 또다시 실패를 전제로 하는 것이다.

또 과외금지의 위헌판결이 나오자 대통령은 고액 과외자의 자금출처 조사, 세무사찰 등 과외대책을 강구하지 않고 그동안 무얼 했느냐고 교육인적자원부 장관을 질책했다는 언론 보도가 상당기간 동안 우리의 눈과 귀를 따갑게 하였다. 이것도 역시 금지방향으로의 대책이고, 자금출처 조사와 세무사찰은 과외와는 거리가 멀고 또 교육인적자원부와는 직접 관계가 없는 일이며 접근이다.

과외문제 해결에 혼선이 빚어지고 또다시 임시방편의 묘수를 찾다가는 고질적이고 뿌리 깊은 이 문제를 근본적으로 해결하지 못하고 혼란과 불신만 가중시키게 되기 쉽다.

지금까지 수많은 과외의 원인분석, 문제점 파악, 실태조사, 대책과 방안 제시가 있었고 입시제도 변경이 있었지만 이 문제는 오히려 악화되어 왔지 개선되었다는 증거는 없다. 이제는 대책 마련의 접근을 달리해야 한다.


## 2) 과외를 보고 다루는 시각

과외는 학교의 정규 교육과정 이외의 모든 활동과 학습·교습을 말한다. 우선 학교 내에서의 방과 후 활동, 결손학습 시간을 보충하려는 보충학습 이외의 다른 모든 보충학습이 다 과외학습에 포함된다. 교외의 과외로는 사설 학원의 교습, 개인 또는 집단 대상의 교습, 학습지 및 통신 수단과 각종 매체를 통한 교습, EBS 위성 방송을 통한 교습 등이 모두 과외에 해당된다고 할 수 있다.

그러면 이러한 과외는 모두 나쁜 것이고 금지와 단속의 대상이 되어야 하는가? 그렇지 않다. 상식적 판단으로도 과외는 나쁜 것이 아니며 또 헌법재판소의 판결에 의해서도 과외는 나쁜 것이 아니고 범죄의 대상이 아니라는 것이 밝혀졌다. 과외문제는 여기서부터 출발하여 접근해야 한다.

지금 우리나라 초·중·고등학교에서 가르치는 정규 교육과정에 의한 정규 수업의 양만 해도 적지 않다. 세계적으로 우리나라는 공부를 많이 시키는 나라로 알려졌는데도 학생들이 또 과외까지 하면서 공부하겠다니 이 얼마나 기특하고 갸륵한가? 그리고 세상에 돈 아까워하지 않는 사람은 없다. 자녀들을 위해서 그렇게 많이 교육비를 지출하고도 과외비로 그렇게 아까운 돈을 지출하면서까지 자녀들을 공부시키겠다니 우리나라로서는 이 얼마나 다행한 일인가? 다른 나라에서는 학생들이 공부를 안 하려고 하고, 학부모들이 자녀들에게 공부를 안 시키려고 해서 문제라는 점을 생각하면 우리나라는 너무나 행복에 겨운 나라인 것이다. 더구나 지식정보사회에서는 그 나라의 지력과 교육에 의하여 나라의 운명과 승패가 결정 난다는 것인데 우리나라에서 국민들이 그렇게 많은 학교 공부를 하고도 과외까지 하면서 공부를 더 하겠다는데 그것이 잘못이라고 생각하여 정부가 나서서 과외를 금지시키고 막아야 할 일인가? 정부가 돈 들여 공부시켜야 할 것을 국민들이 엄청난 사교육비를 부담하면서 자녀교육에 힘쓰는 것을 죄인 취급해서는 안 된다.

이러한 국민의 교육 열기를 과열이니, 치맛바람이니 하면서 범죄시하고 국민을 혼내려고 하는 정부가 잘못을 저지르고 있는 것이며 혼내기로 말하면 국민들이 정부를 혼내야 하는 것이다. 정말 과외가 잘못된 것이라면 국민들로 하여금 이렇게 과외에 열을 올리게 만들어 놓은 역대 정권과 관리들에게 죄가 있고 책임이 있는 것이다. 만일 과외가 문제이고 과외문제를 해결하려면 이러한 시각, 이러한 출발점에서부터 출발해야 한다.

또 만일 우리나라에 과외가 없었다면 어떻게 되었을 것인가? 입시 열기마저 없었더라면 어떻게 되었을 것인가? 과외문제를 다루려는 사람들이 이쪽 면을 상상이나 해 보았는가? 할 일 없고 갈 곳 없는 청소년이 거리로 쏟아져 나왔을 때를 상상해 보았는가? 대학생들이 또 노동자들이 반정부 시위를 할 때 중·고등학생들까지 합세했을 때 기반이 빈약한 정권들이 얼마나 지탱할 수 있었겠는가? 역대 정권들은 중·고등학생을 책상머리에 잡아 매 놓고는 형식적으로 과외와의 전쟁, 사교육비와의 전쟁을 선포하고 전쟁과 게임을 즐기고 있었던 측면도 있다.

과외, 입시, 사교육은 우리나라에서 거대한 산업을 형성하고 있다. 입시 산업, 학원기업, 학습지 사업은 이제 우리나라에서 무시 못 할 분야가 되었다. 또 이들이 엄청난 파워 그룹을 형성하고 있다. 국회, 지방의회, 교육위원회에도 이미 이 집단이 많이 진출하고 뿌리를 튼튼히 하여 큰 목소리를 내고 있다. 과외로 먹고사는 식구들도 엄청나게 많다. 그래서 과외문제를 쉽게 그리고 간단하게 다루려고 해서는 실패한다.

그리고 국가는 이미 공권력을 동원하여 과외에 동참하였다. EBS 위성방송 몇 개 채널을 동원하여 국가가 앞장서서 시간과 장소를 구분하지 않고 무차별로 과외를 하면서 이율배반으로 개인들이 하는 과외를 죄악시하는 모순을 저지르고 있었다. 공권력이 과외를 하는 것은 옳고 개인이 과외를 하는 것은 죄악인가? 대학생, 대학원생이 하는 과외는 정당하고 돈 없어 대학과 대학원을 못 가거나 이미 대학과 대학원을 졸업한 일반인이 과외를 하는 것은 부당한 것인가? 국가가 더 이상 억지를 부려서는 안 되는 시대가 되었다는 것을 깨달아야 한다.

또 우리나라에서 훌륭하게 된 사람치고 과외 안 한 사람이 얼마나 되나? 일류대학을 나와 장차관 된 사람 중에 전연 과외 안 한 사람이 얼마나 될 것인가? 세계에 별과 같이 빛나는 우리나라 예체능계 인물 중에 과외교습 없이 우리나라의 학교교육과 개인노력만으로 그렇게 훌륭하게 된 사람이 과연 한 명이라도 있을 것인가? 과외문제를 다루는 데 있어서 이제 좀 정부도 솔직해지고 과외에서 인정할 것은 인정해 줘야 하는 시각이 필요하다.

과외가 다 나쁜 것도 아니고 과외를 다 문제시할 수 없다는 것을 인정하지 않을 수 없다. 학교에서 특기·적성을 기른다고 방과 후에 하는 과외와 정규학습 시간을 다 채우고도 보충학습이란 이름으로 하는 학교 내 과외도 크게 문제시하지 않는 것 같다. 각종 학원에서 법에 정한 교습비를 받고 하는 과외도 문제가 안 된다. 또 대학생, 대학원생의 과외도 문제가 안 되고, 일반인의 소액과외도 문제시 않는 것 같다. 교사와 교수의 과외는 원래부터 할 수 없게 되어 있었다. 정부가 초점을 맞추고 있는 것은 고액이 얼마인지는 모르지만 막연한 '고액 과외'라는 것인 모양이다. 고액 과외를 받는 사람과 시키는 사람, 이것으로 돈을 버리는 사람과 돈을 버는 사람의 숫자가 얼마인지는 모르지만 이것 때문에 온 나라가 흔들리고 한 나라의 장관이 대통령에게 혼나야 할 것인가? 경찰력, 검찰력, 세무직원, 교육청 직원을 총동원해도 고액 과외자를 다 색출해 내기는 불가능하다는 것을 알아야 한다. 더 이상 엄포정치는 안 된다.

우리가 걱정해야 할 것은 고액 과외보다도 지식정보사회에서 덜 중요한 내용의 입시중심, 암기중심의 과외를 하는 데 국가적 에너지를 허비한다는 점이다. 즉 소액과외라도 입시과외, 성적 올리기 위한 과외가 돈 문제보다도 더 큰 문제로 생각해야 한다.

또 역대 정권과 과외문제를 다루는 사람들의 관심의 초점과 문제의 초점을 모두 경제적 측면, 돈에 맞추고 있다는 점을 필자는 안타깝게 생각한다. 그래서 과외라고 하면 사교육비, 고액·소액을 생각하며 돈만을 따지려 한다는 점이 더 문제라고 본다. 입시 중심의 과외는 학생들의 고등정신 기능의 질식, 인성발달·도덕성 발달·사회성 발달 등 인간의 정상적 발달을 저해하고 있는 점이 아마도 돈으로 따질 수 없는 더 큰 과외의 피해가 될 것으로 본다. 학생들의 신체발달, 건강을 해치는 점에 대해서는 관심을 갖는 사람들이 적다. 공부 때문에 자살하는 학생들이 있는데도 인간의 생명보다도 돈이나 따지고 사회적 위화감에나 관심을 가져야 한다고 보는가? 돈보다도 과외의 교육적 문제를 우선시해야 한다고 본다.

과외문제를 보고 다루는 시각을 달리해 볼 필요가 있다는 점을 여기서 강조하고자 한다.

## 3) 과외는 금지시킬 수 있는가

역대 정권의 정책은 과외금지나 사교육비 절감에 초점을 맞춰 왔다. 그런데도 그 정책들은 아직까지 크게 효과를 거두지 못하고 있는데도 불구하고 현 정권에서도 계속 이쪽 측면에서 정책의 묘수를 찾고 있는 것 같다. 과외금지 자체가 위헌이라는데도 계속 과외금지 정책을 찾을 수 있고 또 성공적으로 과외를 금지시킬 수 있을 것인가?

과외의 역사는 거의 우리나라 공교육의 역사와 같이했다고 해도 과언이 아니다. 중학교 입시과외가 극에 달하자 1969년 정부는 명문 일류중학교 몇 개를 폐쇄시키고 중학교 무시험 추첨 입학제로 해결하였다. 좋은 학교를 없애고 추첨제에 개인의 교육적 운명을 맡기게 하고 교육적 경쟁과 선택의 자유를 박탈하는 소극적, 부적 접근으로 과외문제를 일시에 해결했던 셈이다. 이는 지금까지 대단히 성공적인 입시문제, 과외문제 해결책으로 인정받고 있다. 우선 어린 학생들을 입시지옥에서 구출할 수 있었기 때문이다. 그리고 이 정책이 성공할 수 있었던 것은 중학교를 대폭 확대하여 모든 지원자를 다 무시험으로 받아들일 수 있었고 어느 정도 사회적 공감대를 형성할 수 있었기 때문이기도 했다. 군사정부의 추진력으로 중학교 확대도 가능했다고 본다.

중학교 무시험 추첨제로 중학교가 팽창하고 고등학교에 병목현상이 일어날 것에 정부가 미리 대비하지 못하여 고등학교 입시과외가 또 문제로 대두되었다. 상급학교 확대와 추첨제로 재미를 본 정부는 또다시 비슷한 접근으로 1974년에 고교평준화와 추첨배정으로 해결하려 하였다. 이것도 역시 소극적, 부적 접근이었는데 추첨 배정의 전제가 되는 '모든 고교의 평준화'에 실패했기 때문에 이 정책은 아직도 해결되지 못한 정책으로 남아 있다. 그러나 이 정책으로 어쩔 수 없이 우리나라에 고등학교의 팽창을 가져왔다.

이어서 이제 대학에 병목 현상이 벌어지자 군사정부는 다시 1980년 7월 30일 대학정원 확대와 과외금지 정책을 채택하고 그 후 20년을 땜질 정책으로 일관해 왔다.

그리고 역대 정권이 모두 과외와의 전쟁, 사교육비와의 전쟁을 선포했으나 이 전쟁에서 승리한 정권도 없고 종전을 선포하거나 휴전을 선포한 정권도 없었다는 것을 알아야 한다.

이제 21세기에 들어와 2000년 4월 27일 우리나라 최고 권위의 헌법재판소가 정부의 과외와의 전쟁과 과외금지 정책을 '패전'으로 종전 선언을 한 셈이니 이제는 정부가 20세기의 과외와의 전쟁에서 항복을 선포하지 않으면 안 된다.

결국 우리나라에서 과외를 완전히 막을 수도 없을 뿐만 아니라 또 과외를 금지해도 안 된다는 것을 이제는 정부가 인정하고 과외에 다른 접근을 해야 한다.

흔히 말하는 과외처방에 대하여 살펴볼 필요가 있다.

첫째, 자금출처 조사, 세무조사, 고액 과외자 부모 명단 공개와 같은 처방은 과외문제와 전연 상관없는 별도의 문제다. 아무리 공권력을 동원해도 고액 과외자를 찾아내기도 어렵다. 자금출처와 세무사찰은 과외와 별도로 국가가 엄중히 조사하고 사찰해야 한다. 고액의 기준을 정하기도 어렵고 설사 정했다 해도 정당한 법에 의하여 처벌해야지 부모의 명단 공개 등으로 국민을 처벌해서도 안 되고 또 처벌할 수도 없다. 과거처럼 학생이나 학부모, 국민들 보고 고액 과외자를 신고해 달라고 하는 방법도 아주 비열한 방법이다.

둘째, 과외의 양성화로 과외교습자 등록제를 채택하여 세금을 받는 것도 과외금지와는 거리가 멀다. 수입이 있는 곳에 세금이 따라 붙는 것은 너무나 당연하다. 이것도 교육인적자원부가 아니라 국세청이 해야 할 일이다. 등록을 단속하기도 어렵고, 등록하여 세금을 받는다고 해도 과외교습자에게 좀 불편할 뿐이고 또 세금 액수만큼 과외비를 인상하는 결과를 낳을지도 모른다.

셋째, 대학 정원 확대와 일류대 폐지와 대학 평준화를 제시하기도 하나 이것도 부적(-) 접근으로 빈대 잡기 위해 집을 태우는 접근이다. 명문대학, 일류대학에 무슨 죄가 있는 게 아니다. 우리 사회에 명문학교, 명문대학은 꼭 필요하고 학교차와 경쟁은 있어야 한다. 자본주의 사회에서 학교차와 경쟁을 없앨 수는 없다. 심지어 공산주의 국가에도 명문대는 있게 마련이다. 사회구조가 지나치게 명문대에 편중되었다는 점이 문제일 뿐이다.

대학 정원을 아무리 늘려 놔도 명문대를 위한 과외는 여전히 있게 마련이다. 현재도 대학 입학 정원을 1년에 15,000여 명 채우지 못하고 있다는 실정이다.

넷째, 학교 내에서 보충수업과 과외를 하게 하여 학교 밖의 과외를 줄인다는 방안도 제시되고 있으나 이것도 실효를 거두기 어렵다. 지금도 학교는 감당하기 어려울 정도의 많은 분량을 가르치고 있고, 학교 내 과외가 학교 밖 과외와 경쟁하기도 어렵다. 설사 양질의 학교 내 과외를 제공해 줘도 남보다 더 공부하기 위해 <정규수업(+) 학교 내 과외(+) 학교 외 과외>로 과외는 끝없이 계속될 수 있다. 그리고 지식정보사회에서는 교육의 질이 중요하지 교육의 양이 중요한 것이 아니기 때문에 학교 안 교육의 분량을 늘리기는 어렵다. 지금 학교는 정규 수업시간의 질을 높이는 데도 실패하고 있는 것이다.

다섯째, 공교육의 내실화, 충실화를 과외문제 해결의 유일한 방안인 것처럼 믿고 있으나 공교육을 아무리 충실히 해도 우리나라에서는 <충실한 공교육(＋) 과외>로 여전히 과외는 존재하게 될 것이다. 남보다 과외로 더 공부해야 일류대학에 들어갈 수 있다고 믿기 때문이다. 공교육의 양과 질을 아무리 높여놔도 여전히 과외는 있게 마련이다. 과외는 우리 사회체제이고 사회문화이다.

이제 공교육이 모든 교육을 독점할 수도 없고 또 독점해서도 안 된다. 공교육도 사교육, 대안교육, 가정 학교 등 다양한 교육체제의 하나가 되고 또 공교육은 이들과 경쟁해야 한다. 국민들은 공교육이 되었든, 사교육이 되었든, 대안교육이 되었든 다양한 학교와 다양한 교육체제 중에서 자기들에게 가장 유리하고, 이익이 되고, 행복하게 되는 질 높은 교육을 자유로이 선택할 수 있어야 한다. 공교육의 충실화는 과외와 상관없이 진작 추진되었어야 할 일이지 과외를 없애기 위해서 공교육의 충실화의 필요성을 내놓는 것은 본말이 전도된 정책이다. 산업사회 대량교육으로 지식정보사회에 대처하려고 했던 안이한 교육정책이 이제 위기를 맞고 있는 것이다. 공교육의 질 향상은 과외와 상관없이 추진되어야 한다. 아무리 공교육이 충실해져도 우리 사회에 여전히 과외문제는 해결 안 된 채로 남게 된다.

그러므로 우리나라에 완전한 과외해결책은 있을 수 없다고 인정하고 이에 접근해야 한다. 우리 민족은 미국, 캐나다에까지 가서 과외의 씨를 뿌리고 또 그 효과를 보고 있는 나라 사람들이라는 것을 알아야 한다.


## 4) 과외문제 완화의 길

과외가 다 나쁜 것도 아니고, 또 과외를 다 없앨 수도 없고, 또 없앨 필요도 없다는 것을 우리는 먼저 인정하고, 국민들이 과외를 하려면 필요한 과외를 하게 하는 편이 낫다.

지금 과외 중에서 문제가 되는 것은 입시과외에 매달리는 것이다. 입시과외에 따른 낭비와 비효율을 줄이는 방향으로 접근해야 한다.

우리나라 과외의 문제는 교육적 문제보다도 사회적·문화적 문제에 원인이 있다고 본다. 그래서 문제 해결도 교육적 해결책보다 사회적·문화적 해결책이 강구되어야 한다.

가장 근본적인 과외 발생원인은 첫째, 모든 사회체제와 사회구조가 지나치게 일류대학 출신이 지배하게 되어 있기 때문이다. 어느 나라나 일류가 있고 일류 엘리트가 지배하는 경향이 있지만 우리나라는 그동안 그것이 지나치게 심했다. 그래서 과외문제를 완화하려면 일류대 편중을 지양하려는 사회적 합의를 도출하고 이에 다 같이 노력해야 한다. 이는 교육인적자원부 장관의 노력만으로 안 되고 교육대통령이 나서도 어려운 문제이나 이에 대한 노력을 힘들다고 미리 포기하면 안 된다.

그리고 대학 안 나와도 먹고사는 데 큰 손해 안 보게 해 주는 노력이 병행되어야 한다. 직장에 고졸자·전문대 졸업자 할당제 같은 법을 엄격하게 적용하도록 해야 한다. 최소한 공무원 분야만이라도 먼저 이를 엄격하게 지켜지도록 하기만 해도 대학 진학 일변도는 달라지기 시작할 것이다. 지금은 과거 고졸자가 채용되던 자리를 대졸자가 다 빼앗아 가고 있는 실정이다. 대졸자가 취직 안 될 때 고졸자가 취직되기 시작하면 맹목적 입시준비는 줄어들 것이다. 학력 간 임금격차, 승진기회 격차를 줄이는 노력은 이미 많은 사람들이 제시한 바와 같다. 이런 노력 없이 과외금지법이나 제정하려 하고 무슨 사찰, 무슨 명단 공개 식의 사찰 정치, 엄포 정치를 하는 식으로 쉽게 과외문제를 해결하려고 해서는 안 된다. 1980년 7월 30일 과외금지 시부터만 이런 정책을 꾸준히 펴 왔더라도 지금쯤은 많이 달라졌을 것이다.

둘째, 입시과외의 효과(약효)가 있기 때문에 과외문제가 완화되지 못하는 것이다. 과외를 하면 일류대 입학에 확실히 유리하거나 아니면 유리할 것이라고 믿기 때문에 과외를 하는 것이다. 과외의 약효가 발휘되기 쉬운 것은 그동안 입시제도를 국가가 독점해 와 입시방법과 제도가 지나치게 획일화·단순화되어 있기 때문이다. 그래서 입시제도 변경에 따라 갖가지 과외가 생겨났던 것이다. 수능과외, 논술과외, 면접(구술고사)과외, 수행평가 대행업체, 봉사활동 허위증명 등 별의별 과외와 업체가 생겨났던 것이다.

이제는 대학의 학생 선발권을 각 대학에 완전히 맡기고 각 대학은 한 대학 안에서도 다양한 방법으로, 다양한 훌륭한 학생을 뽑을 수 있어야 한다. 그래서 각 대학도 다양화와 특성화로 생존의 길, 명문대학으로의 발돋움의 기회를 가져야 한다. 서울대 준비반, 연세대 준비반의 과외가 생겨나지 않도록 한 대학 안에서도 다양하게 학생을 선발할 수 있어야 한다. 고등학교 학생과 학부모도 어떻게 특별히 입시를 준비해야 좋을지 모르겠다고 불평이 나올 정도로 각 대학이 다양한 방법으로 우수학생을 유치해야 한다. 이것이 과외의 약효를 줄이는 길이다. 수능이나 학력고사 등도 국가만 독점하여 연 1회에 국한하지 말고 권위 있는 연구소 등에서도 여러 차례 실시하여 각 대학, 각 학생이 유리한 필요한 자료를 활용할 수 있게 해도 좋을 것이다. 다양하게 학생을 선발하려면 대학에 권위가 있어야 한다. 그리고 가능한 한 학교 정규 교육과정 범위 내에서 다양한 방법으로 선발해야지 과외에서 배운 것을 평가해서는 안 된다.

국가와 정부, 교육인적자원부, 공권력은 입시, 선발의 부정만 엄격하게 감독하고, 때로는 처벌도 하되 빨리 입시로부터 발을 빼야 과외문제로부터도 자유로워질 수 있다. 입시, 과외로 교육인적자원부와 정부가 골머리를 앓게 된 것은 모두 정부가 교육을 통제해 온 데서 생긴 문제이다. 부정 없이 자기 대학 학생을 선발하지 못하는 대학은 앞으로 망해도 좋다고 봐야 한다.

셋째, 과외를 부채질하게 되는 요인의 하나는 초·중·고등학교가 본래의 교육목적을 잃고 대학입시에 놀아나고 학부모의 무리한 요구에 놀아났기 때문이기도 하다. 초·중·고등학교는 각 학교수준 본래의 교육목적과 목표가 있는데 이 목적과 목표에 충실하지 못하고 입시에 춤을 추고 놀아났던 것이다. 아무리 인문고등학교라도 대학입시 준비기관이나 대학의 하급학교가 아니라는 것을 분명히 알아야 한다. 대학을 가고 안 가고는 각 학생 개인의 일이지 학교의 일이 아니다. 이제부터라도 초·중·고등학교는 정규 교육과정이나 정규수업만 엄격하게 실천해야 한다. 입시를 도와주는 게 제자를 사랑하는 것으로 착각해서는 안 된다. 초·중·고등학교에서 입시 수업을 하는 것은 불법으로 간주해야 한다. 명문사립고를 만든다고 입시 준비시키는 것도 정규 교육과정을 안 지키는 불법으로 봐야 한다. 교육인적자원부나 교육청이 정규 교육과정과 정규 수업 운영을 감독하는 일은 충분히 할 수 있을 것으로 본다. 우리나라 모든 교장, 모든 교사의 용기와 단합이 요구된다. 명문학교를 만들고 싶으면 입시가 아니라 정규 교육과정으로 만들 생각을 해야 한다. 교육인적자원부와 교육청은 각 학교가 정규 교육과정 운영을 어기는 것을 방조해서는 과외문제를 영원히 해결하지 못한다는 것을 알아야 한다. 학생에게 공부를 더 시키겠다는 학교를 막는 것이 안 됐지만 국가적 차원에서 얼마 동안 강력하게 집행하지 않을 수 없다. 학부모들도 학교나 교사에게 입시교육을 해 달라고 불법을 요구해서는 안 된다. 우리 학교와 교사가 여기서 헤어나지 못하면 지식정보사회에서 영원한 패배자가 되고 만다는 각오로 모두가 제자리를 지켜야 한다. 대학은 대학의 자리, 초·중·고등학교는 초·중·고등학교, 교육인적자원부는 교육인적자원부의 자리를 지켜야 한다.

근본적으로 우리나라의 과외는 각 학교, 각 대학, 교육청과 교육인적자원부가 원칙과 제자리를 안 지켰기 때문에 생긴 것이다. 그동안 과외를 없앤다고 하면서 과외 활성화에 3박자, 4박자 화음이 잘 맞았던 것이다. 우선 각 대학은 자기 학생을 자기 방식대로 뽑을 수 있어야 한다. 각 학교는 법대로 원칙대로 각 학교의 교육목표에 충실해야 한다. 교육인적자원부는 각 학교와 대학의 불법과 부정만을 엄격히 감독하고 책임을 물어야 한다. 이것을 각 학교와 대학을 감시 감독하는 것이 24시간 전국의 고액 과외를 단속하는 것보다 쉽고 빠른 길이다. 이 과정에서 일시적 혼란이 있더라도 이런 원칙을 지켜야 한다. 혼란스럽고 어려운 때일수록 원칙을 지켜야 실마리를 잡을 수 있다. 그래도 과외는 완화되는 정도이지 완전히 근절되는 것은 아니다.

그래도 공교육의 질 향상을 위해서는 정부가 계속 노력해야 한다. 고액 과외 교습자에 대한 자금출처 조사와 세무사찰은 사회정의 실현 차원에서 과외와 상관없이, 교육인적자원부와 상관없이 해당기관에서 할 수 있는 한 최대한 해 주었으면 좋겠다. 과외등록제에 의한 세금징수도 교육인적자원부와 상관없이 철저하게 집행할 자신이 있으면 실천하는 것을 교육계에서 막을 수는 없을 것이다. 그러나 의사나 변호사, 다른 자영업자의 세금도 제대로 징수 못 하는 것을 보면 상당히 회의적이다.

각 학교와 대학도 교육인적자원부로부터 자율권을 확보해야 하지만 교육인적자원부와 정부도 빨리 학교와 대학에 자율권을 넘겨주는 것이 입시문제와 과외문제로부터 자유로워지는 지름길이 되는 것이다(교육진흥, 2000 여름호. 제12권 제4호 통권 48호, 중앙교육진흥연구소).

---

과외와 사교육비 문제는 계속 논란을 일으키고 있다. 군사정권도 해결하지 못한 우리나라 고질병이다. 돈 있어서 하겠다는 것을 막으려 하기 보다는 돈 없어 과외와 사교육 못 받는 사람이 손해 안 보게 해주는 접근을 해야 한다.

## 기초학력 없이는 창의성도 없다

　교육이 파괴되어 교실 붕괴로 나타나고 있다. 지식정보사회다, 컴퓨터다, 영어다, 열린 교육이다, 교육개혁이다. 요란스럽게 떠들어대는 사이 우리 아이들의 기초학력이 무너지고 있다. 모두가 기초를 무시한 탓이다. 하나뿐인 지구환경은 파괴되고 거리에는 무질서가 난무하고 하나뿐인 목숨마저 위협받아 하루하루 살아가기가 불안의 연속이다. 모두가 기초를 튼튼히 못하고 '빨리빨리'란 한국병이 계속 발작하기 때문이다. 20세기 산업사회의 구조와 사고를 21세기에 요구되는 지식정보사회의 구조와 사고로 기본 틀을 제대로 바꾸지 못했기 때문이다.

　초등학교, 중학교 의무교육의 가장 중요한 목적이자 사명은 대한민국 국민으로서 생활하는 데 꼭 필요한 국민기초교육을 하는 것이다. 그런데 읽기, 쓰기, 듣기, 말하기 등 기초학습 능력이 부족하여 의사소통이 안 되고, 계산하고, 문제 해결하고, 인간관계를 맺는 데 기초가 안 되어 앞으로 자라서 국민으로서 생활하는 데 불편하게 될 초·중등 학생이 늘어나고 있다. 한쪽에서는 과외다 학원이다 하여 유치원에서부터 영어와 초등 과정을 가르치고, 초등학생에게 중학 과정을 앞당겨 가르치고, 소위 명문대에 한 명이라도 더 합격시키기 위해 입시에 엄청난 돈을 쏟아 붓고 있는데 다른 한쪽에선 앞으로 국민생활이 어렵게 될 정도로 기초학력이 모자라는 학생들과 교육받기를 포기하는 학생도 늘어나고 있다. 거기다 IMF 시련으로 결손·파괴 가정이 늘어나면서 앞으로 기초학력 미달자는 더욱 확대될 것이다. 이에 착안하여 교육인적자원부가 기초학력 책임 확보 방안을 강구한다는 데 우리는 주목하게 된다.

　지금 우리 학교는 산업사회 공장 모델에서 벗어나지 못하고 있다. 싸고 거친 대량 생산교육 속에서 기초학력이 모자랄 근본원인을 갖고 있는 아이들에게 교사의 손길이 일일이 개별적으로 닿지 못하고 있다. 우수아이나 평균아이에 기준을 맞춰 대충 집단다량 교육을 할 수밖에 없는 실정이다. 공장에서처럼 학교에서도 고도의 분업에 의하여 지식을 파편조각으로 쪼개어 가르치다 보니 전인(全人)으로 조립되기는커녕 기초학력 미달자마저 생겨나는 것이다.

　지금까지는 그래도 교사의 헌신에 의하여 이들을 특별 지도하여 구제하려 했었으나 우리의 상황은 이것마저 불가능하게 하고 있다. 교원의 사기가 극도로 저하되어 교사의 열성에 호소할 수 없게 된 것이다. 더구나 학부모들이 자기 자녀가 특별지도·취급받기를 원치 않고 있다는 데 문제가 크다. 앞으로 7차 교육과정에서 수준별 교육과정을 적용하는 데도 문제가 있을 것이다.

　기초학력 미달자에게는 특별지도보다는 정상수업시간에 개별지도를 하는 방법이 최선이다. 그러려면 학급당 학생 수를 줄이고 양이 아니라 질의 교육을 해야 하고, 이를 위해 엄청난 교육재정을 투자하지 않으면 안 된다.

　기초학력뿐만 아니라 사람 노릇 하는 데 필요한 기초는 최소한으로 하되 그 대신 엄격하고 철저해야 한다. 이 기초에 관한 한 유급도 적용해야 한다. 기초가 흔들리는데 우리가 지식정보사회에 대비할 수 있겠는가.

　윤리도덕의 기초, 문화예술·체육의 기초, 과학의 기초, 지식정보의 기초, 학문의 기초가 튼튼할 때 우리는 먼 장래의 희망이라도 가질 수 있다. 창의성도 허공에서 떨어지는 것이 아니라 튼튼한 기초에서 나온다. 눈앞에 어른거리는 꽃과 열매, 달러에만 집착하지 말고 좀 멀리 보고 뿌리를 튼튼하게 하는 기초를 다져야 한다. 한국은 지금 근본과 기초를 먼저 다져야 할 때이다. 선진국은 모두 기초가 튼튼한 나라들이란 걸 알아야 한다(한국일보, 2000. 2. 22).

## 1) 서 론

발표자의 주관적인 판단이긴 하지만, 그리고 발표자의 신념이나 편견에서 나오는 것일지도 모르지만 지금 여러 측면에서 시계바늘이 거꾸로 돌아가는 것 같은 착각을 일으킨다. 개혁을 한다고 역사의 시계바늘을 거꾸로 돌리는 것 같다. 교육개혁이 대표적인 예이다. 교육개혁을 한다고 중앙통제를 강화하고, 획일화·표준화를 꾀하고, 지시·명령·하향식으로 어지러울 정도로 개혁의 목소리만 높을 뿐이지 그것이 학생의 실질적인 학습으로 연결되어 성취도로 나타나지 못하고 오히려 역으로 교실 붕괴·학교 붕괴·교육 붕괴 현상만 뚜렷하게 나타나고 있다.

시계바늘이 거꾸로 도는 현상의 뚜렷한 증상의 그 하나가 평가 분야이다. 지금은 분명히 평가전횡의 시대가 아닌데도 모든 분야에서 온 나라가 온통 평가병에 걸려 있다. 구조조정, 개혁이란 이름으로 평가의 칼날을 들이대고 있는 것 같다. 평가병이 망국병이 되지 않는다는 보장이 없다.

지금은 모든 면에서 질(質)을 찾는 시대이다. 질을 추구하고 질 관리 운동을 하는 사람들은 평가를 하지 말아야 한다는 것이다.[1]

평가를 강조하다 보면 반드시 생산품의 질이 떨어진다고 생각하기 때문이다. 부득이 평가를 하게 되더라도 질적 평가, 기술적 평가(記述的 評價)를 해야 한다는 쪽으로 평가의 철학이 바뀐 것이다. 그래서 심지어는 느슨하다고 하는 '수우미양가'까지도 없애는 평가의 철학이 아닌가? 연구방법에서도 질적 연구가 강조되는 것과 같은 맥락이다.

그런데 지금 우리나라의 각 분야에서 진행되는 평가의 현실은 어떠한가? 평가가 무엇인지도 모르면서도 평가하겠다고 하는 경우도 있고, 평가가 아닌 것까지도 평가에 포함시키고, 평가할 수 없는 사람이나 기관이 평가를 하겠다고 하는 경우도 많고, 오히려 평가를 받아야 할 사람이나 기관이 평가를 하겠다고 달려들기도 한다. 계량적 평가에 치우친 것은 두말할 필요도 없다.

다른 조직이나 기관과 달라서 대학은 대학만이 평가할 수 있다. 그러므로 외부의 평가는 느슨한 정도여야 하고, 자극을 주는 정도여야 할 것이다. 스스로 평가하도록 자극을 주는 정도로 그치고 실제로는 대학 자체가 발전하려고 노력해야 한다.

어쨌든 대학평가 분야도 지금 난맥상을 이루고 있다. 평가라는 이름으로 대학을 매우 흔들어 놓고 혼란스럽게 만들어 놓고 있다. 대학평가에 대해서도 좀 갈피를 잡고 정돈하고 정리해야 할 필요가 있다. 그런 면에서 이 주제는 매우 의미가 있다. 주어진 주제의 '모형'이란 이름으로 정리해 보고자 시도하려고 한다. 그러기 위해서는 우리나라 대학평가의 역사와 현재의 상황을 먼저 살펴볼 필

---

1) W. E. Deming, *Out of the Crisis*(Cambridge, Mass: MIT Center for Advanced Engineering Study), 1986. 14개 관리 원리 중 세 번째.

요가 있다.

먼저 주어진 제목에서 '모형'이란 말이 무엇을 의미하는지에 대해서도 간단히 알아볼 필요가 있다. 이론은 인과관계성을 설명하기 때문에 이론은 어떤 가정이나 전제로부터 출발하여 참조체제의 관찰을 확인해 주는 연역이나 결론에 도달하게 해 주는 데 비하여 모형은 여러 요소 간의 관계성이나 과정 또는 체제에 대하여 도형적 묘사(기술)를 해 준다. 그래서 이론은 설명해 주는 반면 모형은 나타내 주는 차이가 있다. 모형은 하나의 체제나 복잡한 이벤트와 상호관계성의 기능이나 어떤 측면을 나타내 준다는 데 일치된 의견을 갖는다. 모형은 참조체제에 대한 유추이고 어떤 형태로 나타내지만 반드시 내용을 나타내 주지는 않는다. 모형은 구체적인 변인이나 개념들 사이의 인과관계성에 대한 진술을 포함하는 복잡한 정보에 대하여 의사소통하고자 하는 목적으로 사용하게 된다. 그래서 모형은 설명적이고, 통합적이고 단순화시켜 주고, 어떤 관찰을 안내해 수고, 관계성을 가르쳐 주고, 예상할 수 있게 하고, 통제하고 평가할 수 있게 해 주고, 창안해 주고, 상호관계 계획을 하게 해 준다.[2]

이런 것이 '모형'에 해당된다는 어렴풋한 생각을 갖고 대학종합평가에 대한 생각을 '모형'으로 요약하거나, 모형을 먼저 제시하고 설명하는 시도를 해 보고자 한다.

---

2) J William Pfeiffer ed., *Theories and Models in Applied Behavioral Science*(San Diego, CA: Pfeiffer & Company, University Associate), 1991, pp.ix — viii.

## 2) 우리나라 대학평가의 역사와 현실

### (1) 우리나라 대학평가의 역사적 개관

우리나라 대학평가의 역사적 발전과 과정에 대해서는 이미 여러 곳에서 여러 사람이 잘 정리해 놓았기 때문에[3] 여기에는 더 이상 보탤 것이 없다. 다만 글의 체계상, 또는 그런 자료에 접하지 않은 사람을 위해서 간단히 정리해 놓을 필요가 있다.

우리나라에서 대학을 평가한다는 말이 나온 것은 1970년대 실험대학제도 도입에 따른 것으로 봐야 할 것 같다. 그 이전에는 주로 교육인적자원부의 행정감사는 있었으나 대학을 평가한다는 말은 없었던 것 같다.

실험대학제도는 대학으로부터 실험대학으로 인정받고자 하는 신청을 받아 이를 평가하여 실험대학으로 선정되면 여러 가지 유리한 유인가를 제공하는 제도였다. 많은 대학들로 하여금 실험대학의 평가기준에 맞추려고 노력하게 하여 대학의 발전을 시도한 셈이다. 대학은 자체분석연구를 하여 교육인적자원부에 제출하고 교육인적자원부는 평가단을 구성하여 평가하게 하고 실험대학의 기준에 도달하면 실험대학으로 인정해 주고 유인가를 제공해 주는 것으로 미국의 평가인정제를 실험 적용했던 셈이다. 실험대학제도가 실패했느니 성공했느니 논란이 있을 수 있지만 이는 우리나라 대학평

---

3) 한국평가학회, 대학교육의 질 향상을 위한 대학평가의 방향과 과제(한국평가학회, 2000년 춘계학술 심포지엄), 2000, 이종재, "제2주기 대학종합평가의 방향과 과제", 21세기 대학평가의 방향과 과제(대학교육협의회 자료 DSP 제99-7-74호), 1999. 8, 오성삼 외, 국내 대학평가 기구의 발전방안 연구, 한국대학교육협의회, 1999. 12 등.

가의 시발점이 되었고, 오늘날도 교육인적자원부는 30년 전과 똑같은 실험대학평가 방식으로 대학개혁이란 이름하에 대학을 평가한다고 하고 있다. 그리고 한국대학교육협의회의 대학평가도 이 미국의 평가인정제 모형에 기초하고 있음을 부인할 수 없다.

1982년 한국대학교육협의회가 설립되면서 법에 의하여 한국대학교육협의회는 우리나라에서 유일한 대학평가 기구로 교육인적자원부로부터 이관·보장받게 되었다. 한국대학교육협의회는 우리나라 4년제 대학을 회원대학으로 구성된 조직이므로 한국대학교육협의회의 회원대학에 대한 평가는 자율평가의 형식이 되는 셈이다. 법에 의하면 "한국대학교육협의회는 대학교육과 대학행정의 발전을 위하여 그에 필요한 자료를 확보하고 주기적으로 대학의 학사 및 운영 전반에 관한 평가를 실시하여야 하고, 평가의 결과는 지체 없이 교육인적자원부장관에게 제출하여야 한다."고 되어 있어 그동안 교육인적자원부가 실시하던 평가사업을 한국교육협의회에 확실히 이관한 셈이고 교육인적자원부는 한국교육협의회로부터 평가결과만 제출받게 되어 있다는 사실을 확실히 해 둘 필요가 있다. 법에 의하지 아니한 대학평가는 불법이란 의미이다.

1982년부터 시작된 한국교육협의회에 의한 대학평가도 초기엔 덜 체계적이고 덜 계획적이었다. 연구도 부족했었지만 평가사업비가 교육인적자원부에서 지원되기 때문이기도 하였다. 이때에 대학은 자체분석 자료만 제출하고 평가는 한국교육협의회가 하되 서면평가와 현지방문평가의 형식으로 되어 있었다.

그러다가 1986년과 1987년에 몇 가지 중요한 체계적인 연구(평가기준개발연구, 평가제도화연구, 평가편람제작)를 실시한 다음

1988년부터 보다 체계적인 대학평가를 실시하여 1992년까지 전 회원 대학에 대한 제1주기 평가를 마치게 되었다. 1988~1992년의 대학평가는 대학의 자체평가에 비중을 두어 '대학자체평가연구'라는 용어를 도입했었다. 그전에는 자체연구(self-Study)나 자체분석(self-analysis)이라고 하였다. 평가에 2년, 평가결과에 의한 개선 노력기간 3년의 5년 주기의 모형을 적용했다.4) 1991년부터 대학기관평가를 대학종합평가로 명칭을 바꿔 부르기 시작했다.

1994~2000년에는 대학평가인정제로 전환하여 '평가'(+)'인정'이라는 제도로 바뀌게 되었다. 평가결과에 근거하여 대학평가인정위원회의 결정에 의하여 대학종합평가에 통과한 대학으로 인정해 주어 사회적 인정까지 얻게 해 주자는 제도이다. 7년 주기의 이 제도가 적용된 이래 아직 인정을 못 받은 대학이 있다는 말은 못 들었을 정도로 인정의 의미가 무의미하거나 우리나라 모든 대학이 인정을 받을 정도의 수준이거나 둘 중의 하나이다. 그러나 인정기준에 미흡하다는 자체 판단에 의하여 개선 노력 후에 평가를 받아 인정을 획득함으로써 발전노력을 가져오는 효과를 얻은 경우는 있을 것이다.

또 1994년부터는 한국대학교육협의회에 의한 대학평가 외에 언론기관들이 대학평가를 한다고 하기 시작했고, 또 교육인적자원부가 실험대학 때처럼 각종 이름의 대학평가를 직접 실시하기 시작하였다. 그리고 기관평가나 종합평가는 아니지만 학문영역별 평가에서도 한국공학교육인정위원회와 한국의과대학평가인정위원회가

---

4) 주삼환, "한국대학평가 방법의 전환" 大學敎育, 1988. 3. 한국대학교육협의회 주삼환, 박종렬, 윤종건, 대학평가인정제의 제도화 방안 연구, 한국대학교육협의회, 1989. 5, 주삼환, "대학교육의 질 향상을 위한 대학자체 평가" 대학행정관리직 연수, 한국대학교육협의회, 1989. 10.

대학평가에 참여하기 시작하고 있다. 그래서 이제 한국의 대학평가
도 복잡해지기 시작했는데 법적으로는 아직 한국교육협의회만이
법정 평가기관이다.

## (2) 우리나라 대학종합평가의 현실

우리나라 대학종합평가의 현실을 평가기관에 의하여 나누어 보
면 한국대학교육협의회의 평가와 교육인적자원부의 각종 평가, 중
앙일보와 동아일보의 평가를 들 수 있다.

한국대학교육협의회는 대학평가에 대하여 우리나라에서 가장 오
래된 역사와 전통, 전문성을 갖고 있는 합법적인 대학평가기구이다.
초기에는 대학평가에 대하여 대학들이 부정적이거나 소극적인 분
위기도 있었으나 1988~1992 제1주기, 1994~2000 제2주기의 최
소한 2회 대학종합평가를 끝낸 이 시점에서는 비교적 회원대학의
참여와 협조 속에서 이루어지고 있는 셈이다.

한국대학교육협의회는 회원대학으로부터 평가신청을 받아 해당
연도 평가대학을 정하고, 이들 대학에 한국대학교육협의회가 개발
한 대학종합평가기준과 편람을 제시하여 대학 자체 평가연구를 하
게 하고 그 보고서를 제출받아 한국대학교육협회가 대학종합평가
위원회를 구성하여 서면평가와 현지방문평가를 하여 그 결과를 제
출하면 대학평가인정위원회는 인정 여부를 결정하고, 그 결과를 교
육인적자원부에 제출하는 절차로 대학종합평가가 진행되고 있다.
평가인정 결과 인정이 안 된 경우, 해당 대학은 재심을 요구할 수
있고 이 경우 재심위원회가 구성되어 재심을 하게 된다.5)

평가에서 가장 중요한 것이 평가기준인데 한국대학교육협의회는 평가영역, 평가부문으로 나누고 다시 평가항목에 의하여 평가하는데 평가항목을 알아보기 위하여 다시 구체적으로 평가지표를 제시해 주고 있다. 그리고 평가부문에 해당하는 수준에 평가기준을 서술해 놓고 있다. 그래서 원칙적으로 평가항목에 의하여 평가하여 평가부문별 평가기준에 도달했는지 여부를 판단하여 평가인정 여부를 결정해야 하는 형식의 체계성을 갖추고 있는 셈이다. 대학의 경우 평가영역은 ① 교육, ② 연구, ③ 사회봉사, ④ 교수, ⑤ 시설·설비, ⑥ 재정·경영의 6개 영역이고, 평가부문은 27개로 구성되어 있다. 여기서 작은 것이지만 용어에 있어서 영역, 부문이란 용어를 쓰지 말고 평가기준이란 용어로 통일해야 할 것 같다는 지적을 하고 싶다. 즉 평가기준 1, 평가기준 1.1의 형식을 취해야 옳을 것 같다고 본다. 그리고 평가기준 또는 표준에 충족되느냐 충족되지 못하느냐에 평가의 초점을 맞춰야 한다고 본다.

대학종합평가위원회는 각 대학으로부터 추천을 받아 한국대학교육협의회가 결정하여 구성하는데 광범한 대학에서 참여하는 경향이다. 광범한 대학으로부터 많은 교수들이 평가위원으로 참여하여 대학평가가 회원대학들의 참여와 협조 속에서 원만하게 평가사업이 진행되는 것은 좋으나 평가의 전문성에는 문제가 될 수도 있다.

그러면 한국대학교육협의회는 왜 회원대학을 평가인정하는가? 대학종합평가의 이유와 목적을 무엇으로 삼아야 하는가? 회원대학으로 하여금 일정 수준 이상으로 질을 유지·보장하기 위해서라고 보아야 할 것이다. 그 외에 물론 ① 대학교육의 수월성 제고, ②

---

5) 허귀진 외, 대학평가인정제 중간보고 및 그 성과와 전망, 한국대학교육협의회, 1997.

대학경영의 효율성 제고, ③ 대학의 책무성 향상, ④ 대학의 자율성 신장, ⑤ 대학 간 협동성 진작, ⑥ 대학 재정지원의 확충을 내세울 수도 있으나(허귀진 외, 1997) 근본적인 것은 평가기준 이상의 질을 유지하기 위한 것으로 보아야 할 것이다.

교육인적자원부는 법적으로 대학평가권을 한국대학교육협의회에 넘겨줬음에도 불구하고 1994년부터 각종 명목으로 대학평가를 다시 직접 하기 시작하였다. 평가의 주목적은 대학에 대한 행·재정적 차등 지원을 하고 대학개혁을 유도하기 위해서라고 보아야 한다. 교육인적자원부의 대학평가는 일반지원 사업과 특수목적 사업으로 나누어 실시했는데 일반지원 사업을 위한 평가가 주로 대학종합평가와 관련이 깊고 특수목적사업을 위한 평가가 학문영역별 평가와 관련이 깊다고 할 수 있다. 그러나 반드시 그런 것은 아니다.

일반지원 사업을 위한 대학평가에는 ① 대학자구노력 지원 사업을 위한 대학평가, ② 공·사립대 시설·설비확충 사업을 위한 대학평가가 있었으며, 특수목적 사업을 위한 대학평가로 ① 공과대학 중점 지원 사업을 위한 대학평가, ② 대학원 중점 지원을 위한 대학평가, ③ 국제전문 인력 양성지원을 위한 대학평가, ④ 교육개혁 추진 우수대학 선발을 위한 대학평가, ⑤ 지방대학 특성화 지원 사업을 위한 대학평가, ⑥ 이공계 대학연구소 기자재 첨단화 지원 사업을 위한 대학평가, ⑦ 산업대학 특성화를 위한 대학평가, ⑧ 국립대학 경영진단평가, ⑨ 사범대학평가, ⑩ 교육대학원평가 등이 있었다. 여기서 보는 것처럼 거의 대부분이 교육인적자원부 사업을 위한 평가이고, 돈을 쓰기 위한 목적으로 진행된 평가라고 할 수 있다.

대부분의 평가에서 교육인적자원부가 평가 지침을 대학에 제시하고 대학으로부터 지원서와 자료를 받고 위원회를 구성하여 서류심사, 현지방문을 확인하는 형식을 취하였다. 여기서 평가위원을 한국대학교육협의회와 같이 대학교수로 구성한다고 해도 주관 부서가 교육인적자원부와 회원대학협의체라는 차이가 있다는 것을 알아야 한다.

평가항목은 그때그때 필요에 따라 만들어 사용했으며 정량적인 지표와 기준이 많았던 것으로 보인다(오성삼 외, 1999). 평가기준을 정교화하여 평가할 시간적 여유도 없었다고 할 수 있다. 당해 연도에 지침을 제시하고 해당 대학으로부터 지원서와 자료를 받아 서류심사, 현지방문 심사를 하여 재정지원을 하고 지원을 받은 대학에서는 재정을 회계연도 안에 집행하고 나서 보고하려니 평가도 제대로 이루어지지 못하고 재정도 제대로 집행되기 어려웠다고 할 수 있다. 교육인적자원부가 제대로 하려면 법적 평가기관이고 전문 노하우가 축적된 한국대학교육협의회에 위임하여 했어야 할 것이 교육인적자원부의 각종 대학평가사업이다.

또한 1994년도부터 신문사에서 대학을 평가한다고 참여하게 되었다. 대학으로부터 자료를 받고 설문조사를 하여 대학의 등위를 매기는 형식이다. 신문사에서 대학을 평가한다고 한 것은 엄격한 의미에서 평가라고 할 수 없다. 미국에서도 몇 가지 자료에 의하여 언론사들이 대학의 순위를 매기는 예가 있는데 이를 대학평가라고 하는 사람은 아무도 없다. 몇 가지 계량적 지표에 의하여 대학과 학과의 순위를 매기는 평정(評定, rating)이라고 할 수 있다. 그러나 우리나라에서는 언론사라는 위력 때문에 그 영향력도 무시할 수 없을 정도이다.

한국의과대학평가인정위원회와  한국공학교육인정위원회에서  대학을 평가하겠다는 것은 학문영역별 평가에 해당되므로 여기서는 생략하고자 한다. 다만 평가하겠다는 학회나 위원회가 과연 대학을 평가할 수 있는 능력이 있는지 여부를 결정하는 체제가 구축되어야 할 필요가 있다는 것을 미리 말해 두고자 한다. 교육인적자원부나 한국대학교육협의회로부터 평가기구에 대한 평가인정이 있어야 한다는 점이다. 앞으로는 평가인정기구에 대한 평가인정이 필요하게 될 것이다. 미국의 과거의 COPA, 현재의 CHEA(Council of Higher Education Accreditation)와 같은 기구가 필요하다. 아니면 평가기구에 대하여 법적 인정을 해 주는 절차가 필요하게 될 것이다.


## 3) 우리나라 대학종합평가에 대한 논의

이제 우리나라 대학종합평가에서 논란이 될 수 있는 것을 중심으로 논의를 전개하면서 발표자의 의견을 제시하고 이것을 중심으로 하여 모형을 탐색하는 기초로 삼고자 한다.


### (1) 대학종합평가의 목적

대학종합평가는 근본적으로 왜 하는 것이며 무엇 때문에 하는 것인가? 대학종합평가를 해서 얻고자 하는 목적이 무엇인가? 그리고 현재 하고 있는 대학종합평가를 통해서 표방한 대학종합평가의 목적을 달성하고 있는가? 이를 알아보기 위해 평가에 대한 평가를 해야 할 필요도 있다. 그리고 대학종합평가의 목적을 달성하기 위한 알맞은 평가방법과 도구와 기준을 사용하고 있는가? 이런 의미에서 대학종합평가의 목적은 아주 중요하다.

흔히 대학종합평가의 목적으로 수월성, 효율성, 책무성, 자율성, 협동성, 재정확충(허귀진 외, 1997, 이종재, 1999 등)을 들고 있다. 이들 중에서도 가장 중요한 것은 수월성이라고 할 수 있다. 수월성이란 각자 가지고 있는 능력을 최고 수준에서 발휘하는 것을 의미한다. 최고 수준의 질이라고 할 수 있다. 그러므로 'Excellence'의 수준은 대학마다 다 달라질 수 있다. 수월성만 확보된다면 나머지 효율성, 책무성, 자율성, 협동성, 재정확충의 대부분은 어느 정도 방어해 낼 수 있다고 본다.

그래서 대학종합평가는 개개 대학별 절대 기준평가, 수월성 추구를 위한 진단·형성평가의 성격이 되어야 할 것이다.

그러면 한국대학교육협의회의 대학종합평가는 이 수월성의 가치와 목적을 어느 정도 달성하고 있는가? 간접적으로 어느 정도는 달성하고 있을 것이라 추측할 수 있을 것이다. 그러나 뒤처진 대학을 어느 정도 끌어올리는 데는 기여할 수 있어도 앞서가는 대학을 최고 수준으로 질을 끌어올리는 데는 별로 공헌을 하고 있지 못할 것이다. 미국의 평가인정제도도 이러한 비판을 받고 있다.

교육인적자원부의 대학평가는 '행·재정 차등 지원'이 평가의 직접적인 이유이므로 수월성과는 거리가 멀다. 또 신문사의 대학평가도 대학교육의 수월성과는 거리가 너무 멀고 오히려 대학교육의 수월성 추구를 방해하고 있을지도 모른다.

대학종합평가의 목적을 최저 수준 통과 여부 확인에 둘 것이냐 아니면 각개 대학으로 하여금 최고 수준의 질을 추구하게 할 것이냐에 따라 평가방법(절대 기준평가, 상대평가), 평가기준과 평가도구 등도 달라져야 할 것이다.

지식정보사회의 도래, 그동안 양적 팽창에 치우쳤던 점, 대학교육의 경쟁력 강화 등 여러 상황으로 보아 대학교육에서 '수월성'은 무엇보다 최우선 순위에 두어야 하고 여기에 평가의 초점도 맞춰야 한다고 본다. 그리고 평가의 목적을 여러 가지 제시하는 것도 좋지만 그보다는 목표를 뚜렷하게 하고 이에 집중력을 갖게 하기 위하여 단순화시킬 필요가 있다.

## (2) 대학종합평가기관

현재 우리나라에서 대학을 평가한다고 하는 기관은 한국대학교육협의회와 교육인적자원부, 신문사, 학회(학문영역)를 들고 있다. 신문사는 평가기관이 아니고 또 신문사에서 지금 하고 있는 것도 평가의 범주에 들어가는 것으로 보기 어려우므로 평가기관에서 제외하고자 한다. 그리고 학회는 주로 학문영역 평가에 속하므로 여기서 다룰 필요가 없다. 그러므로 대학평가기관에서는 한국대학교육협의회와 교육인적자원부가 있고 또 한때 가칭 '대학평가원' 설립을 추진한 적이 있다. 교육인적자원부는 한국대학교육협의회의 대학평가에 만족하지 못하는 것 같다. 그래서 '대학평가원' 설립을 추진했거나 그런 이유를 대어 94년부터 직접 대학평가에 나섰는지 모른다. 그러나 헌법의 대학 자치 정신이나 최근의 시대정신으로 보아 교육인적자원부가 넘겨줬던 대학평가권을 회수·번복하고 교육인적자원부가 스스로 직접 평가하는 것은 무엇으로 보나 적절치 못하다. 교육인적자원부는 정부기관으로서 대학평가에 있어서 일부 부분적인 기능만을 담당해야지 직접 평가에 나서는 것은 적절하다고 보기 어렵다. 혹자는 같은 대학교수를 동원하여 대학을 평가하는데 한국대학교육협의회나 교육인적자원부에 무슨 차이가 있느냐고 하지만 그것은 평가기관이란 측면에서 근본적인 차이가 있다. 법적으로 교육인적자원부는 평가사업비를 지원해 주고 평가결과를 제출받는 기능을 담당하고 있다. 한국대학교육협의회의 평가결과를 제출받아 이를 어떻게 활용할 것이냐도 교육인적자원부의 기능으로 삼을 수 있다. 만일 교육인적자원부가 평가사업비를 한국대학교육협의회에 지원해 주지 않을 수도 있다. 그런 경우 교육인적자원부는 평가결과를 제출해 달라고 하기 어려워져 교육인적자원부는 대학평가로부터 손을 떼게 될 수도 있다.

한국대학교육협의회가 대학평가를 하는 데 있어서 회원대학의 협의체가 어떻게 회원대학을 엄격하게 또 냉정하게 평가할 수 있느냐라는 점에서 비판을 제기하는 사람들이 있다. 마땅히 이런 비판이 나올 수 있다. 그러나 이것은 한국대학교육협의회가 평가를 할 나름이라고 본다. 회원대학의 질 관리를 위해서 다른 기관보다 오히려 한국대학교육협의회가 더욱 엄격히 대학평가를 할 수도 있다. 만일 대학종합평가결과 회원대학의 신분을 유지하지 못한다면 해당 대학으로서는 치명적인 결과를 가져올 수 있기 때문이다.

한국대학교육협의회가 대학평가를 한다는 것은 대학이 자치적, 자율적으로 평가를 해서 자신의 질 관리를 한다는 좋은 명분이 된다. 헌법이 대학 자치를 뒷받침해 주고 또 최근의 자율화 물결과도 맥을 같이한다. 또 한국대학교육협의회는 현재도 법으로 보장받고 있다는 유리한 입장이다. 다만 앞으로 보다 엄격하게 평가하여 실질적으로 대학교육의 질 향상에 도움을 줄 수 있도록 변해야 한다는 요구에 응해야 한다.

대학평가원을 신설하여 대학평가기관으로 삼는다는 것은 부정적 측면이 많기 때문에 말이 나온 이후 아직 추진되지 못하고 있다. 모든 기구를 새로 축소하는 판에 기구를 신설한다는 논리가 통하지 못하고 있고, 대학평가원이 신설돼도 지금 한국대학교육협의회보다 더 잘 평가한다는 보장도 없다. 또 정부기구로 할 것이냐 민간기구로 할 것이냐에 따라 여러 가지 성격상의 문제와 추후생존의 문제도 있을 수 있다. 아무리 좋은 기구를 만들어 놔도 대학으로부터 협조와 지지를 못 받으면 그 기관은 생존을 유지하기도 어렵다. 우리나라 대학들이 별도의 질 관리기구의 필요성을 느껴 대학평가원의 설립을 찬동하고 설립 후에 스스로 이 기구의 평가를 받고자 하지 않으면 새로운 기구는 성공하기 어렵다. 교육인적자원부의 관리들의 주장만으로 새로운 평가기구가 설립될 수는 없다.

그래서 현시점에서는 기왕에 법적으로 보장해 주었고, 또 평가기술도 축적된 한국대학교육협의회의 평가를 발전시키는 방향을 잡는 것이 최선이라고 본다.


## (3) 대학종합평가의 조직과 재정

교육인적자원부에는 대학평가를 위한 별도의 전문 조직과 인력도 없다. 한국대학교육협의회에는 ① 평가관리부가 있고 직원이 있다. 여기에 병설로 ② 대학평가인정원회가 있고, 필요에 따라 ③

재심위원회를 구성할 수 있게 되어 있다. 그리고 ④ 대학평가기획위원회를 상설로 하고, ⑤ 대학종합평가위원회를 비상설로 구성한다. 이 정도의 조직이면 대학종합평가를 위한 조직으로는 충분하다고 본다. 그리고 필요에 따라 한국대학교육협의회는 회원대학으로부터 풍부한 전문 인력을 지원받을 수 있으므로 얼마든지 전문가를 활용할 수 있는 유리한 조건에 있다.

다만 대학평가인정위원회를 한국대학교육협의회에 '병설'로 한 점이 논리에 안 맞는다고 본다. 병설로 할 때는 인정을 좀 더 객관화시킨다는 의도가 들어 있었을 것으로 보나 책임성을 강조하여 한국대학교육협의회가 평가와 인정을 모두 책임진다는 의미에서 한국대학교육협의회 상설위원회로 확실히 할 필요가 있다. 다만 구성에 있어서는 교육인적자원부를 비롯한 외부인을 참여시켜서 객관성과 공정성을 유지하면 될 것이다.

그리고 한국대학교육협의회의 평가관리부장이 제일 중요한 자리인데 이를 격상시킬 수 있으면 격상시키고 전문가로 보임하여 장기간 전문적, 계획적, 체계적으로 일할 수 있게 해 줘야 한다. 임시파견으로 그 자리를 메우는 것은 한국대학교육협의회 최대의 약점이 될 수 있다.

대학종합평가를 위한 재정은 가능한 한 평가기관이 마련하거나 평가를 인정받기를 원하는 대학이 부담하는 방향으로 가야 할 것이다. 그래야 평가사업도 독립적, 계획적으로 이루어질 수 있다. 이를 위해서는 회원대학의 합의 도출이 전제되어야 한다.

(4) 평가 전문 인력

평가력은 가장 고등정신 기능에 속하여 고도의 전문성이 요구된
다. 더구나 대학교육은 고도로 전문화되어 있으므로 대학평가 업무
에 종사하는 인력은 고도로 전문화시켜야 한다. 특히 대학종합평가
위원으로 참여하는 인력을 차차 넓혀 나가야겠지만 전문화를 위해
서 더 노력해야 한다.

해당 분야 최고의 권위 있는 전문가가 대학종합평가위원으로 참
여해야 한국대학교육협의회의 대학평가에 신뢰와 권위가 확립될
수 있는 것이다. 한국대학교육협의회는 대학평가 전문가 양성과 연
수에도 투자를 해야 한다. 더구나 지금과 같이 나누어 먹기식, 골
고루 참여하기식 위원회 구성으로는 한국대학교육협의회의 평가
자체에 의심을 갖게 한다.

이미 지적한 바와 같이 한국대학교육협의회의 평가관리부장과
지원인력도 고도로 전문화시키고 가능한 한 인사이동도 안 하도록
배려해야 할 것이다.

(5) 평가기준

이제 평가의 기준을 평가의 목적과 결부시켜 검토할 필요가 있
다. 하나의 대학으로서 최저 기준을 통과했다는 인증서(credit)를 주
기 위한 대학종합평가냐, 아니면 각 대학별로 대학교육의 질의 수
준을 향상시키기 위하여 질의 수준을 알아보기 위한 대학종합평가
냐에 따라 평가기준은 달라져야 할 것이다. 평가기준이나 표준에
평가의 초점을 맞춰야 할 것이다. 지엽적인 평가지표나 평가항목에

너무 집착하지 않도록 해야 할 것이다. 이제 '인정(+)수월성의 수준'까지 나타낼 수 있어야 한다. 이를 그림으로 나타내 보면 <그림 Ⅱ-2>와 같다.

이 그림은 점선은 평가인정을 받기 위한 평가영역에 해당하는

| 평가기준 | 1 | 2 | 3 최저통과 수준 | 4 | 5 |
|---|---|---|---|---|---|
| 1. 교육 | | | | | |
| 1.1 | | | | | |
| 1.2 | | | | | |
| 1.3 | | | | | |
| 1.4 | | | | | |
| 2. 연구 | | | | | |
| 2.1 | | | | | |
| 2.2 | | | | | |
| 2.3 | | | | | |
| 3. 사회봉사 | | | | | |
| 3.1 | | | | | |
| 3.2 | | | | | |
| 4. 교수 | | | | | |
| 4.1 | | | | | |
| 4.2 | | | | | |
| 4.3 | | | | | |
| 4.4 | | | | | |
| 5. 시설·설비 | | | | | |
| 5.1 | | | | | |
| 5.2 | | | | | |
| 5.3 | | | | | |
| 5.4 | | | | | |
| 6. 재정·경영 | | | | | |
| 6.1 | | | | | |
| 6.2 | | | | | |
| 6.3 | | | | | |
| 6.4 | | | | | |
| 6.5 | | | | | |

〈그림 Ⅱ-2〉 평가기준과 개별대학의 수월성 수준

평가기준이고 가는 선은 평가부문에 해당하는 평가기준이다. 각 대학은 평가인정을 받기 위한 최저 선을 넘어 수월성의 수준을 보여 주게 될 것이다.

개별대학의 평가는 절대 기준평가의 형식이 되어야 할 것이다. 다른 대학과 상대 비교할 필요가 없다.

### (6) 대학종합평가의 과정과 주기

평가의 과정은 ① 대학의 평가신청 → ② 대학자체평가연구 → ③ 한국대학교육협의회의 평가(서면·현지방문) → ④ 평가결과·인정(인정·조건부 인정·탈락)통보(재심요구·처리) → ⑤ 대학별 개선 노력의 과정으로 요약될 것이다.

여기서 대학의 평가신청은 앞으로 자발적으로 자유롭게 할 수 있어야 할 것이다. 평가받고 싶은 해의 1년 전 일정 시기까지 평가신청을 하면 한국대학교육협의회는 자체평가연구를 할 수 있도록 도와주고 수시로 대학종합평가위원회를 구성하여 개별 대학별로 평가할 수 있는 체제로 바뀌어야 한다. 지금처럼 대학을 집단으로 평가할 필요도 없고, 대학종합평가위원회가 한꺼번에 여러 대학을 동시에 평가할 필요도 없다. 주기에 따른 일정표만 제시해 주면 개별대학은 이 일정에만 맞게 하여 평가의 시기를 선택하는 것이다.

평가의 주기를 5년으로 할 것이냐, 7년으로 할 것이냐 등 논란이 있을 수 있다. 몇 년 주기로 하든 큰 문제는 없을 것이다. 그러나 빠르게 변하는 사회에 맞추자면 5년 정도가 좋을 것이다. 2년간의 평가(자체평가연구 1년, 한국대학교육협의회 평가 1년)에 3년간의 집중 개선 노력을 하게 하면 수월성 추구의 평가목적에도 알맞을 것이다. 그래서 이 평가는 절대 기준평가, 진단·형성평가의 성격이 강하게 된다. 그래서 '인정(+)발전을 위한 자문과 컨설팅'의 성격도 겸하게 될 것이다.

5년 주기로 할 경우 5년 안에 우리나라 4년제 대학 전체를 한 번은 평가해야 하므로 평가업무의 과다 문제가 있을 수 있는데 평가경비 문제와 평가인력의 전문화의 문제만 해결할 수 있다면 가능할 것이다.

### (7) 평가결과의 공표와 활용

항상 평가결과를 어떻게 공표할 것이며 어떻게 활용할 것이냐에 논란이 많았다. 평가결과는 원칙적으로 공표해야 한다. 특히 평가인정 여부는 공표되어야 한다. 그리고 일반적인 평가결과도 공표되어야 하고, 평가결과는 개별 대학별로 작성되어 교육인적자원부와 개별 대학에 제출되어야 한다. 그러나 특별한 부분은 비밀(confidential)을 유지해 줘야 한다. 개별 대학은 평가인정의 결과를 대학안내 책자에 표시하여 공표해야 할 것이다.

평가결과를 어떻게 공표할 것이며 어떻게 활용할 것이냐가 항상 문제가 되어 왔다. 대학평가의 약효가 즉각 나타나기 위해서는 행·재정지원과 연계되어야 한다는 주장도 많았다. 그러나 여기서 생각해야 할 점은 평가기관과 평가결과 활용기관을 혼동하지 말아야 한다는 점이다. 한국대학교육협의회는 평가기관이지 평가결과 활용기관이 아니라는 점이다. 평가만 엄격하고 공정하게 하여 회원대학의 질을 관리하고 수월성 추구의 자극제 기회만 주면 되는 것이다. 한국대학교육협의회가 평가결과를 활용하는 것은 회원대학의 신분을 유지하게 하느냐 회원대학에서 제외시키느냐를 결정하는 자료로만 쓰면 그만이다.

평가결과의 최대 활용기관은 평가를 받은 개별 대학이다. 평가결과와 한국대학교육협의회의 자문과 컨설팅, 권고에 의하여 향후 3년간 계획을 세워 발전 노력을 하여 수월성을 추구하게 되는 것이다. 요즈음 3년 이상의 계획은 너무 긴 시대가 되었다.

또 교육인적자원부, 기업체, 국민과 학부모·학생, 사회가 대학평가결과를 활용하게 될 것이다. 한국대학교육협의회가 이들의 필요에 맞게, 사용하기 좋게 평가해 주려고까지 생각하는 것은 지나친 일이다.

평가결과를 행·재정지원과 직접 연계시키는 것은 극히 위험하다고 본다. 교육인적자원부가 지금 하고 있는 것처럼 돈 따먹기식 평가가 되어 평가목적 달성보다는 그 피해와 부작용이 더 크기 때문이다. 대학은 자신의 필요에 의하여 발전하려고 하고 개혁하려고 해야지 외부기관이 발전시켜 주고, 개혁시켜 주기는 극히 어렵다. 외부에서는 발전과 개혁을 위한 자극을 주는 정도에 그쳐야 한다. ① 각 대학에 대학자체평가의 기회를 제공해 주고, ② 평가인정 여부에 더하여, ③ 수월성 수준까지 알려 주고, ④ 개선을 위한 자문과 권고까지 해 준다면 대학으로서는 발전을 위한 큰 자극제가 될 것으로 본다.

## 4) 대학종합평가 모형 탐색

앞에서 논의한 내용을 바탕으로 하여 모형으로 정립해 보고자
한다. 먼저

① 대학종합평가의 목적으로는 최저수준의 (평가)인정에 더하여
대학교육의 수월성 추구에 두고,

② 평가기관으로는 대학협의기구인 한국대학교육협의회가 계속
담당하게 함으로써 자율평가(自律平價)의 형식을 취하게 한다. 교
육인적자원부는 필요하다면 필요한 평가를 한국대학교육협의회에
요구하고 평가결과를 제출받고, 평가사업비를 지원해 주는 기능을
한다. 또 필요에 따라 평가결과를 정책이나 대학발전과 지원에 활
용할 수 있을 것이다.

③ 대학종합평가의 조직으로는 한국대학교육협의회의 평가관리
부를 사무 부서로 하고 대학평가인정위원회와 재심위원회, 대학평
가기획위원회, 대학종합평가위원회로도 충분할 것으로 보았다. 다
만 조직인력을 전문화시키기 위해 노력해야 할 것이다.

④ 대학종합평가의 재정은 교육인적자원부 지원과 평가 신청대
학의 부담을 생각할 수 있다.

⑤ 평가 전문 인력 중에는 한국대학교육협의회 평가관리부직원
과 대학종합평가위원인데 이들의 양성과 연수를 통한 전문성 확보
와 정예화가 요구된다.

⑥ 평가기준은 평가인정을 위한 최저수준 통과 여부만 판정하기
위한 것뿐만 아니라 수월성의 수준을 알아보기 위한 것이어야 한다.
특히 교육의 질을 알아보기 위한 기준에 초점을 맞춰야 할 것이다.

⑦ 대학종합평가의 과정은 ① 대학의 평가 신청 → ② 대학자체평가 연구 → ③ 한국대학교육협의회의 평가(서면·현지방문) → ④ 평가결과와 인정 → ⑤ 대학별 개선 노력의 과정으로 요약할 수 있다.

⑧ 평가주기는 5년으로 하고 개별 대학이 5년 주기에서 개별적으로 평가받을 수 있게 되어야 한다.

⑨ 대학종합평가의 결과는 공표되어야 하는데 평가인정 여부와 일반적 평가결과는 공표하고 부분적으로는 비밀이 유지되어야 할 내용도 있을 수 있다.

⑩ 대학종합평가결과의 활용자는 평가 해당 대학, 교육인적자원부, 기업체, 학부모와 학생을 비롯한 사회가 될 것이다. 한국대학교육협의회는 평가목적 달성에, 대학은 개선·발전을 위해서, 교육인적자원부는 정책 결정과 행정지원에, 기업체는 배출 인력 활용에, 학생과 학부모를 비롯한 사회는 대학 선택에 평가결과를 활용할 수 있을 것이다.

이런 대학종합평가의 모형의 기초를 <표 Ⅱ-1>로 요약하고자 한다.

<표 Ⅱ-1> 대학종합평가 모형의 기초

| 모형의 요소 | 주요 내용 |
| --- | --- |
| 1. 평가목적 | 수월성 추구<br>인정(+) 수월성 수준, 절대 수준평가, 진단·형성평가 |
| 2. 평가기관 | 한국대학교육협의회: -자율평가 형식<br>교육인적자원부: 특별부문 평가요구, 평가결과 제출받음, 평가결과 활용, 평가재정 지원 |
| 3. 평가조직 | 한국대학교육협의회 평가관리부: -전문화<br>대학평가인정위원회와 재심위원회, 대학평가기획위원회, 대학종합평가위원회 |
| 4. 평가재정 | 교육부(+) 평가 신청 대학 |
| 5. 평가인력 | 한국대학교육협의회 평가관리부직원과 대학종합평가위원회: -전문화 |

| 모형의 요소 | 주요 내용 |
|---|---|
| 6. 평가기준 | 수월성 수준을 확인할 수 있는 내용과 기준: -교육의 질에 초점 |
| 7. 평가의 주요과정 | ① 대학의 평가 신청 → ② 대학 자체 평가연구 → ③ 한국대학교육협의회의 평가(서면·현지방문) → ④ 평가결과인정 → ⑤ 대학별 개선노력 |
| 8. 평가주기 | 5년: -대학별 주기 내 평가 신청 |
| 9. 평가결과 공표 | 평가인정 여부와 일반적 결과 공표, 부분적으로는 비밀 유지 |
| 10. 평가결과 활용 | ① 대학: -개선·발전, 수월성 추구<br>② 대교협: -인정, (+)수월성 추구 조력<br>③ 교육부: -정책 결정, 행정지원<br>④ 기업체: -인력 활용, 대학지원(산학협동)<br>⑤ 학생·학부모: -대학선택 |

탐색된 대학종합평가 모형을 그림으로 나타내면 <그림 Ⅱ-3>과 같다. 앞에서 제안된 내용을 가능한 한 모두 포함시키려고 하였으나 5년 주기의 평가의 과정이 모형의 중심이 되었다. 앞에서 제시된 <표 Ⅱ-1>과 여기에 제시된 <그림 Ⅱ-3>을 종합해 보면 대학종합평가 모형의 대강이 그려질 것으로 기대한다.


## 5) 대화의 자치와 질 향상

대학은 학문의 자유와 자치를 생명으로 한다. 그렇기 때문에 우리나라에서도 이를 헌법으로까지 보장해 주고 있다. 대학이 변해야 한다는 데 이의를 제기할 사람은 없다. 그렇다고 정부나 관료가 대학을 맘대로 바꿔 놓을 수는 없다. 어떻게 변할 것이냐까지도 대학 자신이 해야 한다.

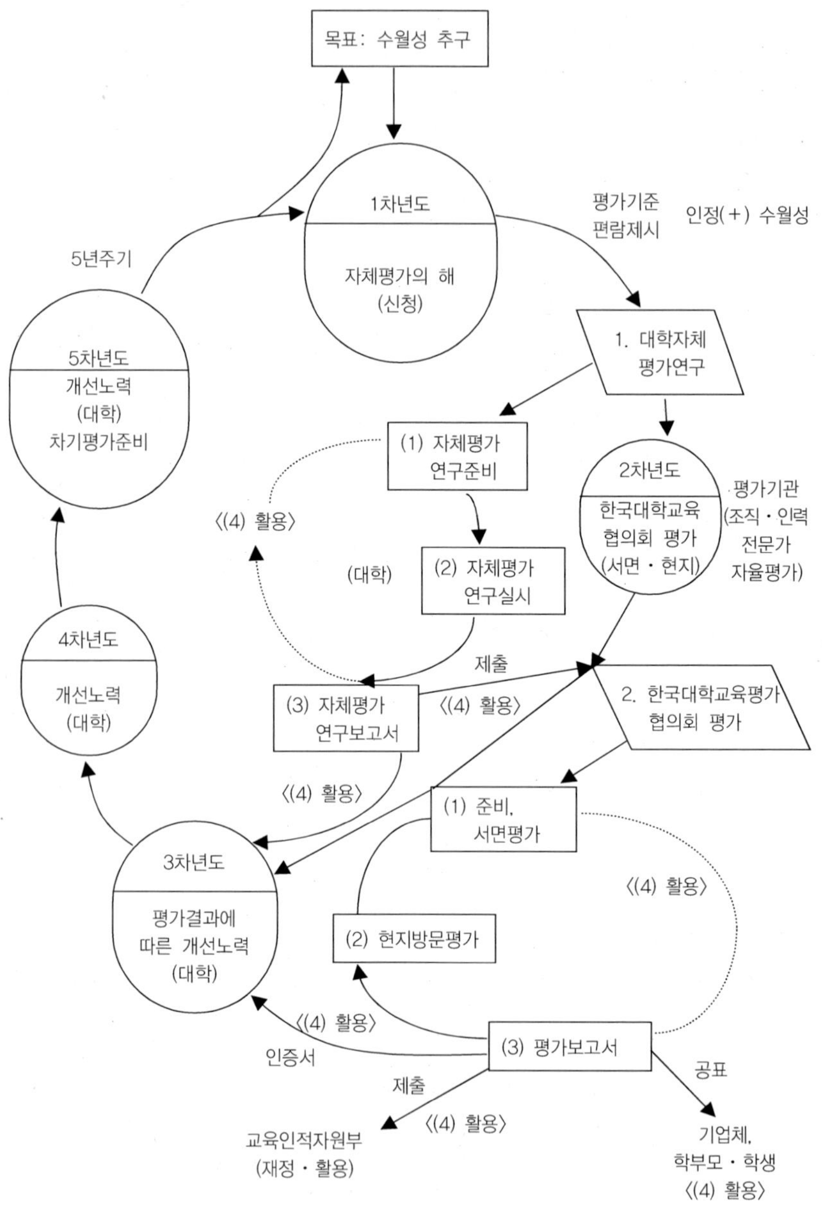


〈그림 Ⅱ-3〉 대학종합평가 모형

대학평가도 대학 자신이 하려고 해야 한다. 기획-실천-평가의 일련의 과정은 하나의 조직이나 기관 자신이 해야 할 일련의 과정이다. 기획과 실천은 자신이 하고 평가만 외부에서 타인이나 타 기관이 해 줘야 되는 것은 아니다. 다만 대학 혼자서 독자적으로 평가하기 어려우면 여러 대학과 협조해서 하는 것이 좋을 것이다. 그래서 대학 협의기구이고 형식적으로는 자율기구인 한국대학교육협의회의 평가를 강조했던 것이다.

시대는 산업시대를 뒤로 하고 지식정보사회 깊숙이 들어가고 있다. 산업사회의 특징은 대량생산, 양과 합리성에 의한 효율성, 효과성, 경제, 경쟁을 강조하는 것이었다. 그런 결과 우리나라 대학도 산업시대에 맞게 양적으로는 많이 팽창하여 고등교육 기회의 확대를 가져왔으나 막상 지식정보사회에서 강조되는 질에서는 뒷걸음쳐 온 셈이다. 이제 우리나라 대학들도 최고 수준의 질을 추구하기 위해 집중 노력해야 할 시점이다. 이 질(質) 추구의 방법의 하나가 대학평가이다. 자신의 위치와 강점·약점을 평가를 통해서 발견하고 이를 바탕으로 개선·발전 노력하여 양의 대학교육에서 질의 대학교육으로 전환해야 한다.

이러한 평가와 개선 노력도 대학의 특성상 자유와 자치에 의해서 할 때 효과가 있다. 대학은 고도의 전문 인력과 능력을 갖추고 있으므로 하고자 하는 동기 유발만 되고, 방향만 바르게 잡으면 거의 모든 일을 해낼 수 있다는 확신에 가까운 신념을 갖고 있다. 우리나라에서 대학이 자신의 문제를 처리해 내지 못하면 다른 어떤 기관도 대학을 대신해 줄 수는 없다. 우리나라 대학은 이제 스스로 최고를 지향하지 않으면 안 된다(한국교육행정학회 117차 학술대회 논문, 2000. 8. 18).

　　○○○ 교수께서 많은 돈과 시간과 정력을 바쳐 연구를 하여 "교육인적자원부 대학재정지원을 위한 평가의 개선방안"을 조리 있게 제시하여 주신 데 우선 토론자로서 감사의 뜻을 나타내고자 한다. ○○○ 교수는 ① 교육인적자원부의 대학재정지원을 위한 대학평가의 실태를 개괄하고, ② 문제점을 확인하여 ③ 평가의 개선방향과 방안을 제시한다고 하였다. 그러면 ○○○ 교수가 연구하여 제시한 방향과 방안대로 실천하면 국민의 귀중한 세금이 최선의 방법으로 쓰이고 또 최선의 효과를 거둘 것으로 믿을 수 있는가? 그리고 교육인적자원부는 여기 제시된 방향과 방안대로 개선할 것이라고 확신할 수 있는가? 물론 부분적으로, 미시적으로 개선되고 발전될 수 있을 것으로 본다.

　　그러나 여기서 가장 근본적인 출발점과 기본 가정, 기본 전제에 문제가 있는데 ○○○ 교수의 연구와 발표는 근본적인 문제점인 "교육인적자원부가 대학을 평가한다."는 그 사실 자체를 정당화시켜 주고 있다는 점이다. ○○○ 교수는 교육인적자원부가 대학을 평가한다는 사실 자체가 옳은 것이고 정당한 것이라는 기본가정과 전제하에 출발해서 연구를 맡고 부분적으로 개선하려 했다는 데 토론자는 이의를 제기하는 것이다.

　　대학은 교육인적자원부의 소유물인가? 교육인적자원부는 대학을 통제하는 기구인가? 그렇지 않다. 대학은 근본적으로 대학의 자율과 학문의 자유의 몫이다. 대학의 자율은 대한민국 헌법이 보장하고 있는 것이다. 무슨 평가가 되었든 교육인적자원부가 대학을 직접 평가한다는 자체가 부당한 것인데 부분적으로 개선방안을 제시하는 연구를 맡는다는 자체가 잘못된 것이다. 좋은 대학을 만들기 위해 교육인적자원부가 대학을 평가하려는 의도와 목적을 선의로 해석하고 받아들이려 한다고 해도 문제이다. 그러면 교육인적자원부는 대학평가 기구인가? 분명히 교육인적자원부는 대학평가 기구는 아니다. 대학재정과, 대학지원과, 대학학사 제도과가 대학평가 전문기구는 아니다. 대학평가는 고도의 평가 전문기구에서조차도 평가하기 어렵다는 것을 인정하지 않을 수 없다. 그러면 교육인적자원부가 대학을 정확하고 공정하게 평가할 수 있는 능력이 있다고 보는가? 고등교육을 전공한 전문기구와 인력이 있는가? 아니면 대학평가를 전공으로 연구하는 기구와 인력이 있는가? 그리고 이 세상에 교육인적자원부가 대학을 평가하는 나라가 어디 있는가? 아마 대한민국 교육인적자원부뿐이 없을 것이다. 대학을 평가한다면 그나마 각 대학과 대학자율기구만이 할 수 있는 것이다. 그래서 대학을 평가인정한다는 미국도 민간단체인 대학 자율기구에서 그것도 최저기준 통과 여부만 확인해 주는(accreditation) 것이다. 미국의 대학은 교육인적자원부의 관할도 아니다. 영국도 정부나 관의 기구가 대학을 평가하고 재정을 직접 배분하면 대학이 정부와 관의 영향을 받는다고 해서 민간기구에 부탁하여 간접적으로 대학에 재정을 배분하고 있는 것이다. 그것도 평가결과에 의해서가 아니라 일정한 공식(formula)에 의하여 배분하는 것이 주류를 이루고 있다. 대학통제로 악명 높은 일본도 문부성이 대학평가를 못하고 대학기준협회가 설립 기준만 제시하고 있다. 이런 점을 생각하면 교육인적자원부의 대학평가의 실태를 파악하고 문제점을 찾고 개선방안을 제시하는 것은 교육인적자원부가 하고 있는 일을 정당화시켜 주는 일만 하고 있는 셈이다. 백보 양보하여 교육인적자원부를 평가기구, 재정배분 기구로 보고 평가해서 제발 돈을 좀 나눠 달라고 대학과 국민들이 매달리고 구걸한다 하더라도 문제는 여전히 남아 있다. 교육인적자원부가 제시한 사업, 특성화 방향, 개혁 방향이 다 옳은 것이냐의 문제가 있다. 또 교육인적자원부 의도대로 사업목적을 달성하고, 개혁이 이루어지고, 특성화가 이루어졌느냐에 문제가 있다. 평가를 하고 개선방안을 찾는다면 여기에 먼저 관심을 가졌어야 한다. 평가에 의하여 지원된 재정이 올바르게 쓰여 목적을 달성하고 있느냐에 대하여 먼저 평가를 했어야 할 것이다. 매년 교육인적자원부의 평가 - 재정지원 - 집행 - 평가 방식이 정당하냐를 먼저 연구했어야 할 것이다. 대학평가와 재정지원 방법에 근본적으로 이의를 제기하는 입장이기 때문에 토론자는 부분적, 미시적 개선방안에 대한 토론은 유보하기로 한다.

결론적으로 토론자는 대학평가는 각 대학과 대학 자율기구에 맡겨져야 하고, 대학재정지원도 대학자율기구나 민간기구에 맡기고 교육인적자원부는 부정만 철저히 감독하는 방향으로 개선하여야 한다고 본다. 교육인적자원부가 모든 대학을 다 개혁해 주고, 발전도 시켜 주고, 대학의 모든 것을 다 일일이 챙겨 주겠다는 지나치게 친절한 생각은 이제 그만 바꿔야 할 때라고 본다. 대학을 계속 손아귀에 넣고 휘두르게 되면 나중에 교육인적자원부가 부정·부실·부도내고 망하는 대학에 대해서도 책임을 면하기 어렵게 된다. 대학도 교육인적자원부로부터 자유로워져야 하겠지만 교육인적자원부도 빨리 대학으로부터 자유로워져야 할 것이다(한국평가학회, 2000년 춘계학술 심포지엄 토론 원고).

# 참고문헌


강신택 외(1983), 정책학, 서울: 법문사.

교육부(1999), 교육마당 21, 99년도 전체.

교육부(1999), 교육발전 5개년 계획(시안).

김해동 역(1981), 정책형성론, 서울: 법문사.

박홍식 역(1983), 공공정책론, 서울: 대영사.

백성준(1999), 『교육발전 5개년 계획 시안』 공청회 스케치, 교육개발.

안용식·최호준 역(1981), 정책 결정론, 서울: 삼영사.

안해균(1990), 정책학원론, 서울: 다산출판사.

오성삼 외(1999), 국내대학평가 기구의 발전방안 연구, 한국대학교육협의회.

이종렬(1983), 정책학원론, 서울: 대왕사.

이종재(1999), 제2주기 대학종합평가의 방향과 과제, 21세기 대학평가의 방향과 과제, 대학교육협의회 자료 DSP 제99 - 7 - 74호.

이화국(2000), "교육부 대학재정 지원을 위한 평가의 개선 방안", 대학
　　　교육의 질 향상을 위한 대학평가의 방향과 과제, 한국평가학회.

정정길(1991), 정책학원론, 서울: 대명출판사.

정태범(1999), 교육정책분석론, 서울: 원미사.

주삼환(1998), 한국대학평가 방법의 전환, 大學敎育, 한국대학교육협의회.

주삼환·박종렬·윤종건(1989), 대학평가인정제의 제도화 방안 연구,
　　　한국대학교육협의회.

주삼환, 대학교육의 질 향상을 위한 대학자체평가, 대학행정관리직 연
　　　수. 한국대학교육협의회.

최은수(1996), 한국교육행정의 현안문제, 서울: 양서원.

한국교원단체총연합회(2000), 새교육, 2000(3), 한국교총.

한국교원단체총연합회(1997), 망국과외 해소방안 모색, 제45회 교육주간
　　　주제 정책토론회.

한국교육개발원(2000), 과외문제 심층 해부와 대책, 2000년도 제2차
　　　KEDI 교육정책 포럼 자료집.

한국평가학회(2000), 대학교육의 질 향상을 위한 대학평가의 방향과 과
　　　제, 한국평가학회, 2000년 춘계학술 심포지엄.

허귀진 외(1997), 대학평가인정제 중간보고 및 그 성과와 전망, 한국대
　　　학교육협의회.

Cizek, Gregory J.(1999). *Handbook of Educational Policy*, Sandiego:
　　　Academic Press. 1999(봄), 180 – 183. 한국교육개발원

Demig, W. E.(1986). *Out of the Crisis*. Cambridge, Mass: MIT Center for
　　　Advanced Engineering Study.

Pfeiffer, J. William ed.(1991). *Theories and Models in Applied Behavioral
　　　Science*. San Diego, CA: Pfeiffer & Company, University Associate.

---

대학의 질 관리를 위한 대학평가도 궁극적으로는 대학 스스로 하지 않으면 효
과를 볼 수 없다. 대학 이 외에 대학을 재대로 평가할 수 있는 사람이나 기관
은 없다고 본다.

# 교육이 바로 서야 나라가 산다

- 국가위기에서의 교육
- 교육이 바로 서야 나라가 산다
- 21세기에 요구되는 자녀교육
- 이제는 교사와 교육을 제자리에
- 교육인적자원부를 바꾸려면
- 교육부총리제의 허상

AD 70년경 유태인들은 나라의 임종을 맞게 되었다. 예루살렘성 밖은 모두 로마군인들이 몇 겹으로 포위망을 치고 있었다. 나라의 운명이 꺼져 가는 촛불의 신세였다. 나라가 망하는 것은 기정사실이 되었는데 문제는 나라의 임종을 어떻게 맞느냐 하는 것이었다. 성안에서는 나라의 지도자들이 이 문제를 놓고 회의에 회의를 거듭하고 있었다. 성안의 백성들은 그래도 지도자 회의에서 좋은 안이 나오겠지 하면서 국가 운명의 마지막 결정을 이 지도자 회의에 기대를 걸고 있었다.

그러자 얼마 후에 뜻밖의 소문이 퍼지기 시작했다. 마지막으로 희미하게나마 희망을 걸었던 게 지도자 회의인데 그 지도자 회의를 이끌고 있던 요하난 벤 자카이가 중병에 걸렸다는 것이다. 백성들은 하느님까지 원망하게 되었다. 나라가 이렇게 위급한 지경에 이르렀는데 우리 유태인이 무슨 나쁜 짓을 했다고 우리의 지도자인 요하난 벤 자카이까지 중병에 들게 하는 거냐고 말이다. 여기저기서 한숨 소리가 들리고 있었다.

얼마 후에 마침내 그 지도자가 돌아가셨다는 소식이 들려왔다. 성안이 온통 울음바다가 되었다. 이제는 지도자 회의고 뭐고 모든 게 끝장이라고 했다. 며칠 후 장의 행렬이 성 밖으로 향하게 되었다. 이때 포위망을 치고 있던 로마군인들의 제지를 받게 되었다. 군인들은 이 성 밖으로는 개미새끼 한 마리 여기서 나가지 못한다고 으름장을 놓았다. 이에 대해 유태인 장의 행렬은 말한다. 너희들은 우리 지도자가 돌아가셨다는 걸 모르느냐? 이 성안에는 묘기가 없다. 시체를 썩힐 수는 없지 않느냐? 로마군인들도 난처했다. 장례를 못 치르게 하고 시체를 썩히라고 할 수도 없고 성 밖으로 행렬을 내보낼 수도 없는 노릇이었다. 그래서 시체가 든 관을 칼로 찔러 보려고 했다. 유태인들은 눈물로 호소와 항의를 한다. 아무리 망하는 나라라고 하더라도 돌아가신 분을 칼로 찔러 두 번 죽게 할 수 없다고 말이다. 그리고 유태인 풍습엔 시체에 칼을 대지 못하게 되어 있다고 했다(이건 어느 나라라도 그럴 것이다). 할 수 없이 로마군인들은 장의 행렬을 최소 인원으로 줄이고 몸수색을 하여 무기가 될 만한 것은 모두 빼앗고 겨우 파고 묻을 수 있는 연장만 가지고 나가게 했다.

새벽녘에 묘지에 도착한 관 속에서는 살아 있는 요하난 벤 자카이가 나왔다. 요하난 벤 자카이는 그 길로 로마군 사령관을 만나러 갔다. 깜짝 놀란 로마군 사령관 베스파시안은 어떻게 이 밤중에 죽음을 넘어 이곳에 왔느냐고 물었다. 요하난 벤 자카이는 “황제 폐하, 우리 예루살렘 성이 함락당한다는 것은 우리도 잘 알고 있습니다. 이제 성이 함락당하면 성안은 모두 불 질러지고 초토화되고, 로마군인들의 군화발에 모두 유린될 것입니다. 그래서 황제 폐하께 조국의 멸망 앞에 마지막 부탁을 하러 죽음을 넘어 이렇게 왔습니다.” 베스파시안은 당황했다. “아니 난 일개 군사령관이오. 폐하는 지금 로마에 계시오.” “아닙니다. 귀하는 분명, 황제가 되실 것입니다." 군사령관은 황제가 된다는데 그렇게 기분 나쁜 일은 아니었다. "도대체 나라의 멸망 앞에 마지막으로 부탁할 일이 무엇이오?" "폐하, 성안을 다 불태우더라도 하나 보존할 게 있습니다. 그 하나만을 보존해 주겠다는 약속을 해 주십시오." "도대체 성안에 살려 둘 게 무엇이오? 아, 당신 어머니를 살려 달라는 얘기겠지?" "아니오." "그러면 당신 처자식 살려 달라는 얘긴가?" "그것도 아니오." "그럼 도대체 그게 무엇이오? 아하, 당신들이 숭상하는 교회, 사원을 불태우지 말라는 얘기겠지?" "그것도 아닙니다." "그러면 도대체 무엇이오? 나라가 멸망하더라도 남겨 놓고, 살려 놔야 할 게 말입니다."

"여러분, 여러분이 망하는 나라의 지도자라면 적 장군에게 마지막으로 무엇을 부탁하겠습니까?" "폐하, 집 한 채를 살려주십시오, 큰 집도 아니고 20명이 겨우 들어가는 작은 방 하나입니다." 여러분 이 방 한 칸이 무엇이겠는가? 학교다. 나라는 망하더라도 유태인의 교육은 계속되어야겠다는 것이다. 이것이 유태인들 지도자 회의의 마지막 결론이다. 나라 이름이야 있든지 없든지, 나라 땅덩어리야 가질 수 있든지 없든지 유태 정신만 교육을 통해서 계승될 수 있다면 나라를 다시 찾을 수 있다고 유태인들은 굳게 믿었던 것이다. 20명씩만 그들의 지도자 랍비를 길러 낼 수 있다면 언젠가는 나라를 다시 세울 수 있다고 생각했던 것이다. 베스파시안은 황제가 되었다고 하는데 그때의 약속이 이루어졌는지, 그 약속이 지켜졌는지는 잘 모르나 어쨌든 유태인들은 눈에 보이는 국토나 국호보다는 정신을 중시했고, 교육을 최우선시했다. 그 결과 나라 없이 2천 년 동안 갖은 고생을 하며 떠돌아다니다가 다시 모여 이스라엘을 세우고 지금도 '눈에는 눈, 이에는 이'로 맞서며 큰소리치며 살고 있는 것이다.

나라가 망하더라도 교육은 계속되어야 한다. 이런 결론은 유태인 뿐만 아니라 우리 조상들도 마찬가지였다. 우리가 일본에 나라를 빼앗겼을 때 우리 조상들도 교육을 통해서 독립을 하려고 했다. 그래서 민족학교를 세우고, 어린이 운동, 청소년 운동을 일으켰던 것이다. 그런데 우리는 교육을 통해서 우리의 힘으로 독립을 하지 못하고, 외세, 남의 힘으로 해방이 되었기 때문에 우리는 지금 남과 북으로 두 동강이 나 이 고생을 하고 있는 것이다. 유태인은 자기들 힘으로 나라를 다시 세워 큰소리치며 살고 있다. 여러분, 왜 우리가 남북으로 갈라져야 하는가? 갈라지면 나쁜 짓을 한 일본을 갈라놔야지. 우리가 독립운동을 할 때, 공산주의가 어디 있고, 민주주의가 어디 있었는가? 그때는 오로지 민족주의만 있었다.

여러분, 우리는 언젠가는 하나의 조국을 만들어야 한다. 역사적으로 3국 시대도 있었고 2국 시대도 있었지만 우리는 모든 것이 하나인 단일민족이다.

여러분 그러면 우리는 무엇으로 통일을 해야 하는가? 총알로 통일할 수 있는가? 아니면 달러($)로 통일하겠는가? 모두가 어려운 일이다. 민족의 동질성 교육을 통해서 해야 완전한 통일이 된다. 우리는 물리적 통일보다도 먼저 정신적, 교육적 통일을 해야 한다.

우리는 지금 전쟁 중에 있다. 일본과의 전쟁도 완전히 끝나지 않았다. 우리의 정신대 할머니들의 외로운 전쟁을 외면해서는 안 된다. 징용으로, 노무자로 끌려가 돌아가신 많은 영령들이 지금도 이국땅 하늘에 떠돌고 있다. 일본의 역사 교과서 왜곡과의 전쟁도 계속해야 한다. 이 끝나지 않은 전쟁이야말로 교육을 통해서 이겨내야 한다.

남북 간의 전쟁(6·25동란이란 것)도 끝난 것이 아니다. 휴전상태이다. 휴전상태인데 우리는 지금 전쟁이 다 끝난 줄 알고 흥청망청하고 있다. 더구나 휴전협정에 우리 남한은 서명도 못한 상태이다. 우리의 운명을 우리가 결정하지 못하게 된 입장이다. 이 전쟁도 결국 앞에서 말한 대로 교육을 통해서 휴전을 끝내고 통일을 이룩해야 한다.

우리가 60~80년대 짧은 동안에 산업화를 이루어 비약적인 경제발전을 가져올 수 있었던 것도 밑바탕에서 교육이 떠받쳐 주었기 때문이었다. 교육의 힘으로 경제를 떠받쳐 줬으면 이번엔 반대로 경제가 번 돈으로 교육을 뒷받침해 줘야 하는데 경제가, 기업이 교육을 외면한 결과 우리가 90년대 말 IMF 관리체제의 위기를 맞게 되었던 것이다.

IMF 위기와의 전쟁도 아직 완전히 끝난 것으로 생각해서는 안 된다. 또다시 마음이 흐트러지면 또 어려운 때를 맞게 된다. 이 IMF와의 전쟁도 교육전쟁이다. 멕시코, 네덜란드, 영국도 여러 번 IMF를 맞았는데 궁극적으로는 교육으로 처방했다는 것이다.

그러면 오늘 나의 얘기의 결론은 무엇이겠는가? 국가 위기의 극복은 교육이라는 것이다. 교육은 모든 것의 출발인 동시에 최후의 보루이다. 교육의 기초, 출발이 잘못되면 국가가 위기로까지 몰리게 된다. 그리고 국가가 위기에 닥쳤을 때도 교육으로 극복해야 한다. 교육이 무너지면 그 나라는 영원히 망하는 것이다. 정치인, 기업인이 우리를 실망시키는 일이 있더라도 우리가 계속 정직한 어린이와 젊은이들을 교육시켜 내놓을 때 우리는 희망을 가질 수 있다. 유태인들은 2천 년 동안이나 희망을 버리지 않고 노력하여 오늘날의 이스라엘을 만들지 않았는가?

세계는 우리 민족을 유태인 다음으로 지독한 민족이라고 하면서 주목한다. 유태인이나 우리나 교육으로 살아가는 나라다. 여러분이 이러한 교육의 중요성을 인식하고 우리 사회교육원에 입학한 것을 진심으로 존경하며 환영하고 또 축하한다. 여러 가지 어려운 점이 있더라도 여러분의 기력이 다하는 날까지 공부하실 것을 기대한다. 그래서 끝나지 않은 전쟁들을 승리로 이끌고 세계 속에서 우리도 큰소리치며 떵떵거리며 살아가야겠다. 그리고 여러분 개인의 인생도 알차게 살아가야겠다.

여러분이 우리 충남대의 한 가족이 된 것을 다시 한 번 더 축하하고 환영한다. 감사하다(2000, 1학기 충남대사회교육원 입학식 원장 특강).

---

이 지구상에서 교육에 열성인 나라나 개인이 망한 사례를 찾아 보라. 교육은 불패의 신화이다. 교육을 시키더라도 제대로 해야 한다. 교육을 위해서 돈이 필요하지만 그렇다고 교육을 돈만으로 때울 수도 없다.

## 1) 우리나라는 교육을 가지고 살아가는 교육국가다

자연 자원을 별로 가지고 있지 못한 우리나라가 러시아, 중국, 일본 등 강대국들 틈바구니에서 나라를 빼앗기지 않고 살아가기 위해 우리 조상들은 교육에 힘써 왔다. 자손들에게 교육을 잘 시켜 놔야 어려움을 슬기로 극복해 나갈 수 있다고 굳게 믿었었기 때문이다.

세계적으로 고통을 많이 받은 민족일수록 대체로 교육열이 강하다.

일본의 식민지에서 벗어나 독립하기 위한 방법으로도 우리 민족은 장기적으로 교육을 전략으로 채택했었다. 그래서 어린이 운동, 청소년 운동, 민족학교 운동 등 교육운동으로 일본에서 독립하려고 장기적인 독립운동을 했던 것이다. 일본은 반대로 우리나라를 영원히 식민지화하기 위하여 식민지교육을 강화했던 것이다. 이처럼 교육은 국가와 민족 생존의 마지막 수단이 된다.

유태인들도 교육으로 어려움 속에서 생존해 왔다. 독일이 한때 나라를 잃었을 때 그 원인을 피히테는 국민교육을 잘못했기 때문이라고 했다. 국민교육을 잘못하면 그 민족, 그 국가는 마침내 망하게 된다. 그래서 교육은 국가를 지키는 최후의 보루다.

반대로 독일의 몰트케라는 한 장군은 전쟁에서 승리하고 돌아왔

을 때 시민들이 열어 주는 개선 환영대회 연설에서 "우리가 전쟁에
서 승리하고 돌아올 수 있었던 것은 장군인 나의 전략이 뛰어나서
도 아니고, 나의 병사들이 용감하게 잘 싸웠기 때문도 아니고, 그
것은 바로 저기 앉아 계신 초등학교 선생님이 국민(기초)교육을 잘
해 주셨기 때문이다."라고 하면서 그 개선의 공을 초등학교 선생님
에게 돌렸다고 한다. 강도 높은 군사훈련도 결국 국민 기초교육이
튼튼하게 이루어졌을 때 가능하다는 의미다.

덴마크를 일으킨 것도 국민교육이며, 한때 멕시코, 네덜란드, 영
국이 우리처럼 IMF 관리체제에 넘어갔었는데 그 고통에서 벗어날
수 있었던 것도 궁극적으로는 교육 때문이었다고 한다.

우리가 IMF 관리체제를 불러들인 것도 따지고 보면 궁극적으로
는 국민(정신)교육을 잘못했었기 때문이기도 했고, 또 쉽게 어느 정
도 이를 극복할 수 있었던 것도 국민교육의 수준이 높았기 때문이
라고도 볼 수 있다.

우리가 교육에 힘써 왔기 때문에 1960년대에서 1980년대까지 짧
은 30년 동안에 '한강의 기적'이라며 국가 산업화의 목표를 달성할
수도 있었다. 산업화로 우리는 물질을 얻고 돈을 벌 수 있었으나
그때 우리는 동시에 많은 것을 잃었다. 한국인의 '정신'을 잃고, 윤
리도덕, 교육을 잃었다. 짧은 기간에 너무나 빨리 모래성을 쌓다
보니 90년대부터 모든 것이 무너져 내리기 시작했던 것이다. 무너
져 내리는 절정이 바로 97년 IMF 관리체제였다.

지금 우리는 국가적 '교육적 위기'를 맞고 있다. 국가적 기초가
흔들리고 있다. 교육력이 먹혀들지 않고 있다. 교육의 장소가 난장
판으로 바뀌고 있다고도 한다. 당장은 혼란스럽더라도 어린이 교육,

젊은이 교육이 제대로 먹혀들면 우리는 참고 희망을 가질 수 있다.

그러나 교육이 제대로 안 되면 우리 민족의 앞날은 절망이다. 정치인, 경제인, 기업인, 금융인, 때로는 군인과 경찰이 잠시 국민을 실망시키는 일이 있더라도 앞날을 짊어질 어린이, 젊은이 교육만 제대로 시킬 수 있다면 언젠가는 나라를 튼튼하게 바로 세울 수 있다고 우리는 믿고 기다릴 수 있다. 그러나 교육이 손을 놓게 되면 희망도 없고 기다릴 것도 없게 된다.

## 2) 교육이 바로 서야 국가가 바로 서게 된다

교육이 흔들리면 정치도, 경제도 바로 설 수 없다. 교육을 바로 세워야 한다. 교육국가에서 교육이 무너지는 소리가 여기저기서 들린다. 그런데 오늘 나는 아주 어려운 강연을 맡았다. 우리나라 전체 대학 총학장님들을 한자리에 모셔 놓고 발표할 때도 있었는데 오늘처럼 이렇게 어렵지는 않았다. 나는 지금 초등학생에서부터 학부모, 일반인, 교육계 선배이신 교장선생님들까지 한자리에 모셔 놓고 이렇게 말하고 있으니 어렵지 않을 수 없다. 더구나 내가 초등학교 교실을 떠난 지 만 22년이나 되었으니 여기 앉은 초등학생이 내 말을 얼마나 알아들을 수 있을는지 심히 걱정이 된다.

그러나 여기 모이신 학생, 학부모, 교사, 교육행정가들이 먼저 하나의 팀이 되어 교육을 바로 세우기 위해 앞장을 서야 되겠기에 어쩌면 이렇게 여러 층이 한자리에 모이는 것이 더욱 의미가 있을 수도 있다고 본다.

이제부터 학생, 학부모, 선생님, 교육행정가, 정부에 대하여 각각 나의 간절한 호소의 말씀을 올리고자 한다. 결론은 각자 제자리를 지켜야 교육이 바로 서고, 교육이 바로 서야 비로소 나라가 바로 서게 된다는 것이다.

## 3) 학생 여러분, 그래도 공부하는 길밖에 없다

어떤 사람은 공부가 다냐고 하지만 학생이 공부 이외 다른 일을 할 게 없다. 운동도 공부다. 공부는 여러분의 직업이다.

나는 우리 학생들에게 모든 희망을 건다. 나는 우리 학생들이 예쁘고 기특하게도 생각된다. 선생님과 부모님들이 그렇게 많은 공부를 요구하는데도 그걸 다 참고 해내고 있으니 말이다. 밖에 나가 놀고 싶고 텔레비전을 보고 싶을 텐데 그걸 다 참아 내고 책상 앞에 붙어 있으니 말이다. 어떤 때는 내가 시험문제 정답을 맞혀 보려고 해 봐도 틀리는데 그 어려운 시험문제의 정답을 족집게처럼 찍어 내는 학생들을 보면 선생님인 나는 여러분이 기특하고 신기하기도 해서 감탄을 하게 된다.

그렇다. 그래도 열심히 공부하는 학생에게 희망도 있고 장래도 있다. 어렵더라도 열심히 공부해서 여러분 자신도 잘되고 여러분의 부모님, 선생님도 좋고, 사회와 나라에도 도움이 되게 하자. 교수인 나도 열심히 노력하여 지금 이렇게 여러분 앞에서 얘기도 하게 되고 행복하게 살고 있다. 나의 돌아가신 어머님께서는 내가 밤늦게 공부하는 걸 보시곤 "너는 박사까지 하고도 아직 공부할 게 남아 있느냐? 너는 언제 공부가 다 끝나느냐?” 하셨다. 공부는 끝이 없다. 평생을 두고 공부해야 한다. 그래서 공부가 재미있어야지 지겨운 게 되어서는 안 된다.

어렸을 때의 교육은 뭐니 뭐니 해도 기초를 튼튼히 하는 기초교육에 중점을 둬야 한다. 기초가 튼튼한 사람은 언젠가는 빛을 볼 수 있다. 학문, 과학의 기초, 예·체능의 기초, 외국어와 기술의 기초, 무엇보다 사람 됨됨이의 인간성의 기초, 윤리도덕의 기초를 튼튼히 해야 한다. 나도 열심히 공부하느라고 하기는 했지만 농촌학교, 농업고등학교를 다니고 또 초등학교 선생님으로 일하면서 야간대학과 야간대학원에서 공부하다 보니 학문의 기초를 튼튼히 하지 못해 지금도 기초가 부족한 것을 느낀다.

기초를 튼튼히 하면서도 동시에 한두 가지 특성과 적성을 찾아 그것을 남보다 뛰어나게 발전시켜 나가야 한다. 지금은 한 가지만 뛰어나도 세계적인 사람이 될 수 있다. 한 인간이 모든 것을 골고루 다 잘하기는 심히 어렵다.

그렇기 때문에 앞으로의 세상은 남과 잘 어울려 살 줄 알아야 한다. 다른 사람과 협동해야 내 특성도 발휘할 수 있기 때문이다. 가족, 친구, 선후배와도 잘 어울려야 한다. 이런 때 우리나라에 ‘왕따’ 이야기가 나오는 것은 참 불행한 일이다. 부족해 보이는 사람, 외로운 사람, 장애인과도 잘 어울려 살아야 한다. 그들로부터 많은 것을 배울 수 있다. 또 언젠가는 우리가 그들의 도움을 필요로 하게도 된다.

학생 여러분이 협동하여 스스로 공부하는 분위기도 만들어야 한다. 다수의 착한 여러분이 학교 분위기, 학급 분위기, 수업 분위기를 바르게 잡아야 한다. 한두 사람 때문에 많은 선량한 학생들이 피해를 보지 않게 노력해야 한다.

평생에 존경하는 선생님을 한두 분이라도 모시게 되면 여러분은 일생을 살아가는 데 큰 힘이 된다. 선생님들이 다 훌륭하시지만 그 중에서도 더 존경하는 그런 분은 찾아서 자주 상의를 드리는 게 좋겠다. 선생님에게서 지식만 배우지 말고 살아가시는 모습까지 통째로 배우는 게 좋다.

어렵더라도 ① 꿈과 희망을 가지고 열심히 공부하되 ② 기초에 힘쓰고, ③ 남과 다른 특성을 키우고, ④ 남과 잘 어울릴 줄 알고, ⑤ 다수의 착한 학생이 중심을 잡아야 하고, ⑥ 선생님을 존경해야 배울 수 있다는 말로 학생에게 하고 싶은 말을 요약하겠다.


## 4) 학부모님 여러분, 자녀교육과 국민교육을 시키려면 선생님들을 존경하는 척이라도 하여 주시오

학부모님들이 요즈음 매스컴에서 접하시는 것처럼 지금 학교에서는 선생님의 교육력이 학생들에게 먹혀 들어가지 못하고 있다. 부모님들도 몇 안 되는 자기 자녀들을 통제하지 못하는 집도 많은 실정이듯 지금 학교에서도 교사들이 가르치는 학생들을 통제하지 못하고 있다. 교사의 권위가 날개 없이 추락하고 있다. 과거 군사부일체의 전통적 권위를 전문적 권위, 민주적 권위로 대체하지 못하고 있기 때문이다.

또 산업사회의 거친 교육여건을 지식정보사회의 질 높은 교육환경으로 바꾸지 못해 교사는 학생을 더 이상 가르칠 수 없는 지경에 이른 곳도 많다고 한다.

학부모님, 최소한 자녀들 앞이나 남들 앞에서는 선생님들을 존경하는 척이라도 해 줘야 선생님들에게 아이들을 가르칠 수 있는 권위가 생기게 된다. 무시당하는 선생님들은 아이들을 가르칠 수 없다.

선생님들이 예뻐서 선생님들을 존경하는 척 해 달라는 것이 아니라 선생님들이 가르치는 당신들의 자녀와 국민들이 예쁘고 귀중하기 때문이다.

소수의 똑똑한(?) 학부모, 결 넘는 학부모, 마치 전국의 학부모를 혼자 대표하는 양 매스컴을 독차지하는 소수의 학부모들 때문에 우리의 교육이 왜곡되고, 많은 학생들이 손해를 보는 일이 생긴다. 이제는 침묵하는 다수의 옳은 생각을 가지신 학부모들이 우리의 교육을 바로 세우기 위해 목소리를 내주어야 한다. 민주도 좋고, 평등도 좋고, 소비자, 수요자 중심도 좋지만 이들 때문에 많은 교사들이 사기를 잃고 의욕을 잃고 있다. 당장 여러분 자녀의 교육에 손해를 보게 하고 있다. 우리나라 전체를 보시고, 먼 훗날을 위해 과연 무엇이 옳은가를 잘 판단하시어 다수의 올바른 목소리를 내어 주시오.

교사들은 존경과 명예, 자존심을 먹고 산다. 여기에 상처를 입으면 교사들은 교단에 서 있을 힘조차도 잃게 된다. 이렇게 되면 교육은 더 이상 일어날 수도 없다. 존경과 명예, 자존심을 돈만으로 세워 줄 수도 없다.

돈만 가지고 인간교육을 할 수 있다면 얼마나 좋겠는가? 돈만으로 교육을 때울 수 있다면 아마 부잣집 자녀는 모두 훌륭하게 되었을 것이다.

나는 학부모님들께 항상 죄스럽게 생각하고 있다. 교육행정을 공부하는 사람으로서 학부모님들에게 교육문제의 해결방안을 시원하게 제시해 드리지 못하고 항상 부모님들에게 교육 걱정을 하시게 해 드려서 말이다.

오늘도 학부모님들의 교육 걱정을 시원하게 덜어 드리지 못하고 교육을 바로 세우기 위해 부탁만 드리게 되었다.

첫째, 제발 자녀교육과 국민교육을 위해서 선생님들을 존경하는 척이라도 해 주시오. 학부모와 교사가 서로 존경하고 존중해야 자녀교육이 가능해진다.

둘째, 이제 침묵하는 다수의 올바른 학부모님들이 교육을 바로 세우기 위해 제 목소리를 내어 주시오.

셋째, 선생님들은 존경과 명예, 자존심을 먹고 산다는 생리를 인식하시어 이에 상처가 가지 않게 하여 주시오.


## 5) 선생님 여러분, 이승에서 대우 못 받으면 저승에서라도 수고했다는 소리를 들을 것이다

나도 15년 동안 초등학교 교사를 하면서 속상한 일을 많이 겪었는데 최근에는 더 심하다는 걸 잘 안다. 하루에도 몇 번씩 교직을 때려치우고 싶을 때도 있었다. 실지로 나도 다른 직장을 찾아보기도 했었다. 마음을 돌리고 돌리다 교육행정을 공부하게 되었다.

선생님 여러분, 여러분 반의 아이들의 눈망울을 보시오.

그 애들은 아무 죄가 없다. 속상하는 일이 있더라도 아이들을 위해 최선을 다해 주시오. 국민을 위한다는 집단들이 국민을 실망시킨다고 우리 교육자들까지 국민을 실망시키지는 말아야 하겠다. 그리고 민족의 앞날을 위해서 여러분이 할 수 있는 범위 내에서 있는 힘을 다해 주시오. 그러면 여러분의 제자가 다음에 커서 알아줄 것이다. 또 제자들이 몰라주면 어떠한가?

여기 앉아 계신 학부모님들도 자녀들로부터 효도받기를 일찌감치 포기하고도 자녀교육에 열을 올리고 있는데 지금 교사가 학생에게서 뭐 받을 게 있겠는가? 그래도 열심히 자리를 지키고 교사의 본분을 지키고 제자와 교직, 교육을 사랑해 주시면 나중에 저승에 가시면 분명히 수고했다는 소리를 들을 것이다. 남이 알아주지 않으면 우리 교육자들끼리라도 서로 위로해 주고 격려해 주면서 열심히 최선을 다해 살아가자.

선생님 여러분, 말 나온 김에 체벌, 촌지에 관한 문제는 이제 뿌리를 뽑자.

선생님, 아직도 때리면서 아이들을 가르칠 기운이 남아 있는가?

아이들은 당신의 제자이기 전에 남의 자식이다. 그리고 학생들은 여러분의 학생이기 이전에 하나의 국민이다. 그리고 과거에는 우리가 스승이었지만 지금은 우리가 스승이기 이전에 하나의 교육공무원이고 노조를 하는 노동자다. 교육공무원이, 노동자가 국민인 학생을 때려서 가르칠 수 있겠는가? 사랑의 매, 초달 어쩌고저쩌고 하는 유혹에 넘어가지 마시오. 교육을 못 하고 포기하는 한이 있어도 애들을 때려서까지 가르치려고 과잉 충성하지 마시오. 때려서 가르치는 일은 그들의 부모에게 맡기세요. 그것도 얼마 안 가 아동학대죄에 걸리게 될 판이다. 여러분이 가르치는 학생 하나하나는 이 지구상에 하나밖에 없는 아주 귀중한 인격체이다. 그 애들에게

매가 올라가는가?

체벌 문제는 이제 이 시점에서 대한민국에서는 영원히 사라지도록 문제를 끝내야 한다. 애들이 많아서 체벌 없이 가르칠 수 없다는 핑계도 더 이상 하지 마시오. 애들 많고 적은 것은 정부가 해결할 일이지 일개 교육공무원인 교사가 걱정할 일이 아니다. 돈을 주무르는 일반직이 할 일이지 교사가 할 일이 못 된다.

촌지 문제로 세상이 그렇게 시끄럽고 교사들 체면이 그만큼 구겨졌으면 이제는 더 이상 더러운 소리 듣지 말아야 한다. 이 정도로 촌지교사로 범인 취급을 당하고, 모든 교사가 매도당하고, 교직 전체가 촌지문제로 흔들려 났으면 교직 자체에서도 액수 고하, 선의 여부를 떠나서 엄격하게 다스려야 한다. 감사의 표시도 모두 헛말이다. 스승에게 감사하고 싶으면 졸업 후에나 하라고 하시오. 감사, 촌지 어쩌고 하면 나에게 감사하기보다는 나를 우습게 여기고 무시하는 처사라고 생각하시오.

교육을 바로 세워야 한다고 생각하시면 그래도 묵묵히 선생님의 자리를 지켜 주시오. 그리고 차제에 체벌과 촌지는 그 용어, 말 자체가 대한민국 교육사전에서 아주 사라지게 하여 주시오.


## 6) 교육행정가, 지도자 여러분, 교육의 방향을 바로 제시하여 주시오

우리 민족의 장래를 생각하시오. 교육이 나아갈 큰 방향을 제시하고 그 방향으로 교사와 학부모, 학생이 나아갈 수 있도록 정책과 행정을 펴 주시오. 아직도 우리 학생과 학부모, 교사들은 교육에 열심이다.

교육에 열심인 것이 무슨 죄인가? 학교에서 지겹도록 공부하고도 또 과외까지 하면서 공부하겠다는데 그게 무슨 범죄인가? 고액이다, 과열이다, 치맛바람이라고 몰아붙여 착한 학생과 학부모들을 함부로 비난하고 혼내지 마시오. 혼내려면 과외를 하게 만들어 놓고 치맛바람을 일으키게 만들어 놓은 정부와 관료들을 혼내시오. 다른 나라에서는 학생들이 공부를 안 하려고 하고 학부모가 자녀들을 공부 안 시키려고 해서 문제인데 우리나라에서 교육에 열을 올리는 것은 아주 행복하고 유리한 조건이다. 더구나 지식정보사회는 그 나라의 교육에 의하여 승패가 판가름 나게 되어 있는데 열심히 공부하겠다는 것을 거꾸로 막으려고 하면 어떻게 되겠는가? 과외가 나쁜 것이라면 제발 학생, 학부모, 교사로 하여금 과외 없는 세상에서 살 수 있는 사회를 만들어 주시오.

교육행정가들이 정치 장단에 맞춰 춤을 추고 정권에 비위를 맞추다 보면 마침내 초라해지는 것은 교육행정가 자신들이고 무너지는 것은 교육뿐이다. 교육이 정권유지의 시녀 노릇 하다가 교육의 나라 우리나라가 지금 교육위기를 초래했는지도 모른다. 정치논리, 경제논리로 교육문제를 처방하게 되면 병을 고치기보다는 오히려 병을 도지게 하고 몸까지 망가뜨리게 된다. 교육행정가는 장기적 전망에서 교육의 방향을 바르게 잡고, 정치장단에 춤을 추지 말고 교육 고유의 장단을 만들어 내야 한다.

7) 정부 당국은 교육개혁을 한다고 한 이후 교육이 좋아졌
   는지, 나빠졌는지부터 먼저 정확하게 평가하여 주시오

교실 붕괴·학교 붕괴·교육 붕괴가 엄살인지, 과장된 것인지, 자
연발생적인 것인지 민족의 역사 앞에 엄정하게 평가하여 학생·학
부모·교육자·국민이 교육에 대하여 믿고 안심할 수 있게 하여
주시오. 어느 정권 때부터 교육이 좋아지기 시작했는지, 나빠지기 시
작했는지 평가할 필요가 있다고 본다. 그리고 앞으로 교육이 나아
질 것인지, 나빠질 것인지 올바르게 전망해야 할 것이다.

대부분의 사람들은 "우리나라 교육, 이대로는 안 된다."는 판단
을 하고 있는 것 같다. 지식정보사회에서의 교육 붕괴현상을 심각
하게 받아들이고 있다. 지식정보사회 고지 앞에서 교사들까지 동요
하고 있다. 우선 교육 붕괴에 대한 응급조치를 하고 교육을 바로
세워 나라를 위기에서 구출해야 한다. 이를 위해 정부가 앞장서야
겠지만 우선 여기 모이신 학생, 학부모, 선생님, 교육행정가들부터
각자 자기 자리를 굳건히 지키고 제 할 일을 제대로 하여야겠다
(2000. 스승의 날 행사 대전서부교육청 특강).

---

9년 전 강연 내용이지만 지금 이 시점에서도 고쳐 쓰고 싶은 마음은 없다.

## 1) 21세기의 의미

엄격한 의미에서 21세기, 새로운 천 년대는 2001년 1월 1일 0:00시부터 시작되는 것이 원칙이었다. 그러나 우리의 마음은 새로운 숫자로 바뀌는 2000년 1월 1일 0:00부터 새로운 100년대, 1000년대가 시작되는 것으로 앞당겨졌다. 공교롭게도 한 해, 10년대, 100년대, 1000년대가 동시에 바뀐다는 데 세계 여러 나라들은 많은 의미를 두고 있다. 이렇게 세기가 바뀌고 밀레니엄이 바뀐다고 야단법석인 것은 예수 탄생 기원을 쓰는 기독교도, 즉 서양에서나 해당되는 일이다. 부처 기원을 쓰거나 단기를 쓴다면 새로운 세기나 새로운 천 년대와는 아무 상관이 없다. 우리가 단기를 쓴다면 지금 44세기를 이미 살고 있는 것이다. 그러나 서력기원을 안 쓰는 나라라도 이런 계제에 새로운 세기를 맞았다고 하면서 지난날을 반성하고, 새로운 시대를 전망해 보는 것은 의미가 있다고 본다.

여러분은 21세기를 맞아 여러분의 자녀교육도 의미 있게 바꿔야겠다. 개인적으로도 서기 2000년을 의미 있게 보내고 있을 것으로 믿는다.

인간이 살아온 역사를 잠깐 살펴보면 약 50만 년 전부터 사냥을 하면서 부족 집단을 이루어 살아왔다고 한다. 이때는 다른 방법 없이 어떤 형태로든 말(구두)로써 서로 의사소통을 했을 것이다. 이때 인간에게 가장 중요한 것은 생존 기술이었다. 그리고 마력과 신비의 사상이 지배했다. 그래서 큰 나무, 바위, 강(내)도 그냥 지나칠 수가 없었다. 신비의 시대, 신앙의 시대이기도 하다.

그러다가 씨앗을 발견하면서 정착하여 경작할 줄 알게 되어 약 1만 년 전부터 농경사회를 이루어 살게 되었다. 인간의 의사소통 기술은 말에서 문자로 바뀌어 시간과 공간을 넘어 보존도 하고 멀리 전달할 수도 있게 되었다. 공동사회 도시국가로 생활하게 되고, 중요한 기술이 옷감을 짜는 직조 기술이었다. 그래서 의식주가 많이 좋아진 것이다. 농사를 짓자니 사람의 육체적인 힘 대신에 동물의 힘을 이용하여 힘을 크게 늘릴 수 있었다. 이때 인간의 주요 사상은 논리적·철학적이었다. 생각하고 상상하고 주장하고 토론하기를 좋아했을지 모른다.

산업혁명에 의하여 인간의 육체적 힘, 동물의 힘 대신에 기계의 힘을 이용할 줄 알게 되면서 우리는 산업사회를 맞게 된 것이다. 이 시대를 약 500년 전으로 보고 있다. 인쇄술을 익히게 되어 의사소통을 시간적·공간적으로 확대할 수 있게 되고 공동사회·도시국가로부터 완전한 국가형태를 갖추게 되었다. 이때의 주요 기술은 기계 기술이 되고 인간의 사고의 틀은 결정론적 과학적 틀이었다. 경험주의, 실증주의, 합리적·과학적 증명 등이 지배적인 사고였다. 동양이 서양한테 떨어지기 시작한 것이 이때, 여기서부터라고 할 수 있다. 이때는 이성, 과학, 경제의 시대라고도 할 수 있다.

산업화가 문명의 발달로 인간을 편리하게 살도록 해 줬지만 동시에 인간성을 메마르게 했는지도 모른다. 과학이 지나치다 보니 과학주의에 빠지기도 했다. 그래서 선진국들은 50여 년 전부터 후기 산업사회·지식정보사회로 넘어가기 시작했다고 하는데 아마도 우리나라의 경우는 90년대부터로 보는 게 확실할지 모른다. 주요 의사소통 방식은 인쇄물이 아니라 인공지능기술에 의한 것이고 우리의 생활 영역은 국경을 넘어 지구촌 사회가 된 것이다. 주요 기술은 기계기술을 뛰어넘어 지(성)적 기술이 되고 지배적인 사고는 체제적 사고를 해야 하는 것이다.

이제 분명히 산업시대로부터 새로운 지식정보사회로 넘어가는 것만은 틀림없는 것 같다. 우리가 지금 IMF 관리체제를 맞고 시련을 겪었던 원인 중 중요한 하나는 우리가 아직 산업시대의 사고와 구조에서 벗어나 지식정보사회로 완벽하게 전환하지 못했기 때문이라고 본다. 그래서 구조 개혁 중에서 가장 중요한 것은 산업사회 구조로부터 지식정보사회의 구조로 개혁하는 것이다.

우리는 60년대에서 80년대 사이 짧은 30여 년 동안의 산업화로 많은 것을 얻었다. 먹을 것, 입을 것, 물질을 많이 얻었다. 보릿고개, 민생고를 해결하고 달러($)를 벌어들였다. 백 달러 미만의 1인당 국민소득을 1만 달러 가까이 올려놓았다고 자랑했다. 이것을 한강의 기적이라고 했다. 고요한 아침의 나라, 고요한 농촌사회가 부산한 공장사회로 바뀌었다. 따라서 살기 나쁜 공해 환경도 얻어 냈다. 이웃과 친구도 잃고, 부모 자식, 형제간 가족관계도 멀어지기 시작했다. 스승과 제자 사이도 멀어지기 시작하고 학생의 선생 고발 112 신고는 이미 이때 예약되었던 것이다. 이제 다음 예약은 무엇인지 아는가? 학생이 자기 부모를 112에 고발하는 일이다.

권위가 도전받고 권위의 위기를 맞고 있다. 교사의 권위도 안 먹혀들고 경찰·검찰의 공권력도 우습게 여기고 성직자의 난투극도 구경하게 되었다. 여기 앉으신 여러분도 자녀로부터 효도받기를 일찌감치 포기하고 있을 것이다. 그러면서 자녀를 일류대학에 넣으려고 극성이다. 조금 천천히 산업화시키더라도 얻기만 하고 잃지 않았더라면 얼마나 좋았을까. 너무 성급하다 보니, 정신을 빼 버리고 살다 보니 다리가 끊어지고 가스가 폭발하고, 백화점이 무너져 내리게 되었다. 그리고 언제 자동차에 치어 죽을지 모르게 되었다.

우리는 21세기에서는 이 산업사회에서 잃은 것을 어떻게든 극복하여 인간답게 살아야겠다. 여기에 자녀교육의 과제가 있다.


## 2) 21세기 지식사회에 요구되는 교육의 변화

우리의 학교도 산업사회의 필요에 의하여 산업사회의 사상과 사고로 산업사회에 알맞게 설계되고 만들어져 지금까지 내려왔다고 볼 수 있다. 우리나라의 학교와 교육도 그런대로 산업사회에는 알맞았을지 모르지만 지식정보사회에는 적합하지 못하다고 본다.

산업사회에 기반을 둔 우리의 학교는 산업사회의 상징인 공장을 본뜬 학교에서 인간을 만들어 내야 하는 것이다. 사실은 인간 만드는 학교가 물건 만드는 공장만도 못하다. 품질관리 면에서는 오히려 공장과 기업체가 학교보다 더 잘한다. 빨리 지식정보사회에 알맞은 학교와 교육으로 바뀌어야겠다. 그러면 어떻게 바뀌어야 할 것인가?

첫째, 양으로부터 질로 바뀌어야겠다. 과거에는 대량 생산, 많은 과목, 많은 지식, 많은 시간을 가르치고 배우면 교육을 잘하는 것으로 생각했었다. 이제는 필요한 지식과 정보를 확보하고 이를 잘 조직하고 활용하는 것이 중요하다. 먹는 것도, 입는 것도, 삶도 모두 질을 강조하는 시대가 되었다. 학생들의 학교생활과 배움의 질을 좀 챙겨 봐야겠다. 나에게 꼭 맞는 지식·정보가 필요한 것이다. 쓸데없는 거 많이 알고 있어야 골치만 아프다. 24시간을 살되 진하게 살아야 한다. 흥분하고 열광하고 느끼면서 살아야 한다. 느낌표가 많은 가정, 학교가 되어야겠다.

둘째, 분업과 조립의 교육으로부터 통합의 교육, 협동의 교육으로 전환해야겠다. 공장에서 물건을 만들 때 부품을 만들어 조립해서 완전한 물건을 만들어 내듯이 교육에서도 너무 많이 나누기를 하였다. 유치원, 초등학교, 중학교, 고등학교로 나누고 또 그것도 다시 학년으로 나누고, 학기로, 시간으로 나누어 가르쳤다. 다시 학생들을 반(班)으로 분단으로 나누기도 했다. 나눌 바에는 더 나눌 수 없는 개인(individual, 영어의 개인이란 말은 더 이상 쪼갤 수 없다는 뜻인 것 같다) 수준까지 내려왔어야 한다. 또 지식도 국어, 수학, 음악, 미술, 도덕 등 교과목으로 잘게 조각내어 가르쳐야 전문적으로 잘 가르친다고 생각했었다. 이렇게 조각난 교육을 아이들이 다 주워 모으면 저절로 전인(全人)이 될 수 있겠는가? 이렇게 분업에 의하여 조립 교육을 하려고 하다 보니 조각난 인간이 나올 수밖에 없었다. 지식의 부품 조각이 잘못 조립되어도 확인되지 않은 채 인간 전체가 불량품이 되었던 것이다. 교육이 물건 만드는 공장만도 못했다. 품질관리는 물건 만드는 공장이나 기업체보다도 인간교육에서 먼저 했어야 한다. 인간 만드는 기초교육은 분업보다 통째로 사람 만들기를 해야 할 것이다. 지식의 조각을 골고루 잘하는 평균 인간보다 한 가지라도 잘하는 사람이 더 필요할지 모른다. 이런 때 우리나라에서 '왕따' 문제가 나오는 것은 정말 불행한 일이다. 남과 잘 어울리고 친구와 함께 일하기를 좋아해야 한다. 장애인과 어울리는 공부가 필요하다. 장애인 친구가 좋은 교사가 될 수도 있다.

셋째, 산업사회 공장에서처럼 산업사회 학교에서는 틀에 구워 내는 규격화, 획일화 교육을 했는데, 이제 다양화, 독특성 인정의 교육으로 바뀌어야 한다. 똑같은 학교에서 똑같은 교과서를 가지고 똑같은 방식으로 가르쳐 똑같은 시험을 치르게 하여 똑같은 생각을 하는 똑같은 사람을 만드는 교육을 했었다. 그러나 이제는 개성을 존중하는 교육을 해야 한다. 이제 가정에서도 형제간이라도 제발 비교하지 않도록 해야 할 것이다. 이제는 튀는 아이가 빛을 보게 될 것이다. 장미꽃이 좋다고 모두 장미꽃을 만들려고 하면 되겠는가? 왼쪽 뇌를 잘 쓰는 사람, 오른쪽 뇌를 잘 쓰는 사람, 뜨거운 가슴을 가진 사람, 날랜 손발을 가진 사람, 이들 모두가 박수를 받을 수 있어야 한다. 속도가 느린 사람, 좀 빠른 사람, 초반에 잘하는 사람, 막판에 잘하는 사람, 이런 사람 저런 사람이 있을 수 있다는 것을 인정해 줘야겠다. 기저귀도 늦게 떼는 아이, 반대로 일찍 떼는 아이도 있을 수 있는 것이다.

넷째, 논리, 분석, 증명, 과학만이 믿을 수 있는 지식이 아니라 좀 느낌이 있는 지식, 흥분, 열광, 주관, 감동도 중요한 지식이라는 생각을 가져야 한다. 강조되는 창의성은 엉뚱한 생각에서 많이 나온다. 앞으로의 사회에서 강조될 문화, 예술은 이러한 '느낌표'에서 빛을 볼 수 있다. 여러분의 자녀에게서 느낌표가 많이 나오게 해야 한다. 옛날에는 한자만 알고, 영어 단어만 많이 알아도 유식한 사람이라고 했는데 이제는 아는 것으로 그치는 게 아니라 '할 수' 있고 '해야'만 유식한 사람이 된다. 이것이 아마 요즘 말하는 '신지식인'일 것이다. 앞으로의 사회는 지식정보사회도 되지만 문화예술의 사회가 된다. 인간답게 살아야 하는 것이다.

다섯째, 산업사회에서는 넓어야 국가 수준이었는데 이제는 우리의 시야를 지구촌으로 넓혀야 한다. 국제 이해, 세계문화 이해 교육이 요구된다. 우리는 하나의 세계 시장 체제가 되면서 어려워졌다는 것을 알아야 한다. 농산물 시장 개방 협상 시 쩔쩔매고, 금융시장 개방에서 압도당하고, 어업협정에서 골탕 먹는 것은 모두 국제 감각 부재에서 온 것이다. 생활영역이 지구촌이 된 것은 이미 앞에서 말한 바와 같다. 영어만 할 줄 안다고 해결되는 것은 아니다. 오히려 영어보다 국제문화 이해가 더 중요하다. 국제 에티켓도 중요하다.

여섯째, 산업사회에서는 분업에 의하여 자기 일만 혼자 하면 되었지만 앞으로의 사회에서는 남과 더불어 팀이 되어 일해야 하기 때문에 대인관계, 인간관계, 사회성이 좋아야 한다. 공부도 혼자 하는 게 아니라 팀으로 팀학습, 협동학습을 해야 한다. 위대한 한 사람이 어떤 결정을 하는 것보다 부족하더라도 집단 지혜를 모아 일을 처리하고 문제를 해결하는 것이 낫다는 것이다.

일곱째, 산업사회는 물질이 지배했지만 지식정보사회에서는 올바른 정신을 갖고 인간답게 살아야 하기 때문에 윤리도덕성이 가장 중요시되고 강조된다. 사실 도덕성은 가정의 몫이고 종교, 사회의 몫이 학교의 몫보다 더 크다. 윤리도덕은 말로 가르치기보다는 몸으로, 행동으로 가르쳐야 효과적이다. 부모가 행동으로 가르치는 영향이 제일 크다. 선진국은 윤리도덕, 질서가 정연한 나라이다.

여덟째, 산업사회에서는 분업에 의하여 학교에서만 배우고, 학생만 공부하면 되었는데 지식정보사회에서는 사회 전체가 교실(학습장소)이 되고, 모든 사회인, 전 국민이 학생이 되어 요람에서 무덤까지가 다 학습기간이 된다. 우리나라는 지독한 나라이다. 요람이 아니라 뱃속에 있는 아이도 교육시켰다. 무덤까지가 아니라 무덤에서도 학생명찰(비석) 지방을 붙이고 학생으로 공부하는 나라이다. 학교에서, 교사에게서, 교과서에서만 배우려고 해서는 안 된다. 학교는 더 이상 교육의 전매청이 될 수 없다. 우리는 그동안 내 자식 교육을 너무나 학교를 믿고 학교에만 매달렸던 점을 반성할 필요가 있다. 내 자녀 교육을 너무 학교와 학원에 의존하고 돈으로 때우려고 해서는 안 된다. 아버지, 어머니 자신이 먼저 공부하면 자식들에게 공부하라는 말을 할 필요가 없다. 지식사회에서 선진국은 전 국민이 학생이고 후진국은 학생만 학생인 나라이다. 학생만 학생인 나라와 전 국민이 학생인 나라가 국제게임에서 경쟁이 되겠는가? 평생학습사회가 되어야 한다. 오히려 학교에서는 학습하는 방법의 학습이나 학습하게 된다. 지식이 폭탄이 터지듯이 폭발적으로 늘어나고 시각을 다투어 변하는데 그런 지식을 어떻게 다 암기하고 학습할 수 있겠는가? 평생학습하기 위해서 어린 시절, 젊은 시절 정력을 아끼고 비축하도록 자녀를 지도해야 할 것이다.

## 3) 내 자녀 교육은 내가 몸으로

21세기가 된다고 하루아침에 모든 것이 싹 달라지는 것은 아니다. 우리가 21세기에 도달할 것을 선진국은 이미 몇 십 년 전부터 겪고 있는 것이다. 그러나 지식정보, 문화예술의 사회가 되는 것은 틀림없는 것 같다. 이에 맞춰 우리의 교육도 달라져야 하는 것 또한 사실이다.

교육으로 산업화를 가능케 했던 우리는 다시 교육으로 지식사회에 승부수를 던지지 않을 수 없다. 국가적으로, 가정적으로 또 개인적으로도 교육에 대한 투자(금전뿐만 아니라 시간, 노력, 무엇보다 정성)는 지금까지 가장 확실한 투자였다.

지식사회에서도 기본적인 사람 만드는 일에는 철저하고 엄격해야 한다. 사람이 안 된 상태에서 많이 아는 것은 오히려 위험하다. 그리고 산업사회에서 필요하던 모든 것을 다 부정하고, 싹 버려서는 안 된다. 기본적으로 알아야 할 것에는 철저해야 한다는 것을 재삼 강조한다. 외우기를 비난하지만 외울 것은 외우면 편리하게 사용할 수 있는 것이다.

지금과 같은 학교교육, 입시교육에서 성적이 좀 기대보다 부족하고 낮더라도 너무 자녀들을 몰아붙이지 말아야 한다. 그보다는 오히려 격려해 주고, 위로해 주고, 가능하다면 대화를 나눌 수 있으면 좋겠다.

자녀들로 하여금 하고 싶은 공부를 할 수 있도록 허용해 주었으면 좋겠다. 자녀가 어떤 잠재력의 싹이 있는지 잘 관찰하여 발견해야 한다. 자녀가 그것에 시간과 노력을 보내고자 한다면 거기서 성공하고 그 일을 하면서 행복을 찾을 수 있는 가능성이 높다. 하고 싶은 일을 하면서 행복하게 살 수 있도록 부모가 허용해 줘야 할 것이다.

공부하는 가정의 분위기를 만들어 주는 일이 중요하다. 부모가 신문, 잡지, 소설만 읽어도 아주 큰 선생님의 역할을 하는 셈이다. 부모의 말과 행동이 다르면 자녀교육은 저절로 망치게 된다. 일시적으로 좋은 성적을 얻는다 해도 인생의 종점에서는 실패하게 될 것이다. 조상 앞에 부끄럽지 않으려 하고 자식을 두려워하는 부모는 틀림없이 성공적으로 자녀교육을 하고 있다고 믿는다. 자녀교육은 부모가 몸으로 가르치는 것이 가장 확실한 방법이다.

아무리 시대가 바뀌고 사회가 변해도 부모 자식 간의 관계는 바뀔 수 없다. 부모가 가정에서 자녀교육의 주도권을 갖고 모범을 보이는 것이 가장 확실한 자녀교육 방법이다. 우리나라는 자녀교육을 너무 학교에 전적으로 맡기는 경향이다. 학교에 맡기고도 불안하니까 학원이다 과외다 돈으로 때우려 한다. 유태인들은 가정교육이 주이고 학교교육이 부차적이다. 여러분의 자녀교육을 돈으로 때울 수 있다면 얼마나 편하고 좋겠는가. 자녀교육을 책임지고 맡아 줄 사람만 있다면 아마 골치 아프게 애들 붙잡고 있는 것보다 과외비 마련하기 위해 파출부 노릇 하는 게 쉬울 것이다.

내 자녀 교육은 내가 해야 한다. 내 자녀 교육을 하자면 내가 남의 자녀도 지켜 줘야 한다. 내 가정을 지키려면 남의 가정도 서로 지켜 줘야 하는 것이다(2000. 대전교육청 학부모교육 원고).

---

학생들에게'상상력'을 키워주란 말을 덧붙이고 싶다.

교육부가 교육인적자원부로 이름이 바뀌면서 장관이 부총리로 승격되게 되었고 새 장관이 들어섰다. 늦게나마 인적자원을 중시하여 부서가 승격되고 부서장이 격상되거나 새 장관으로 임명되는 일은 축하할 일이다.

이렇게 기관과 책임자가 승격·격상되듯이 우리의 교육과 교육자의 신분도 그만큼 향상될 수 있다면 얼마나 좋을까? 그러나 이러한 승격과 격상, 신임장관의 임명이 교육발전이나 교사의 지위향상·사기진작과는 아무 상관없다는 데 문제가 있다.

신임 교육인적자원부장관은 먼저 교육현실을 정확하게 파악해야 할 것이다.

시대와 사회는 교육과 정신세계를 강조하는 지식정보사회가 되었는데 여기서 교육과 교실이 붕괴되고 우리의 정신세계가 온통 무너져 내리고 있으니 문제다. 이런 현상은 경제가 무너지는 것보다 더 위험하다. 그런데도 우리의 지도자와 국민들은 이를 심각하게 여기지 않는 것 같아 더욱 불안하다.

국가와 사회가 총체적으로 신뢰와 권위의 위기를 맞고 있다. 국가 공권력도 우습게 여겨지고, 판검사·의사의 권위도 무너지고, 교사의 권위는 땅에 떨어진 지 이미 오래되었다. 교육개혁을 한다고 교육과 교사를 우습게 보고 짓밟아 놓았기 때문이다.

그 결과 지식사회 고지 앞에서 지금 교사들은 사기를 잃고 총을 놓고 있다. 이는 그동안 교육에다 투쟁논리, 정치논리, 경제논리, 원칙이 아닌 변칙논리의 칼날을 들이댄 결과이기도 하다. 교육인적자원부장관은 이런 교육현실을 먼저 정확하게 파악하길 바란다. 몇 개월 동안 대통령과 언론으로부터 혼나기나 하고 얻어맞기나 하려면 장관이 안 된 것만도 못하게 된다. 교육자의 한 사람으로 신임 장관에게 몇 가지 부탁을 하고자 한다.

첫째, 장관이 앞장서서 교사에게 먼저 머리를 숙여야 한다. 그래야 교육 관리도, 학부모·학생도 교사를 존경·존중하는 체라도 하게 된다. 교사는 명예와 존경, 자존심을 먹고 사는 것인데 장관과 관리가 앞장서서 선생님을 우습게 보고 마구잡이로 교사를 자르고 개혁을 한다고 흔들어 놓은 결과 교육이 무너져 내리고 있다. 교사를 정신적, 경제적으로 우대하지 않으면 앞으로 교사를 할 사람을 찾기 힘들게 된다. 정년도 62세로 떨어지고, 대우도 나쁘고 비난이나 받는다면 누가 교직에 오겠는가? 장관이 먼저 모범을 보이고 교사를 존중해야 장관도 교사로부터 존경을 받을 수 있다. 교사로부터 존경 못 받는 장관은 이미 장관이 아니다.

둘째, 교육인적자원부가 먼저 지식정보사회에 맞게 바뀌어야 한다. 지금 학교와 대학에서는 '교육인적자원부'가 없어져야 우리나라 교육이 산다고 하고 있다. 지금의 조직과 사람들을 가지고는 지식정보사회에 맞는 교육정책과 행정을 할 수 없을 뿐만 아니라 신임 장관의 뜻을 펼칠 수도 없게 되어 있다. 조직과 사람을 장악하지 못하면 장관은 허수아비 노릇만 하다가 내려오게 된다. 신임 장

관은 대학은 안다고 할지 모르지만 초·중등교육에 대하여는 거리
가 있을 수 있으므로 참모를 잘 쓰고, 전문가의 자문을 잘 활용해
야 할 것이다. 교육현장을 제대로 볼 줄 알아야 좋은 정책이 나올
수 있다.

셋째, 어려운 때일수록 원리와 원칙에 충실해야 한다. 그동안 교
육인적자원부가 교육과 교육행정의 원칙과 원리에 어긋난 일을 많
이 했기 때문에 신뢰와 권위를 잃고 있다. 지방교육 자치를 하려면
원칙대로 할 수 있게 해야 한다. 교육재정도 지방교육청에 완전히
넘겨줘야 한다. 우리나라에서는 교육행정이 일반행정에 포함되면
교육은 파멸을 가져온다. 대학 일은 완전히 대학 자치에 맡겨야 한
다. 교육 관리 몇 명이 대학을 다 개혁시켜 주고 다 발전시켜 준다
는 오만을 먼저 버려야 한다.

넷째, 지식정보사회에 맞는 교육을 하려면 먼저 교육재정투자를
확대해야 한다. 과거 산업시대의 대량·싸구려 교육으로는 지식정
보사회에 더 이상 대처할 수 없다. 경영학, 경제학의 합리성, 효율
성, 효과성, 경제성, 경쟁논리만으로는 지식정보사회의 교육을 할
수 없다. 지금 우리나라 교육의 실정은 무조건 돈을 퍼붓고 봐야
할 정도로 비참한 실정이다. 우리나라 경제수준이 자동차 수준이라
면 교육 부문의 수준은 손수레 수준이기 때문이다. 최고 수준의 질
의 교육, 독특성과 다양성 존중의 교육을 하기 위해서는 막대한 재
정투자가 요구된다. 이는 장관을 부총리로 격상시킨다고 될 일이
아니다. 신임 장관은 대통령, 재경부, 행정자치부, 기획예산처를 먼
저 설득하여 교육재정을 확보해야 한다. 그리고 나서 확보된 재정
을 효율적, 효과적으로 쓰도록 챙겨야 한다. 지금 교육재정이 교실

과 연구실로 제대로 투입되지 못하고 있다. 오죽하면 국민들이 우리 교육을 포기하고 해외유학으로, 과외로 눈을 돌리겠는가?

교육인적자원부는 좀 전문가들이 연구하여 교육의 큰 방향만 제시해 주는 데 그치고 나머지는 교육실천가들에게 믿고 맡겨 이들이 신바람 나서 교육에 참여하게 해야 한다. 너무 친절하게 모든 것을 다 중앙에서 해 주다 보니 그것이 획일과 횡포로 보이게 된다.

기대가 크면 실망도 크겠기에 이상 네 가지 기본적인 바람만을 적어 본다. 신임장관의 취임과 함께 이제는 우리 교사와 교육이 제자리를 찾을 수 있기 바란다(새교육 칼럼, 2000. 10. 한국교총).

---

교사의 전문성을 길러 주고 전문성에 해당하는 만큼. 자율성과 책임성을 주라. 그것은 교사를 제자리에 놔주는 것이다.

신임 문용린 교육인적자원부장관은 "교육부터 달라져야 한다."고 '교육인적자원부 개혁론'을 내세웠다고 한다. 제대로 교육현실의 맥을 짚은 것 같다.

학교를 위한 교육인적자원부에서 국민을 위한 교육인적자원부로 바뀌기도 하고, 인적인프라 구축의 부총리제를 위해서도 교육인적자원부가 달라져야겠지만 무엇보다 급한 것은 '교원을 사랑하고 격려하기 위한' 교육인적자원부로 바뀌어야 한다는 것을 강조한다.

지금 교심이반(敎心離叛)으로 교육인적자원부와 교원의 마음이 따로 놀고 있다. 기름과 물과 같이 되었다. 정년 연령 단축으로 교원의 목을 사정없이 내리치고, 교육개혁을 한다고 교원을 개혁의 대상으로 삼아 너무 걷잡을 사이 없이, 숨 쉴 틈도 없이 몰아붙이기만 했기 때문이다. 거기다 또 촌지교사·체벌교사, 노동자 신세로 싸잡아 매질하여 이제 한국의 교사는 존경도, 자존심도, 사기도 논하기조차 염치없고 더 이상 물러서랴 물러설 벼랑도 없고, 떨어지려야 떨어질 낭떠러지도 없는 지경에 이르렀다. 그야말로 교원세계에까지 이판사판이 된 것이다.

거기다 교육인적자원부는 교원의 심정을 모르는 일반직이 온통 다 차지하고 교육의 본질과는 거리가 먼 일을 하면서 국민의 세금

을 가지고 장난치고 있는 것으로 교원들 눈에 비치고 있으니 교육
인적자원부는 이제 교원과는 멀리 떨어진 독불장군이 된 것이다.
교육인적자원부 혼자서 실컷 교육개혁 잘해 보라고 교원들은 체념
하고 있는 것이다. 교육인적자원부 관리들은 그동안 세 불리기를
한다고 자기 무덤을 판 결과 '교육인적자원부 무용론'까지 나온 것
이다. 교원들이 행정자치부 관리들의 지배를 받을 바에는 차라리
재경부나 행정자치부 관리들의 지배를 받는 것이 낫겠다는 정서가
교원들 사이에 흐르게 된 것이다. 일본의 식민지보다는 미국의 식
민 지배가 나을 뻔했다는 논리이다.

문용린 장관도 관리들을 장악하지 못하면 재임 중 아무 일도 못
하게 될 것이다. 이것도 초반에 장악하지 못하면 어렵게 된다. 전임
장관들 신세가 된다는 것을 알아야 한다. 교육감이나, 총학장·교장
모아 놓고 무슨 지시나 하고, 공문이나 내보내고, 무슨 평가나 해서
돈 준다고 해서 개혁이 일어날 것으로 착각해서는 안 된다.

이제 교육인적자원부는 교육의 본질적인 일을 좀 하고, 교육의
질을 관리하고 우리나라 교육이 나아갈 방향을 잡는 좀 철학적인
일을 해야 한다. 우리나라 교육이 나아갈 큰 흐름과 방향만 올바르
게 잡아 줘도 교육인적자원부는 큰일을 하는 것이다. 나머지는 교
육통계나 잡아 주고 장학적 조언(獎學的 助言)이나 해 주는 기능을
할 생각을 해야 한다. 나머지 방법적인 일은 죽이 되든 밥이 되든
각 시·도 교육청과 각 대학에 맡겨야 한다. 교육인적자원부 관리
몇 명이 우리나라 교육을 다 챙겨 주기에는 우리나라는 이미 너무
나 큰 나라이고, 너무나 수준이 높아진 나라이다. 돈 나누어주는
일은 공식에 의하여 자동적으로 지방과 대학에 분배하면 된다.

　청와대에 무얼 보고하고 보여주기 위해서 무슨 일을 하려고 하다 보면 또 실수를 하게 된다. 교육개혁은 그렇게 쉽게 이루어지지도 않고 또 그 결과가 금방 나타나지도 않는다. 교육이라는 농사는 최소한 10년, 30년 농사가 되어야 한다.

　교육인적자원부가 달라지려면 교육의 본질과 질 관리, 철학과 연구 쪽으로 교육인적자원부의 조직을 바꿔야 한다. 만일 교육의 본질을 중심에 놓는 방향으로 교육인적자원부의 조직을 바꾸지 못한다면 급한 대로 이런 일을 해낼 수 있는 전문 인력을 교육인적자원부에 배치해야 할 것이다. 만일 조직도 인력도 그대로 둔 채 "교육인적자원부가 먼저 달라져야 한다."고 장관 혼자서 외쳐 대 봐야 공허한 메아리로 돌아올 뿐이다. 장관이 한마디 한다고 달라질 교육인적자원부였다면 우리나라 교육을 이렇게까지 망쳐 놓지는 않았을 것이다.

　필자도 교육부총리제를 제안한 바 있는데 그것은 지식정보사회에서 교육이 국가의제의 최우선순위에 서야 함에도 불구하고 교육이 계속 뒷전으로 밀려나고, 교육인적자원부장관의 힘이 약하기 때문이었다. 필자가 교육부총리제를 제안했던 것은 교육·훈련과 고용·문화·과학·정보를 한 부서로 통합하는 안이지 지금처럼 여러 부로 나눠 놓고 부총리 주재하에 회의나 하고 조정이나 하는 정도의 부총리제는 아니었다. 옛날의 '문교부'처럼 지식과 정보·인력을 다루는 부서를 하나로 통합하여 장관을 부총리로 격상시켜야 한다는 안이 되어야 한다고 본다. 아니면 부총리 밑에 여러 명의 차관급이나 실장급을 두는 형태를 생각했던 것이다.

　부총리제가 되기 전이라도 교육인적자원부는 달라져야 한다. 헌

법 정신대로 중앙집권과 통제로부터 지방분권과 대학 자치로 넘어
가야 한다. 교육의 본질과 철학의 방향을 잡고 교육의 질 관리를
하는 일을 중심에 놓도록 교육인적자원부의 조직이 달라져야 한다.
조직개편에 시간이 걸리면 교육을 연구하고 전문적인 일을 할 수
있는 사람으로 교육인적자원부 사람이 바뀌어야 한다. 조직도 사람
도 안 바뀌고 장관만 바뀌어 가지고는 교육인적자원부는 더 이상
달라지기를 기대할 수 없다.

　신임장관의 모처럼의 올바른 현실파악이 제대로 관철되어 교육
인적자원부가 달라져 교심이반 현상이라도 봉합되길 기대한다(한국
교육신문, 2000. 1. 31).

---

교육과학기술부가 하는 짓을 보면 교육과학기술부를 없애야 한다는 주장에
찬성하고 싶은 심정이다. 헌법 31조 4항 '교육의 자주성, 전문성, 정치적 중립
성'에 의하여 '시·도 교육자치'를 하고, '대학의 자율성'에 의하여 '대학자치'
를 하게 되어 있으므로 우리나라 교육과학기술부는 없어도 안 될 것이 없다.
국민으로부터 외면 당하는 부서가 없어지지 않으려면 환골탈태해야 한다.

　우선 김대중 대통령께서 지식정보사회·문화예술사회의 도래와 함께 인적자원과 교육의 중요성을 인식하여 교육인적자원부장관을 부총리로 승격시키고 그 전 단계로 인적자원개발회의를 운영하려고 하는 점을 그동안 교육을 중요시해야 한다고 외쳐 온 한 사람으로서 먼저 환영과 함께 감사의 뜻을 표현하고 싶다. 그리고 토론자 자신도 교육부총리제를 이미 제안한 바 있어(98. 2. 6. 한국교총 제30회 교육정책토론회, 졸저 『교육행정강독』, 원미사, 1999) 교육부총리제 실현에 더욱 관심을 갖게 된다. 우선 교육부총리제는 일단 교육을 중시한다는 상징적 의미만으로도 상당한 가치를 가질 것으로 본다. 여기 참석자 모든 분들이 동의할 것으로 보는데 21세기 앞으로 100년은 교육에 의하여 민족의 운명과 국가경쟁의 승부가 판가름 나게 된다는 인식이다. 지금의 사회와 앞으로의 사회가 얼마 동안 지식정보·문화예술의 사회라고 한다면 이에 필요한 지식정보와 문화예술은 산업사회에서처럼 공장에서 물건을 제조해 내듯 하는 것이 아니라 교육을 통해서 인적자원을 만들어 내야 하기 때문이다.

　교육부총리제는 발표자 ○○○ 교수도 언급했듯이 ① 교육의 중요도를 격상시켜야 하기 때문에, 그리고 ② 인적자원을 다루는 부서가 통합되거나 최소한 연결·조정·협동하여 효율성을 기해야 할 필요성 때문에 제안된 것이라고 보아야 할 것이다. 그리고 ① 작은 정부 지향과, 이제는 ② 분업보다는 통합의 방향이라는 세계적 거대조류와 맥을 같이한다는 점도 고려해야 할 것이다.

이런 취지와 정신에 맞추려면 첫째, 중앙에서부터 통합해야 한다. 현재의 관련 업무와 관련 부처인 노동, 과학기술, 정보통신, 문화관광, 보건복지를 가능한 범위에서 통합할 것은 우선 최대한 통합하여 하나의 부나 원으로 하여 부총리로 할 것을 제안한다. 현재와 같이 나누어져 있는 것을 그대로 둔 채 단순히 부총리로 위상이나 높이고 회의나 해 가지고는 우리나라 그동안의 역사로 보아 실효를 거두기 어렵고 부총리제 격상의 취지도 살리기 어렵다고 본다. 그런데 여기서 통합한다고 지금 하고 있는 일과 조직을 단순히 합쳐 놓는 것이 아니라 중앙의 일과 조직을 줄여 지방에 이양시키고 중앙의 일과 조직을 줄여야 작은 정부가 되고 통합과 연결의 의미도 살릴 수 있다. 통합에는 용기가 필요하다. 정부가 통합하는 데 얼마나 용기가 있는지 시험하는 시험무대가 될 것이다.

둘째, 통합 후의 조정이다. 최대한 통합 노력을 하고도 도저히 통합할 수 없는 부처와는 부총리 주재하에 조정(회의)·협조를 하도록 해야 할 것이다.

셋째, 교육투자가 선행되어야 한다. 아무리 교육인적자원부를 부총리로 격상시키고 위상을 높여 놔도 돈이 없으면 무의미하게 된다. 돈이 있어야 힘이 생기고 위상도 올라간다. 특히 지식정보·문화예술은 돈이 들어가는 분야이다. 교육재정투자 없는 교육부총리제는 의미가 줄어든다.

넷째, 분권화가 전제되어야 한다. 교육인적자원부를 교육부총리로 격상시키고, 여러 부를 통합한다고 중앙에서 업무나 조직이 비대해지는 것을 지방정부나 교원 등 구성원들이 원치 않는다는 것을 알아야 한다. 다시 말하면 교육인적자원부장관이 부총리로 바뀌는 것과 교원과는 아무 상관없는 일이 되어서는 안 된다. 부총리가 되었다고 지방 교육청과 학교, 교원이 더 통제받고, 더 지시받고, 더 명령받게 되면 지방과 학교, 교원은 교육인적자원부 장관이 부총리로 바뀌지 않는 것만도 못하다고 할 것이다. 지금 교원들은 교육인적자원부가 힘이 없기를 학수고대하고 있다. 지금처럼 대학이나 교육청, 학교가 교육인적자원부의 통제를 받을 바에는 차라리 교육인적자원부를 없애고 행정자치부의 통제를 받는 게 낫다고 하면서 교육인적자원부 폐지론, 교육인적자원부 무용론까지 들고 나와 극단의 상태에 와 있다는 것을 알아야 한다. 식민 지배를 받을 바에는 일본(교육인적자원부)의 식민 지배를 받는 것보다 차라리 미국(행정자치부) 식민 지배를 받는 것이 나을 뻔했다는 논리이다. 이 계제에 중앙을 줄여서 지방교육청과 대학과 학교의 자치와 자율화를 실현해야 한다. 분권화의 원리가 지켜져야 한다.

다섯째, 지방조직도 병행해서 바뀌어야 한다. 중앙정부조직이 바뀌면 반드시 지방정부, 교육청의 업무와 조직, 재정이 함께 변해야 한다. 중앙의 강물을 지방, 학교의 실개천이 받아 내는 격이 되어서는 안 된다.

여섯째, 조직개편의 기본 방향이 정해진 후 세부조직을 구상해야 한다. 교육인적자원부(발표자의 인간자원부)의 조직은 앞에서 제시한 통합과 분권화가 어느 정도 이루어지느냐에 따라 달라질 것이기 때문에 성급하게 제안하기는 어려울 것이다.

일곱째, 구조 변화와 함께 문화개혁이 이루어져야 한다. 교육을 부총리로 격상시켜 놔도 교육존중 문화가 형성되지 않으면 무의미해진다.

이 외에도 더 많은 중요한 것이 있겠지만 제한된 시간이므로 줄이고, 발표자의 노고에 감사한다. 발표자의 내용에 많은 부분 동의하지만 필자는 근본적으로 일단 여러 부를 합치고 줄여야 한다는 점에서 발표자와 의견이 다르고 분권화에는 같은 의견인 것으로 본다. 감사하다(2000. 한국교육개발원 교육부총리제 학술 세미나 토론 원고).

---

결국 인적자원 부서를 장악하지 못하고 리더십을 발휘하지 못한 교육부총리제는 허물어지고 말았다.

# IV

## 배움을 사랑하는 사람들을 위하여

- 배움을 사랑하는 사람들을 위하여
- 알고자 하는 자에게 존경을
- 평생학습사회의 건설
- 지식정보사회에 맞는 전환적 사고
- 새로운 세기에는 성숙사회를
- 역사적 문지방을 넘기 위한 평생교육
- 긴긴 마라톤 코스의 완주자에게 영광을
- 성취인의 직장생활

새천년, 새로운 세기를 맞이하여 야단법석을 부리던 올해도 이제 하반기를 맞고 있다. 극성을 부리던 더위도, 엊그제까지 공포에 떨게 했던 장마도, 태풍도 제풀에 꺾이고 공부하기 좋은 가을에 들어섰다.

나는 평생 공부하겠다고 우리 대학교 사회교육원에 등록하신 여러분을 진심으로 존경한다. 나도 어렵게 공부했고 또 배우고 공부하기를 좋아하기 때문이다.

그래서 나는 오늘 딱딱한 원장 식사를 대신하여 '배움에 대한 사랑'에 대하여 같이 생각해 보는 시간을 갖고자 한다. Arliss Roaden 이란 사람은 배움에 대하여 이렇게 이야기한다.

- 배움은 빠를수록 좋다.
- 배움에 목말라야 한다.
- 배움과 지식에는 끝이 없다.
- 배움과 마음의 창고는 완전히 채울 수 없다.
- 배움은 바로 기쁨이어라.

## 1) 배움은 빠를수록 좋다

인간의 교육은 빠를수록 좋다는 것이다. 미국에서는 얼마 전까지 5세에 교육을 시작하는 것이 너무 늦다고 했다(Five years too Late). 그런데 우리나라에서는 "세 살 버릇 여든까지 간다."고 하여 3세 이전의 교육을 강조했다. Erikson이란 사람은 3개월에서 세 살까지의 기간을 인간에 대한 신뢰감을 형성하는 '결정적 시기(critical period)'라고 하여 강조했다. 아이들은 두 살이 되기 전에 말하고, 걷고, 조심하고, 수의 기초와 읽기의 의미를 알고, 대상물을 구별하고, 다른 사람과 나누고 협조하는 법을 배운다는 기적 같은 사실을 생각해 보시오.

우리 조상들은 지식정보사회가 도래할 것을 예측하기라도 하였는지 태어나기 전부터 교육을 시작했다. 태어나기 전부터 교육을 시작한다는 것은 아이들은 태어나기 전부터 배울 수 있다는 뜻이다. 그런데 나는 태교를 시작했다는 사실보다 우리 조상들은 어머니 뱃속에 있는 아이도, 임신하는 순간부터 한 인간으로 생각했다는 인간존중, 생명존중 사상을 더 높이 받들고 싶다.

어떤 교육학자는 임신한 엄마가 아기가 태어나기 전에 아기교육을 하려고 한다면 이미 늦었다고 충고한다. 결혼이나 임신 전부터 교육을 계획해야 한다는 뜻일 것이다.

이런 충고를 얼마나 받아들일지 모르겠으나 최소한 가능한 한 아기를 낳자마자 아기에게 책이나 읽기를 소개하고 도입하는 것이 이롭다는 것이다. 유태인들은 아기들에게 책에다 꿀을 발라 놓고 책을 빨며 자연스럽게 책을 좋아하고 친하게 만든다는 것이다.

예능이나 외국어도 가능한 한 빠를수록 좋다는 것을 여러분이
더 잘 알 것이다. 그러나 늦었다고 할 때가 빠르다는 사실을 잊지
마시오. 새로운 것에 도전하는 여러분, 여러분에게는 지금 이 순간
도 배움에는 빠른 것이다.

지금 이 자리에 와서 공부하려고 생각도 해 보지 않은 사람에
비하면 여러분은 배움에 아주 빠르다는 사실을 알아야 한다.


## 2) 배움에 목말라야 한다

배움에 배부르면 배울 수가 없다. 우리 모두는 시한부 인생을 산
다. 어려서, 젊어서는 배움에 배불러하다가 살아갈 날이 좁혀 오면
서 배움에 목말라하는 경우가 있다. 또 배울 기회가 많이 주어졌던
사람보다 배울 기회를 상실했던 사람들이 더 배움에 배고파하는 경
우가 많다.

지난 학기에 83세 할머니가 우리 사회교육원 일본어 과정을 성
공적으로 마쳤다. 우리 지방의 한 교수님은 교수로 정년퇴임하고
박사를 두 개나 가지고 있으면서 70대에 새로운 분야에 또 박사학
위에 도전하여 성공하셨다고 한다. 그분을 본받고자 하는 한 대학
교수님이 경영학 박사학위를 가지고 있으면서 우리 대학 교육대학
원 교육행정 전공 석사과정에 들어와 지난 학기 나와 같이 공부했
다. 이분들은 공부와 학위가 액세서리가 아니다. 어떤 분은 자기 병
이 돌이킬 수 없는 암이라는 사실을 알면서도 박사 학위논문을 마
무리 짓고 있다. George Reavis 박사는 교수로 정년퇴임하고, World

Books라는 잡지의 편집장을 지내고, 낙농일을 하다 퇴임하고, 70세에 스페인어 공부를 하고, 80세에 오르간 연주를 배우고, 84세에 Phi Delta Kappa의 교육재단 설립에 그가 가진 모든 것을 바쳤고, 89세에 돌아가셨는데 11년 후 100세 탄신 기념회에 그를 따르는 많은 사람들이 모여들었다. 이런 사람들은 "자신이 앉아 쉬지 못할 나무를 심습니다. 그러나 우리가 그들이 심은 나무 그늘에서 즐기며 쉬게 됩니다."

시청각 교육에서 많이 인용되는 Edgar Dale 박사는 65세에 대학교수에서 퇴임하고도 월요일에서 토요일까지 하루도 빼놓지 않고 연구실을 지켰고, 학회나 강의, 발표장에서는 캐묻기를 좋아하고 끝없이 질문하기로 유명했다는 것이다. 이분은 82세에 돌아가셨는데 죽을 때까지 파킨슨병에 걸렸음에도 불구하고 공부하고, 연구하고, 책 쓰기를 하여 돌아가시기 수개월 전까지 4권의 책을 출판했다는 것이다. "사람은 짧은 지팡이로 먼 미래를 다 탐구하지 못합니다. 최고의 우수성을 발휘하기 위해서는 시간이 필요합니다."(2004년까지 미국 Ohio State University의 교육대학에는 Dale센터가 있었다.)

나의 대학원 은사님 한 분은 대학교수로 정년퇴임한 후에도 꼭 출근을 한다. 흰 와이셔츠를 입고 넥타이를 매고 양복을 입고 가방을 들고 사모님과 인사를 나누고 출근을 한다. 어디로 출근하는지 아는가? 건넌방 서재로 출근을 하는 것이다. 도시락을 싸 가지고 가시기도 하시고 도시락을 시켜 먹기도 한다. 그리고 퇴근시간에 맞춰 퇴근하시고 사모님께 잘 다녀왔다는 인사를 한다. 정년퇴임 후에도 계속 책을 내고 학회에 나가서 발표를 한다.

나도 초등학교 교사를 하다가 박사가 되고 교수가 되면 손에서 책을 놓을 줄 알았던 돌아가신 어머님께서는 "너는 언제 공부가 끝나느냐?"고 하시던 말씀이 아직도 생생하다. 나의 아이들은 공부하는 아빠의 모습만 보고 자랐다. 그래서 내가 빈둥빈둥 놀면 오히려 나를 혼낸다. "아빠, 공부 좀 하세요."(졸저 『우리의 교육 몸으로 가르치자』는 책 안에 있는 한 제목)라고.

육체적 식사도 해야 하지만 우리는 정신적 물도 마시고 식사도 해야 한다. 정신적 양식, 배움에 목말라해야 한다. 정신적 식사에 목 타야 한다.


## 3) 배움과 지식에는 끝이 없다

돈이나, 자연자원이나, 시간의 공급에는 끝이 있고 한정이 있지만 배움과 지식의 공급에는 끝이 없고 제한이 없다. 배움과 지식에는 '이만하면 됐다.'는 것이 없다. 아무리 퍼 넣어도 끝이 없다. 이 세상엔 영원히 마르지 않는 지식의 샘이 있다. 퍼 마셔도 퍼 마셔도 마르지 않는 지식의 샘이다. 물, 물, 물, 물을 달라. 한 방울의 물이라도 더 마셔야 할 지식의 물을 달라. 우리가 다 마셔 말려 버릴 수 없는 지식의 샘이 있다. 계속 마시기 위해 도전해야 한다.


## 4) 배움과 마음의 창고는 완전히 채울 수 없다

지식의 샘이 바닥이 없듯이 신은 우리에게 지식을 받을 수 있는 마음의 그릇을 주셨다. 언제나 더 채워야 할 여지가 남아 있다. 더, 더, 더, 배우고 채워야 할 여지가 남아 있다는 것을 생각해 주시오. 평생 공부하셔서 속 찬 남자, 속 찬 여자가 되어 주시오.

## 5) 배움은 바로 기쁨이어라

알지 못하던 어떤 새로운 것을 알게 되고 배우게 된다는 것은 바로 흥분과 열광, 희열 그 자체다. 이 세상 모든 사람들은 특별한 어떤 느낌을 좋아한다. 특별하다는 것은 곧 아무도 모르는 어떤 것을 알게 되는 황홀경을 경험하는 것이다. 우리가 배운다는 것이 단지 다른 사람이 발견해 놓은 사실이나 주어 담는 것에 그친다면 더 빨리, 더 좋게 치우는 진공청소기에 불과할 것이다. 새로운 것을 얻고, 만들어 내야 할 것이다. 배움의 과정은 치통처럼 나 혼자만의 것이다.

매일 어떤 새로운 것을 배운다는 것은 우리가 사랑하는 축제나 잔치와 같고 하프와 춤, 의상과 패션의 변화, 따뜻한 목욕, 달콤한 사랑, 곤한 잠과 같다. 아니 이 모든 것보다 좋다. 배움은 병든 정신을 치료하고, 마비된 신경을 고치고, 권태를 흥분과 열광으로 바꿔 준다. 배움이란 해돋이나 해넘이를 보는 것보다 더 새로운 기분을 갖게 하고, 토요일 밤 목욕보다 더 산뜻한 기분을 준다.

유감스럽게도 이 세상 모든 사람이 다 지식의 샘으로부터 지식을 다 마실 수는 없다. 여러분, 같이 마시고자 하는 사람만이 지식의 샘물을 퍼 마실 수 있는 것이다. 생을 낭비하는 사람은 배움으로부터 조기 퇴직하는 사람이다. 직장에서의 퇴직은 있어도 배움에는 정년도, 퇴직도 없다. 지식의 창고는 결코 비워 둬서는 안 된다. 배움의 용량에는 경계나 제한이 없다. 배움의 포대 자루는 무한정 들어간다.

사회교육원 입학생 여러분!

우리 사회교육원에서 배움의 포대 자루, 배움의 배를 마음껏 가득 채워 가시오. 우리는 평생교육을 흔히 '요람에서 무덤까지'라고 하는데 우리 조상들은 이를 앞뒤로 무한정 늘렸다. 임신에서부터 태교를 했고, 결혼 전, 임신 전부터 아이들 교육을 계획했으며, 무덤에 가신 후에도 비석에 새겨진 대로 '학생(學生)'으로서 영원히 배운다고 생각했던 것이다. 끝없이 배우려는 여러분께 원장으로서 격려의 박수를 보낸다.

자, 여러분 이제부터 우리와 함께 신선한 배움의 가을여행을 신나게 떠나자. 고맙다(2000. 2학기 충남대사회교육원 입학식 특강).

---

배우는 사람은 아름답다. 교사도 가르치려고 하기전에 먼저 배우려고 해야 한다. 배우는 사람이라야 가르칠 수 있고 가르치려면 배워야 한다. 눈을 감는 순간까지 배우고 꿈을 가져야 삶에 의미가 있다.

모두 학교에서 중요한 일을 맡고 있고 가정적으로 몹시 바쁜 연세인데도 알고자 그리고 배우고자 저녁 늦게까지 공부하시고 오늘 한 명도 낙오자 없이 전원이 성공적으로 60시간 연수를 마치신 여러분께 진심으로 치하와 동시에 축하를 드린다. 나는 공부하는 사람을 제일 좋아하고 존경한다. 대신 배우지 않고 아는 체하고 말만 많은 사람을 제일 싫어한다. 이 자리에 앉으신 여러분은 내가 보내드리는 존경을 받기에 충분한 분들이다. 밤늦게까지 공부하느라고 여러분 방에, 대학의 연구실, 실험실, 도서관에 불이 켜져 있는 모습을 보면 나 스스로 행복해진다. 24시간 연구실, 실험실, 기계가 돌아가는 나라와 밤 12시만 되면 모든 것이 멈춰서는 나라(밤 12시 통행금지가 있던 시절의 우리나라)와는 경쟁이 안 된다.

무엇보다도 다행인 것은 연수기간 중 특별한 사고가 없었다는 점이다. 사실은 먼 길을 운전해 다니시는 여러분을 나는 은근히 걱정했었다.

연수 중에 좋은 시설을 제공해 드리지 못해서 나는 항상 죄송하고 죄지은 사람과 같은 심정이었다. 부족한 환경, 미비한 시설에도 너그럽게 이해해 주시고 용서해 주신 여러분께 감사드린다.

이번 코스는 충분한 예습과 복습을 요하는 하드 트레인의 과정이었는데 20일간에 집중적으로 시행하다 보니 예습·복습 공부할 시간이 모자랐던 점은 앞으로 고쳐 나가야 할 것으로 본다. 현장교육 연구방법은 여러분 자신이 직접 연구하지 않더라도 앞으로 교장·교감·장학사 등 지도자가 되어 교사들을 지도하고 도와줄 때도 필요하기 때문에 계속 공부해 나가셔야겠다. 이번 연수에 소득이 많이 있었기를 빈다.

그동안 철저한 연수를 해 달라는 나의 부탁대로 철두철미하게, 그리고 손에 쥐어 주듯이 친절히 지도해 주신 교수님과 박사님들께 진심으로 감사드린다. 그리고 조교들의 수고도 기억해야 할 것이다. 우리 사회교육원 직원들의 뒷바라지가 있었다는 점도 잊지 말아야 할 것이다. 누구보다도 전 과정을 책임지고 운영하신 책임교수님의 고마움을 강조한다. 이 모든 분들께 여러분 고맙다는 박수 한 번 보내 주시오. 또 이 과정을 허락해 주신 대전, 충남 양 교육감께 감사를 드린다. 그리고 양 교육청 담당 장학사들의 도움이 있었던 것도 알아야 할 것이다.

나는 여러분께 배울 수 있는 기회를 드리고 또 내 이름으로 존경하는 여러분께 이수증을 드리게 되어 무엇보다 기쁘다. 아마도 배우고자 열망하는 분은 앞으로도 계속 만나게 될 것이다.

우리 사회교육원은 배우고자 하는 모든 어른들에게 배움의 기회를 계속 제공해 드리겠다. 그리고 우리 사회교육원에 오신 분들에게는 책임지고 철저히 교육시켜 드리겠다. 1학기에도 200여 명이 공부하고 1학기 과정을 성공적으로 수료하였는데 아주 만족해하고 있다. 여러분 가족과 주변에 공부하시고자 하는 분들이 있으면 많이 권장하여 주시길 바란다.

여러분 우리 사회교육원에서 철저하면서도 친절하신 교수님들과 야간등불 밑에서 공부하던 지난 20여 일간이 행복한 추억으로 여러분 일생 동안 간직하시게 되길 빈다. 여러분 고맙다(충남대 사회교육원 교사 연수 수료식사).

나는 진실로 배우려 하는 사람을 존경한다. 공부 이외에 하고 싶은 일도 많을 텐데 그 비싼 등록금을 내고, 귀중한 시간과 노력을 바쳐 배우고자 하는 사람이 존경스럽지 않을 수 없다. 어린 학생이라도 배우고자 하는 사람은 존경까지는 안 갈지 몰라도 최소한 존중해줘야 한다.

　애초에는 저명인사를 모셔다 개원 겸 입학 기념 특강을 계획하려 했었는데 입학인원 등의 불안정으로 뜻대로 되지 못해 내가 식사를 좀 길게 하더라도 용서해 주시기 바란다. 또 이런 기회가 아니면 원생 여러분과 대화를 나눌 기회가 없을 것으로 생각되어 나의 생각의 일단을 말씀드리고자 한다. 20세기에서 21세기로, 산업사회에서 지식정보사회·문화예술의 사회로 넘어가는 역사의 문턱에서 여러분을 만나게 된 것을 기쁘게 생각한다. 이 시점에서 사회교육원 어른 학생이 되신 걸 축하한다. 그리고 나와 같이 충남대학교 가족이 되신 걸 진심으로 환영한다.

　나는 공부하는 모습을 보거나 공부하는 이야기를 들을 때가 가장 행복하다. 더구나 늦게 공부하시는 여러분과 같은 분들을 진정으로 존경한다. 지식·정보사회가 도래하면서 지식과 정보가 폭발적으로 늘어난다. 어제의 지식이 오늘에는 쓸모가 없게 되는 현실이다. 지식이나 정보도 양이 아니라 이제는 질이다.

　질적으로 우수한 지식과 정보를 잘 조직하고 활용할 줄 알아야 한다. 이렇게 지식이 늘어나고 변하기 때문에 우리는 요람에서 무덤에 이르기까지 평생을 통하여 공부해야 한다.

　이제는 학생이 따로 없다. 학생만이 학생이 아니라 공부하는 사람은 모두가 학생인 것이다. 학생시절에 지겹도록 공부하다가도 학교만 졸업하면 마치 인생이라도 끝나는 것처럼 배움과 인연을 끊는 우리 사회의 풍토는 하루 빨리 고쳐져야 한다.

나는 평생을 통해서 공부하시겠다고 여기 오신 여러분을 머리 숙여 존경한다.

첫째, 여러분은 우리나라, 우리 사회의 기반이 되고 선진 지식사회의 건설자이기 때문에 내가 존경하고 또 여기 오시길 잘했다고 생각한다. 전 국민이 학생인 나라와 학생만 학생인 나라는 국제시합, 국제게임에서 상대가 될 수 없다. 질 수밖에 없다. 여러분과 같은 '어른 학생'이 많은 나라가 지식사회에서 선진국이 되고 국력이 센 나라가 되고 국제게임에서 승리하는 나라가 되는 것이다. 그래서 여러분은 바로 대전·충남북의 저력이 되며 대한민국을 떠받치는 국력이 되는 것이다. 이제 우리는 모두가 공부하는 학습사회(learning society)를 만들어야 한다. 학교 교실만 교실이 아니라 대전·충남북 전체가 교실이고 우리나라, 온 세계, 온 지구가 다 교실이 되는 것이다. 언제, 어디서나, 누구에게서나 배우는 사회를 바로 여러분이 만들고 계신 것이다. 학교와 사회의 구분이 없어진다. 담 없는 학교(school without wall)가 생겨난 지도 이미 오래입니다. 박물관에서도 배우고 백화점에서도 배운다. 지식정보사회에서는 지식정보가 언제, 어디서나, 누구에게나 모두 노출되고 개방되어 언제, 어디서나, 누구나 접근할 수 있게 된다. 학교에서만, 선생님에게서만, 교과서에서만 지식과 정보를 얻는 게 아니다. 여러분 '어른 학생'은 진정으로 대한민국, 대전, 충·남북의 건설자이다.

둘째, 여러분은 오늘부터 학생이면서 동시에 '몸으로 가르치는 가장 확실한 선생님'이기 때문에 내가 존경하고 또 학생이 되길 잘 하셨다고 생각한다. 최소한 여러분은 자녀, 손자, 손녀에게 공부하는 모습을 보여줌으로써 그들을 입이 아니라 몸으로 가르치게 되는 것이다. 엄마도, 아빠도, 할아버지인 나도 공부한다는 것을 자식들에게 시범으로, 모범으로, 행동으로, 실천으로 보여주고 가르치게 되는 것이다. 오늘부터 여러분은 더 이상 여러분 자녀들에게 '공부하라'는 말을 할 필요가 없다. 여러분, 이제부터 댁에 가서 일부러 열심히 숙제도 하고, 예습·복습·연습하는 모습도 자녀들에게, 가족에게, 이웃에게 보여주시오. 시험공부를 하는 모습을 일부러 보여주시오. 충남대학 사회교육원이 되게 공부시킨다고 좀 호들갑을 떨어 주시오. 내가 교수님들께 그렇게 이미 부탁드렸다. 여러분 이미 그런 각오가 되어 있지요? 여러분의 건강을 해치지 않는 범위 내에서 열심히 해 주시오. 여러분은 최소한 여러분 자녀의 가장 확실한 선생님이 되는 것이다. 나는 몇 년 전에 『우리의 교육, 몸으로 가르치자』라는 책을 썼다. 여러분이 결석하면 여러분 자녀들 보고 바쁘면 학교 가지 않아도 된다는 것을 몸으로 가르치게 되는 것이다. 여러분이 중도에 탈락하면 기분 내키는 대로 살라고 자녀들을 행동으로 가르치게 되는 셈이다. 여러분, 학습비 내버리고 자녀교육까지 망치지 않도록 사회교육원에서 정해진 목적지까지 끝까지 완주해 주시오. 우리는 그런 분을 도와드릴 것이며, 그런 분을 머리 숙여 존경할 것이다. 여러분, 마라톤으로 완주하여 콧대 높은 우리 교수님들과 사회교육원장의 존경과 박수를 받아 주시오.

셋째, 배우는 속에서 스스로 기쁨과 즐거움을 느끼려는 여러분께 진정으로 존경의 뜻을 드리고 싶다. 국력을 위해서보다도, 또 자녀

교육을 위해서보다도 여러분 자신을 위해서, 여러분 자신이 배움과 깨우침, 단련, 발전을 느끼는 그 순간순간에 기쁨과 행복을 느끼는 것이 더 중요하다. 배우는 순간순간이 기쁘고, 즐겁고 행복하면 학습비와 투자한 시간과 노력은 아깝지 않은 것이다. 배우는 속에서 기쁨을 찾으려는 여러분을 나는 존경한다. 사회교육원에 오셔서 여러분이 기쁨에 충만하고 행복하다면 이런 기회를 마련한 충남대학도, 총장도, 우리들 모두도 행복하겠다. 우리와의 만남을 통하여 여러분이 자아실현을 하고, 잠재능력을 발휘하고, 자기발견을 할 수 있다는 그것이 바로 우리 사회교육원이 존재해야 할 이유가 된다.

여러분, 평생학습사회의 건설자로서, 자녀교육을 몸으로 실천하는 선생님으로서, 배움의 기쁨을 만끽함으로써 우리의 존경과 박수를 졸업식 날 실컷 받아 갈 수 있도록 지금 이 순간 각오를 단단히 해 주시오. 이제 좀 다른 말씀을 드리겠다.

첫째, 우리가 사회교육원을 창설하여 여러분을 제1기생으로 모시다 보니 여러 가지로 미숙하고, 시설이 부족하고, 봉사인력이 부족하여 불편한 점이 너무 많을 것으로 예상되는바 이에 대한 깊은 이해와 용서를 미리 부탁드린다. 말씀해 주시고, 지적해 주시면, 계속 개선해 나가겠다. 그 대신 고생하신 제1기생의 맏아들, 맏딸, 우리 사회교육원 최고 선배라는 긍지를 가질 수 있도록 해 주시오.

둘째, 자치·자율의 풍토와 문화를 형성하도록 노력해 주시오. 과정별, 과목별 자치회를 구성하여 대표자 임원을 뽑아 스스로 공부하고, 협동하여 더 배우고, 교수와 상호 협의하여 어려움도 극복하는 그런 풍토와 문화를 형성했으면 좋겠다. 여러분이 충남대학교 사회교육원의 아름다운 역사와 전통의 기초를 세우게 된다는 사명감을 가져 주시오. 여러분과 우리는 운명적으로 충남대의 한 가족으로 만났다. 모두가 충남대인인 것이다. 충남대라는 같은 배를 타고 망망대해를 떠나게 되었다. 이 자리에는 고등학교를 갓 졸업한 청년으로부터 70에 가까운 할아버지까지, 보통교육을 마치신 분부터 박사·교수에 이르기까지, 산전수전 사회경험을 많이 겪으신 분으로부터 사회경험이 전혀 없는 분, 남녀노소, 각계각층의 사회인이 똑같은 충남대 사회교육원이란 배에 타고 있다. 강사이면서 학생인 교수님도 있다. 2개 과목 수강하는 분도 있고, 부부 학생도 있다. 서로 이해하고 서로 협동하려는 노력이 요구된다. 다양한 사람이 하나의 팀이 되어야 한다. 앞으로의 사회는 팀으로 일하지 않으면 안 된다. 팀으로 살아가는 연습을 여기서 하게 되는 좋은 기회이기도 하다. 팀스피리트(team spirit)는 운동팀, 군대훈련에서만 필요한 것이 아니라 바로 사회교육원에서 필요하다. 사회교육원에서 사회성을 배워야 할 것이다. 다양한 동창생과 어울릴 줄 아는 사회성 수업을 먼저 해 주세요.

셋째, 앞으로 5주, 15주 종착점에서 무엇인가 산물, 업적을 보여 주시오. 그동안 배운 것을 작품발표회, 시연, 시범, 연주회 등으로 여러분 가족, 후원자, 여러분 자신에게 보여줄 평가회 같은 것을 교수님과 협의하며 구상하고 계획하여 추진하실 것을 하나의 힌트로 제시한다. 과정별로 해도 좋고 여러 과정이 합쳐서 해도 좋다. 시집출판, 시낭송회, 중국연극, 중국노래, 중국여행 말이다. 일본어도 마찬가지다. 마사지 시범, 시연, 댄스발표회, 플롯연주회 등을 하면 좋을 것이다. 충남대가 학부 학생들 교육도 세계 수준으로 하기 어려운 형편에 무슨 사회인에게까지 넓혀 교육할 수 있느냐는 질문

속에서 사회교육원 설립을 계속 미루어 오다가 앞에서 말씀드린 거대한 사회적 흐름과 시대적 요청을 파악하시고 총장께서 결단을 내려 우리 사회교육원이 이 세상에 탄생하여 이제 막 뱃고동을 울리며 망망대해를 향하여 시동을 걸었다. 여러 가지 어려움이 많음에도 불구하고 사회교육원 창설의 결단을 내린 총장님과, 짧은 시간 내 개원하여 입학식을 갖도록 도와주신 관계자 여러분께 원장으로서 진심으로 감사드린다.

대학본부의 여러 처실국장, 좋은 프로그램을 개발하신 교학부장, 무에서 유를 창조한 우리 직원, 자원봉사해 준 교육학과 대학원생 모두 고맙다. 무엇보다도 앞으로 여러분을 직접 지도해 주실 지도교수께 감사드린다. 그리고 창설을 도와주신 교육인적자원부 관계관과 지역사회의 협조에 감사의 뜻을 나타내지 않을 수 없다. 무엇보다도 서로서로 연락하여 학습의 기회를 마련하려 하고 또 폐강 안 되게 하려고 노력하신 여기 계신 '어른 학생' 입학생 여러분께 축하와 함께 감사의 말씀을 안 드릴 수 없다. 앞으로 우리 충남대 사회교육원은 일반 학원이나 다른 사립대학의 사회교육원과 차별화하여 충남대만의 프로그램을 특화하고, 서비스의 질, 교육의 질, 학습의 질을 계속 향상시켜 나갈 것이다. 토요일 오후 개인 시간까지 내서 참석해 주신 모든 분께 감사드린다. 긴 시간 부족한 내용에 경청해 주셔서 대단히 고맙다(1999. 1학기 충남대 사회교육원 입학식 특강).

---

'평생교육'이 아니라 '평생학습'이란 말이 더 정확한 말이다. 누가 가르쳐 주는 것이 아니라 자신이 배우는 것이기 때문이다.

우리는 60~80년대 짧은 동안에 어느 정도 산업화시키는 데 성공하였으나 그때 이미 선진국들은 지식정보사회로 전환한 상태였기 때문에 우리의 산업사회의 사고와 구조가 변해 버린 지식정보사회에 맞지 않게 되었던 것이다. 산업사회 사고와 구조로 변해 버린 지식정보사회에 대처할 수 없기 때문에 우리는 IMF 관리체제를 맞고 지금 어려움을 겪고 있는 것이다. 그래서 IMF 관리체제를 극복하기 위해서 우리는 모든 면에서 구조조정을 해야만 나라가 살수 있다고 외치고 있는 것이다. 미국도 80년대에 심히 어려움을 겪고 있었다. 그때 미국은 '일본이 몰려온다', '한국이 몰려온다'고 하면서 엄살을 부리기도 했다. 미국은 80년대 구조조정에 성공하고 90년대 들어 미국 역사상 최대의 호황을 누리고 있다. 우리도 빨리 산업사회 사고와 구조를 지식정보사회의 사고와 구조로 바꿔야겠다. 오늘은 그중 몇 가지에 대해서만 말씀드리겠다.

첫째, 산업사회의 양(대량생산)에서 지식정보사회의 질(다품종 소량생산)로 전환하는 일이다. 그동안은 소품종을 대량생산하여 싼값으로 'Made in Korea' 제품을 팔아 돈을 벌 수 있었으나 이제는 세계의 입맛이 바뀌어 질 낮은 것으로는 승산이 없다. 품질로 승부를 걸어야 한다. 먹을 것, 입을 것, 생활하는 것 모두가 이제는 질을 따지게 되는 것이다. 24시간을 살되 어떻게 하면 아름답게, 질 높게 사느냐 하는 삶의 질을 따지는 것이다. 감격하고, 열광하고, 기쁨과 희열에 넘치는 시간이 많아야겠다. 공부도 양을 줄이고 질을 높여야겠다. 그리고 공부하는 동안도 행복하고 즐거워야겠다.

둘째, 산업사회의 쪼개기, 분업으로부터 지식정보사회의 통합과 협동의 사고와 구조로 전환해야겠다. 산업사회에서는 싼값으로 대량생산하기 위하여 분업을 하고 이를 조립했다. 그래서 자동차 한 대를 만드는 데 2~3만 개의 부품이 필요했다. 공장이나 회사에서 일을 할 때도 전체의 일이 어떻게 되는지, 옆 사람과 어떻게 관련되고 연결되는지 알 필요도 없이 자기 일만 열심히 했으면 됐다.

교육도 너무나 쪼개서 분업으로 가르치려 했다. 유아원, 유치원, 초등학교, 중학교, 고등학교, 대학, 대학원으로 나누고, 국어, 영어, 수학…… 교과도 나누고, 그것을 또 학년, 학기, 과, 단원, 시간으로 쪼개고 하여 지식을 최대한 난도질하여 쪼개서 가르쳐야 전문적으로 잘 가르친다고 생각했던 것이다. 그리고 선생님들이 쪼개서 가르친 지식을 어린 학생들이 다 주워 모으면 조화로운 전인(全人)이 될 것으로 기대했으니 그게 가능하겠는가?

이제는 통합의 시대다. 칸막이와 벽을 허물어야겠다. 국경의 칸막이가 없이 세계가 하나의 시장이 되었다. 환경과 공해도 국경이 없는 지구촌의 문제다.

20세기 산업시대 이념으로 갈라졌던 나라들이 모두 통합이 되었는데 우리만 남과 북으로 갈라졌다. 통합의 시대를 맞아 남북정상이 서로 만나서 통일에 대한 대화를 하기 시작했다.

우리나라 어떤 지역에서는 담을 허무는 일을 한다고 한다. 눈으로 보이는 담을 허무는 일과 함께 우리의 마음의 담을 허무는 일도 해야겠다.

학문에서도 담을 좀 허물고 다른 학문과 연결하고 통합하는 노력을 해야 할 것이다. 지금은 학문영역이 조금만 달라도 학자나 교수들 사이에 학문적 대화를 하기조차 어렵다.

이제는 일을 해도 팀으로 해야 한다. 마치 군인들의 팀워크, 운동팀의 팀정신이 요구되는 것이다. 공부도 팀으로 가르치고 팀으로 배우는 경향이다.

팀으로 일하기 위해서는 사회성, 인간관계 기술이 요구된다. 남과 잘 어울릴 줄 알아야 한다.

이제 국제사회에서도 고립되어서는 살 수 없다. 국제간에도 친구가 있어야 한다.

셋째, 산업시대의 획일성에서 지식정보사회의 다양성과 독특성으로 전환해야겠다. 산업시대는 획일과 단일이 아름답게 보였을지 모른다. 그래서 단체미, 전체미를 찾고자 했을지 모른다. 그래서 제복, 교복, 제창으로 일제미와 획일미를 오히려 좋게 보았을 것이다. 우리나라에서는 특히 단일민족을 내세워 외국인이 살기에 가장 어려운 나라였을지 모른다.

생각도 똑같은 생각을 해야만 칭찬받았다. 조금이라도 다른 생각을 하는 사람을 이단이라고 하고 그런 사람을 배척했다. 그런데 이제는 나와 다른 생각을 하는 사람과 팀을 이루어 같이 일해야 한다. 개성과 독특성, 그래서 다양성이 아름다움을 이루게 된다. 장미꽃이 아름답지만 이 세상에 장미꽃만 있다면 장미꽃이 아름답겠는가?

개성과 독특성, 다양성을 존중하다 보니 권한을 자꾸 밑에다 내려주게 된다. 분권화의 경향으로 자꾸 가고 있다. 이제는 효율성, 경제성만을 따질 수도 없다. 좋으면 밑지는 일도 해야 하고 돈 안 되는 일을 하는 사람도 있어야 한다.

찬 머리도 칭찬받아야 하지만 뜨거운 가슴, 날랜 손발도 박수를 받아야 한다.

우리 한민족은 열심히 일도 많이 하고 공부도 많이 한다면 이제는 지식정보사회의 시대정신에 맞게 해야겠다.

① 질을 추구하고, ② 통합과 협동의 방향을 잡고, ③ 독특성과 다양성도 칭찬받을 수 있어야겠다.

2000년 21세기 첫해 새로운 결심으로 공부하겠다고 3월 4일 이 자리에서 입학식을 가졌는데 가정, 직장 여러 가지로 어려움이 많았을 텐데 이 자리에 영광스럽게 수료하시는 500여 명 수료생과 가족 여러분께 축하의 박수를 보내드린다. 여러분의 성원 속에 우리 충남대학교 사회교육원은 조금씩 점진적으로 발전하고 있다.

2학기에는 '학점은행제' 과목을 신청하여 대학 졸업장이 없는 분들에게 대학 학사학위를 딸 수 있도록 도움을 드리고자 한다. 이웃에 많이 알려 좋은 기회가 되길 바란다. 그리고 2학기에는 50여 개 코스를 열어 어른들에게 공부할 수 있는 기회를 드려 봉사하고자 하니 그때 또 뵙게 되기를 바란다.

오늘 토요일 오후에 여러 가지로 바쁘실 텐데 참석하여 주신 내빈께 감사를 드리며, 한 학기 동안 갈고 닦은 작품을 발표하실 여러분께 큰 박수로 축하한다. 우리 사회교육원 수료생 여러분께 다시 한 번 더 축하를 드린다. 감사하다(2000. 충남대 사회교육원 원장 특강).

아이들이 일을 저지르면 우리는 어리니까, 철이 없으니까 그렇다고 하고, 미숙하기 때문에 그렇다고 하며 그래서 용서도 해 준다. 사람도 사람 노릇 하고 철이 들려면 어느 정도 나이도 먹고, 공부도 하고, 경험도 쌓아야 하는가 보다.

대학을 졸업하고 회사에 갓 들어간 사회 초년생이 일을 처리할 때 솔직히 어떤 때는 불안하기도 하다. 좀 일을 잘 처리하지 못했을 때는 좀 미숙하기 때문이라고 한다. 미숙하다는 것은 무엇인가? 좀 덜 익었다는 뜻이다.

과일로 치면 덜 익은 과일에 해당하는 것이다. 풋사과, 풋과일에 해당하는 것이다. 덜 익은 과일을 먹으면 체하게 된다. 과일이 익어야 하듯이 술도 익어야 하고, 김치도 음식도 좀 익어야 할 것은 익어야 한다. 풋김치와 겉절이가 있기는 하다만 김치도 적당히 익어야 제 맛이 나는 것이다.

사람도 어느 정도 익어야 제 맛이 나는 것인지 모르겠다. 우리같이 가르치는 사람도 좀 익어야 강의 맛이 나는지 모르겠다. 물론 분야에 따라서는 풋내기 학자가 인기 있는 분야도 있을 수는 있겠다만 말이다. 어떤가? 풋내기 의사에게 여러분의 몸과 목숨을 맡길 때는 좀 불안하고 또 모험을 걸어야 하겠지요? 어떤가? 풋내기 정치인들에게 우리의 국정을 맡길 때도 불안하겠죠?

그런데 연령적으로 어릴 때는 그래도 그러려니 하고 철이 들기를 기다릴 수가 있는데 나이는 나이대로 먹었는데도 풋내기처럼 행동할 때 우리는 더 실망하게 되는 것이다. 5, 60세, 6, 70세를 먹었는데도 믿지 못하게, 불안하게 행동할 때, 우리는 그 사람은 언제 철이 들지 모르겠다고 하며 혀를 차게 된다. 눈을 감는 순간까지 미숙한 상태로 철들지 못하고 생을 마치는 사람도 있을 것이다. 자기 하나 철없이 살다 가는 것은 좋은데 이 철없는 사람들 때문에 많은 사람들이 실망하게 되고, 피해를 보게 된다는 점이다.

사람에게 성숙한 사람, 미숙한 사람이 있듯이 국가와 사회에도 미숙한 사회와 성숙한 사회가 있는 것이다. 그러면 우리 한국사회, 대전사회는 성숙사회에 속한다고 보겠는가? 미숙사회에 속하는 것으로 보겠는가?

성숙사회냐 미숙사회냐를 결정하기 전에 먼저 어떠한 사회가 성숙사회인가를 생각해 봐야 할 것이다.

성숙사회는 무엇보다 안전하고 편안하고 평화스러워야 한다. 생명에 위협을 받고, 재산보호에 두려움을 갖게 된다면 성숙사회라고 할 수 없다. 어떤가? 우리 사회는 안전하고, 편안하고, 평화스러운가? 모두가 불안하다. 언제 죽을지 모르고, 언제 나쁜 사람 만날지 몰라 불안하다. 사고 왕국이다. 우리는 지금 사망진단서를 몇 장씩 호주머니에 넣고 다녀야 한다. 정치도 불안하고, 경제도 불안하다. 요즘엔 교실까지 붕괴된다고 한다.

성숙사회는 무엇보다 생명(生命)을 귀하게 여기고 인간(人間), 인격(人格)을 존중하는 사회다. 사람의 목숨과 인격이 짓밟히는 사회를 우리는 성숙사회라고 할 수 없다. 인간의 생명뿐만 아니라 동물·식물의 생명, 자연의 생명, 물건의 생명까지도 아끼고 귀중하게 여기는 사회일 것이다. 여러분이 쓰던 가구, 입던 옷, 쌀 한 톨의 생명이라도 아끼는 마음이 있는 사회일 것이다.

노인은 말할 것도 없고, 어린이의 인격까지 존중되는 사회가 성숙사회다. 가진 자, 강자뿐만 아니라 가지지 못한 사람, 거지, 약자, 심지어는 죄인의 인격까지도 존중되어야 한다. 어쩔 수 없이 사형을 시키는 한이 있더라도 사형의 그 순간까지 사람으로서 존엄한 대우를 받을 수 있어야 한다.

성숙사회는 서로 믿고 살 수 있는 사회다. 신용사회가 성숙사회인 것이다. 가진 것은 없어도 서로 믿을 수 있는 사회가 있다. 우리가 야만인이라고 하는 나라도 순박하고 서로 믿고 사는 나라가 많다.

이런 수준까지의 성숙사회에 도달하려면 우리는 아직도 너무나 멀었다.

나는 선진국 정도의 성숙사회를 원하지 않는다. 우리의 수준, 우리에게 걸맞은 수준, 다시 말하면 GNP 6,000달러 수준에 맞는 정도의 성숙사회를 원하는 것이다. 이렇게 생명이니, 인격이니, 인권이니 거창한 말을 꺼내지 않는다 하더라도 아주 작은 것, 남을 배려하는 마음이 있는 사회를 성숙사회로 보아도 좋을 것이다. 문을 열고 닫고 할 때 남에게 불편을 주지 않을까 배려하는 마음을 쓰는 사회가 성숙사회라고 해도 좋을 것이다. 담뱃재를 아무데나 털어놓고, 남의 차 뒤를 막아 놔 다른 사람이 밀어내는 수고를 해야만 하게 주차하는 사람이 있는 사회는 성숙사회가 될 수 없다. 남을 배려하여 도와주지는 못해도 최소한 남에게 불편을 주지는 말아야 성숙사회의 입구에 들어서게 되는 것이다.

우리는 GNP가 얼마나 더 올라야 성숙사회에 들어설 수 있겠는가? 우리는 대학졸업자가 얼마나 더 많이 늘어나고 석·박사가 얼마나 더 많아져야 성숙사회가 될 수 있겠는가? 5,000년 역사 말고 얼마나 더 역사가 쌓이고 세월이 흘러야 우리 사회는 성숙한 사회가 될 수 있겠는가?

공부를 많이 해야만 성숙사회의 일원이 될 수 있는가? 나는 그렇지 않다고 본다. 유치원 공부만 제대로 했어도 성숙사회인답게 살아갈 수 있다. 그래서 어떤 사람은 말한다. "우리가 살아가는 데 정말 알아야 할 것은 유치원에서 다 배웠다."는 것이다. 많이 배우고도 미숙한 사람, 많이 배우고도 성숙사회를 파괴하는 사람들이 많다. 많이 배운 사람이 많은 거짓말, 큰 거짓말을 하는 사회가 되어서는 안 되겠다.

사회교육원 수료생 여러분, 우리 사회교육원에 오셔서 많이 배우는 것도 좋다만 조금이라도 배운 것을 실천으로 옮겨 우리 사회를 성숙사회로 만드는 데 일조를 해 주시오. 멀리 갈 것도 없이 우리 충남대학교 캠퍼스를 성숙한 대학사회를 만드는 데 조금이라도 도움이 되게 하여 주시오. 배웠다는 사람들이 모여 사는 성숙한 대학사회가 될 수 있도록 우리 같이 뜻과 힘을 모아 보자.

우리 사회교육원에서 한 학기라도 배우신 분들은 그 배운 것을 실천으로 옮겨 성숙사회인으로서 성숙한 삶을 영위하실 것을 바라고 기대한다. 새로운 세기에는 우리 사회를 성숙사회로 가꾸자. 새 천년에는 사람이 사람답게 살 수 있는 성숙사회를 만들자.

가정일에 직장일에 어려움이 많으셨을 텐데 오늘 무난히 우리

사회교육원의 전 과정을 마치고 수료하는 수료생 여러분과 그 가족에게 축하를 드린다. 이번 학기에는 12%의 수강생이 탈락했다. 어떤 이유에서건 이 탈락하신 50여 명에게 원장으로서 안타깝게 생각한다. 그동안 애써 지도해 주신 지도 교수님들께 고마움의 뜻을 전해 드리고 싶다.

새해, 새로운 세기, 새천년에 성숙한 모습으로 또 만나 뵙게 되기를 바란다. 감사하다(2000. 1학기 충남대 사회교육원 수료식 원장 특강).

---

국민 한사람 한사람이 성숙해야 성숙사회가 되고 존경 받는 **Korea** 브랜드가 된다.

# 25. 역사적 문지방을 넘기 위한 평생교육

지금은 10년대, 100년대, 1000년대가 동시에 바뀌는 역사적 문지방을 넘고 있다. 이 역사적 문지방을 슬기롭게 넘으면 다가오는 21세기, 새로운 3000년대를 밝고 아름답게 살 수 있을 것이나 그렇지 못하면 지나간 100년대 1000년대보다 더 어렵게 살게 되거나 아주 낭떠러지에 떨어지게 될지도 모른다. 우리는 19세기에서 20세기로 넘어가는 세기적 문지방을 넘을 때 변화의 파도에서 밀려나 나라의 허리가 동강 나고 갖은 시련을 겪었다. 이러한 시련을 20세기 내에 치유하지 못한 채 다시 이 전환기의 문지방을 넘어야 할 입장이다.

우리가 사냥을 하면서 유목생활·원시 부족생활을 할 때나 씨앗과 재배법을 발견하면서 농경생활을 할 때까지만 해도 동양이 서양보다 문명이나 문화에서 뒤질 일이 없었다. 오히려 동양이 서양보다 앞섰을지도 모른다. 문제는 그다음 세대인 산업사회로 넘어가면서 우리가 뒤지기 시작했다.

왜 서양이 동양보다 산업화에 앞섰을까? 그것은 생각의 차이라고 본다. 서양 사람들이 이성을 가지고 생각할 때 동양인 우리는 감성이 강했다. 서양이 합리적 사고를 할 때 우리는 정(情)으로 살아왔다. 서양의 합리적 사고는 과학적 사고로 기계를 만들어 내고, 무기로 군사력을 만들어 내고, 물질로 경제의 시대를 만들어 냈다.

우리는 농경사회에서 산업사회로 넘어가는 역사의 문지방을 잘 넘지 못해서 지나간 시대를 어렵게 살아왔다.

19세기까지만 해도 우리나라가 일본한테 질 것이 없었을 것이다. 오히려 우리가 일본을 한 수 가르쳐 주었다. 그런데 일본은 20세기의 문지방을 넘을 때 세기적 변화의 파도에 올라탔고 우리는 그때 변화의 파도에서 밀려났던 것이다. 그런 결과 우리는 지난 20세기 100년 동안 갖은 고생을 다했다. 나라가 남북으로 허리가 잘려 지금도 이 고생을 하고 이 상태로 21세기의 문지방을 넘어야 할 운명이다. 전쟁을 일으키고 세계 많은 사람들을 죽이고 괴롭힌 일본은 지금도 경제대국을 이루어 큰소리치며 살고 있다. 나쁜 짓을 한 일본이 독일처럼 두 동강이 났어도 났어야지 왜 우리가 동강이 나야 하는가? 결국 우리가 20세기의 문지방을 잘 넘지 못한 결과 나라의 힘이 없었기 때문이다.

다행히 우리 민족에게도 기회가 주어져 60년대, 70년대, 80년대 30년 동안 서양의 산업화를 많이 따라잡을 수 있었다. 60년대 초까지만 해도 우리는 고요한 아침의 나라, 고요한 농경사회에 가까웠다. 우리에게 무슨 힘이 있었기에 선진국들이 200년, 300년 걸려서 이룩한 산업화를 우리가 30년 사이에 서양의 산업화를 거의 따라잡을 수 있었을까? 그것은 교육의 힘이라고 한다. 국민 중에 교육받은 인구가 많이 있었기 때문에 늦게나마 산업화를 어느 정도 성공할 수 있었던 것이다. 교육에 힘썼기 때문에 산업화의 기술을 따라갈 수 있었던 것이다. 우리의 교육은 그런대로 산업시대, 산업사회에는 알맞았던 셈이다. 그런데 이 교육으로 다음 사회인 지식정보사회에서도 버틸 수 있느냐에는 문제가 있다. 지식정보사회의 문지방을 현재와 같은 학교, 현재와 같은 교육으로는 슬기롭게 넘을 수 없다는 판단이다. 변화하는 시대, 변화하는 사회에 맞게, 나아가서 변화하는 시대, 사회를 주도하기 위한 교육으로 전환해야 하는 것이다. 사회교육, 평생교육의 강조도 그러한 변화의 하나다.

우리가 교육의 힘을 받아 늦게나마 산업화의 언덕에 올라와 우리 스스로 놀래고 흥분하고, 성취감에 도취되어 가슴을 풀어헤친 사이 찬바람이 몰아쳐 독감에 걸린 것이 IMF 관리체제다. GNP가 1만 달러니, OECD 선진국 대열에 가입하게 되었다고 호들갑을 떨다가 역사의 문지방 앞에서 IMF에 무릎을 꿇게 된 것이다.

우리가 21세기로 넘어가는 역사적 문지방 앞에서 무릎을 꿇게 된 이유는 무엇일까? 그 이유 중 하나는 우리의 산업사회구조가 변해 버린 지식정보사회의 구조에 맞지 않기 때문이다. 우리가 산업화의 언덕에 올라서서 보니 우리 앞을 달려가던 산업화의 선진국은 앞에 보이지 않았다. 선진국이 산업화의 방향으로 계속 달려가기만 했으면 우리는 지난 30년 동안 산업화에 가속이 붙었었기 때문에 얼마 안 가서 분명히 서양의 선진국을 따라잡을 수 있었을 것이다. 그런데 우리를 앞서가던 선진국들은 달리던 방향을 바꿔 버렸던 것이다. 그 방향이 무엇인가? 그것이 바로 지식정보사회(知識情報社會)라는 것이다. 그러니 우리 사회의 구조, 우리의 사고(思考)가 새로운 시대, 새로운 사회의 지식정보사회의 구조와 사고에 맞을 리가 없는 것이다. 그래서 우리는 지식정보사회로 넘어가는 문턱에서 넘어지고만 것이다. 우리는 지식정보사회에 맞게 구조를 바꿔야 한다.

지식정보사회에서 중요한 것은 말할 것도 없이 지식과 정보다.

그러면 지식과 정보는 어디서 만들어 내는가? 우리는 이것을 아직도 산업사회의 구조와 사고를 가지고 산업사회의 상징인 공장에서 물건·물질 만들어 내듯이 만들어 내려고 하는 것이다. 지식·정보는 교육에서 만들어 내는 것이다. 지식정보사회는 교육이 중심이 되는 사회다. 그래서 교육을 국가 의제(agenda)의 최우선순위에 두는 것이다.

사실은 선진국들도 21세기의 문지방을 넘기가 두려웠던 것이다. 자기들이 지금까지 동양보다 앞설 수 있었던 것은 합리성에 의한 산업화인데 이것을 동양이 따라잡고 나면 21세기는 교육에서 결판이 나게 된다. 그러나 교육은 동양이 강하다고 봤기 때문에 21세기의 주도권을 동양에 뺏겨 버릴 수 있다는 두려움이었다. 그런데 그들은 빨리 지식정보사회에 맞게 구조를 바꿨을 뿐만 아니라 교육도 지식정보사회에 맞게 바꿨기 때문에 지금은 어느 정도 안심하고 있는 것 같다. 그들이 바꾼 교육체제의 하나가 평생학습체제다. 요람에서 무덤까지 전 국민을 학생으로 보고 전 국토, 전 지구촌을 넓은 교실로 삼은 것이다. 우리도 국내 구조를 지구촌 구조로 빨리 바꿔야겠다.

21세기의 문지방 앞에서 우리가 주저앉은 보다 더 근본적인 이유의 다른 하나는 지난 30여 년 동안 산업화로 물질을 얻는 동안 정신을 잃고 윤리도덕이 깨져 버렸기 때문이다. 도덕적 공황이 경제적 해이, 경제적 공황을 가져온 것이다. 왜 다리가 끊어지고, 백화점이 무너지고, 가스가 폭발하고, 기차·비행기가 곤두박질치고 배가 가라앉고, 유치원 어린애들이 아무 죄 없이 타 죽어 가야 하는가? 우리나라의 기술이 모자라서인가? 대한민국의 건축·건설 기술은 튼튼한 건축·건설을 하고도 남는다. 실지로 해외에 나가서는 아주 튼튼하고 멋있는 건축·건설을 했는데 지금까지 하나라도 끊어지고, 무너지고, 폭발했다는 말을 들어 봤는가? 왜 해외에서는 아주 튼튼하고 멋있는 건축과 건설을 하여 남들로부터 칭찬을 받으면서 나라 안에서는 온통 아수라장인가? 윤리도덕 기초가 무너졌기 때문이다. 더 솔직하게 말하면 부정부패 때문이다. 어른이 사라지고 지도자가 없어졌기 때문이다. 나라의 기강이 기초부터 무너졌기 때문이다. 윤리도덕의 기초가 무너져 가지고는 경제뿐만 아니라 온 나라가 무너지게 된다. 선진국은 물질이 선진이 아니라 정신과 윤리도덕이 선진인 것이다. 지난 30여 년 동안 물질에 눈이 멀어 무너진 윤리도덕, 한민족의 정신을 복원하지 않으면 새 시대, 새 사회를 복되게 살지 못한다.

그러면 윤리도덕은 어디서 만들어 내는가? 또 산업사회의 사고를 갖고 연기 나는 공장에서 윤리도덕을 만들어 내는 것인가? 윤리와 도덕 대신 법과지시·명령으로 대체할 것인가? 윤리도덕도 공장의 몫이 아니라 교육의 몫이다. 교육 중에서도 가정교육의 몫이다. 그리고 사회교육, 종교교육의 몫이다. 가정교육, 사회교육, 종교교육에서 망쳐 놓은 것을 학교에서 한두 시간 도덕을 가르쳐 가지고 이 나라의 윤리도덕의 바탕이 제대로 서겠는가? 역사의 문지방을 제대로 넘으려면 교육을 통해서 윤리도덕을 바로 세워야 한다. 이래저래 교육이 중시되는 사회다. 이렇게 교육이 중시되는 때에 위정자들은 다투기나 하고 눈앞에 어른거리고 있는 달러에 현혹되어 있는 것은 국가적, 민족적으로 아주 불행한 일이 아닐 수 없다.

그래도 여러분은 교육의 중요성을 인식하고 배우고자 하는 열망으로 가득 차 스스로 몸으로 배우고 몸으로 가르치고자 이 자리에 오셨으니 우리는 지도자들에게서 잃은 실망을 여러분에게서 희망을 찾을 수 있다. 열심히 배우셔서 우리 민족이 역사적 문지방을 슬기롭게 넘을 수 있는 원동력이 되게 하여 주시오. 우리 충남대학교 사회교육원 교수님들은 있는 힘을 다하여 여러분의 배움에의 열정을 최대한 채워 드릴 것이다. 우리 충남대학교 사회교육원은 양보다는 질로써 승부를 할 것이다. 산업사회는 분량이었지만 지식·정보는 질이다. 양질의 지식정보를 얻고 이를 조직·활용하기 위해 교수·학생 모두가 협동 노력해야 할 것이다.

1학기 때처럼 한 학기 동안 공부한 것을 수료식을 하는 날 작품발표회로 그 성과를 보여주시기 바란다. 1학기 때보다 더 멋있는 작품발표를 보여주시오. 나는 지금부터 박수 쳐 드릴 준비를 하겠다.

어른 학생 여러분의 입학을 축하드린다. 여러분은 이 자리에 오시려고 마음먹은 그 자체로 입학 축하를 받기에 충분하다. 여러분, 우리와 같이 충남대학교 가족이 되신 것을 축하드리며 또 진심으로 환영한다.

앞으로 한 학기 공부하시는 순간순간이 행복한 마음으로 가득 채워지시길 빈다(1999. 2학기 충남대 사회교육원 입학식 원장 특강).

---

우리는 옛날부터 고개와 문지방을 넘을 때 특별히 조심해야 한다고 했다. 올라갈 때보다 내려올 때 더 조심해야 한다. 인생의 전환점이 되기 때문이다.

# 26. 긴긴 마라톤코스의 완주자에게 영광을

가정 사정, IMF 등 사회적 사정 등 어려운 여건과 환경에도 불구하고 42.195km의 길고 긴 마라톤 코스를 성공적으로 완주하신 202명 사회교육원 수료생 여러분께 먼저 치하를 드리며 영광의 박수를 보내드린다. 그리고 어른 학생들로 하여금 공부할 수 있도록 도와주신 수강생의 후원자와 가족 여러분께도 축하와 함께 감사의 말씀을 드린다.

나는 입학식에서 여러분을 세 측면에서 존경한다고 했었다.

첫째는 지식사회의 건설자이기 때문에,

둘째는 여기서는 학생이지만 가정에 가셔서는 자녀들에게 공부하는 모습을 보여줌으로써 몸으로 가르치는 선생님이 되기 때문에,

셋째는 스스로 배우는 기쁨을 즐기는 분들이기 때문이라고 했다.

오늘 수료하시는 202명 여러분은 사회교육원장의 존경을 받기에 충분하다. 공부하는 모습을 자녀들에게 보여주기만 해도, 온갖 어려움을 무릅쓰고 마지막 이 수료식에 완전히 골인하는 모습만 가족들에게 보여주기만 해도 여러분은 수강료를 빼고도 남는다고 했었는데 여러분의 지금 심정은 어떠하신지? 우리 사회교육원에 입학하기를 잘했다고 생각하시지요? 본전을 빼고도 남았다고 생각하시는 분이 많으시리라 믿는다. 이번에 우리 대학 교수·직원 몇 분이

수강생으로 등록하여 공부하는 분위기를 만드셨는데 좋은 전통과 대학문화를 형성하셨다. 아쉬운 점은 약 10%의 수강생이 안타깝게 탈락했다. 이분들도 다음 기회에 완주의 영광을 함께할 수 있기를 빈다. 그리고 공부하신 산물을 보여 달라고 했는데 앞에서 연습하는 모습을 보니 아주 훌륭하다. 훌륭한 작품 발표회로 여러분이 공부하신 멋있는 업적을 가족과 동료 수강생, 지도 교수님과 대학 관계자에게 실지로 보여주게 되어 이에 축하와 동시에 감사를 드린다. 오늘 작품 발표를 해 주신 오늘의 스타들에게 대한민국 최고의 훈장을 드리고 싶다.

충남대학교로서는 첫 수강생으로 여러분을 맞아 시설도 여의치 못하고 봉사인력도 부족하여 공부하시기에 부족한 점이 많았을 텐데 참고 또 관대하게 우리들을 이해해 주고 용서해 주셔서 고맙다는 말씀을 드린다.

우리는 평생 학생이다. 우리 조상들이 돌아가신 분들까지 '학생'이라고 한 것은 지식사회의 도래를 예견했던 것 같다. 비석에도 아무개 '학생'이라 하고, 지방·축문에 '현고학생부군'이라 했던 것은 죽기까지가 아니라 죽어서까지도 공부하는 '학생'이 되라고 했던 것이다. 여러분은 영원한 학생이다. 영원한 학생 여러분에게 영원한 영광이 함께 하길 빈다. 특별한 사정이 없다면 2학기에도 사회교육원에 친구·동료들과 함께 등록하시어 공부하실 것으로 믿는다. 입학식에서 다시 뵙게 되기를 빈다. 고맙다(1999. 1학기 충남대 사회교육원수료식 원장 특강).

날아다니는 새들도, 산에 살고 있는 다람쥐도 가만히 살펴보면 잠시도 가만있지를 못하고 바쁘게 움직이며 나름대로 일을 하고 있는 것을 볼 수 있다. 다른 동물들, 심지어는 식물들도 일을 하면서 살아가는 셈이다.

인간도 다른 동·식물들과 마찬가지로 일을 하면서 살아간다. 돈을 많이 가지고 있는 부자도 가난한 사람도 모두 바쁘게 일을 하면서 살아간다.

인간이 일을 하면서 살아가는 것도 다른 동식물과 똑같은 자연현상이라고 할 수 있다. 인간이 일을 안 하고 살아간다는 것은 어떻게 보면 자연스런 인간의 삶을 거스르는 것이라고 할 수 있다.

일하는 장소, 일터를 우리는 직장이라고 부른다. 다른 사람이 경영하는 회사에 취직을 하든 아니면 자기가 회사를 경영하든 모두 일하는 일터가 있으므로 우리는 모두 직장을 갖게 되는 셈이다. 직장에서 우리는 일을 해 주고 그 대가로 보수와 보람을 받는다. 직장과 일 속에서 주고받는 관계가 형성되는 것이다. 물질적으로 또는 정신적·심리적으로 얻는 것이 많다고 생각할 때 우리는 그 직장과 일에 만족감을 느끼게 되고 좋은 직장이라고 생각하게 된다. 그래서 마침내 직장생활에 만족하게 된다. 기왕에 직장에서 일을 하면서 살 바에는 우리는 일에서 만족감과 성취감을 느끼며 행복한 직장생활을 하고자 한다.

그리고 현대의 직장은 모두 다른 사람과 함께 일하게 된다. 이 세상에 혼자 동떨어져 일하는 직장은 거의 없다. 다른 사람과 함께 일한다는 것은 결국 인간관계 속에서 일하게 된다는 의미이다. 좋은 인간관계 속에서 일하게 될 때 또한 우리는 행복할 수 있다.

그래서 이 글에서 우리는 어떻게 행복하게 일할 수 있는가를 염두에 두고 '인간과 일', '직장과 나', '함께 사는 직장'으로 나누어 좀 더 깊이 생각해 보기로 한다.


## 1) 인간과 일

인간은 일을 하면서 살아왔다. 원시인은 원시인대로 일하면서 살아왔고 현대인은 현대인대로 일하면서 살아가고 있기 때문에 개인적으로도 의미 있게 살아왔고 또 개인들이 일하면서 살아온 덕분으로 우리 인류 전체가 좀 더 편하게 행복하게 살 수 있게 된 것이다.

인간이 단순히 먹고살기 위한 수단, 즉 밥벌이 때문에만 일하는 것은 아니다. 일은 밥벌이 수단도 되지만 인간 내부에 일하고자 하는 본래의 욕망의 대상도 되는 것 같다. 일하지 않고는 못 배기는 자연스런 욕망이 우리의 내부에 숨겨져 있는 것 같다. 일이 바쁘고 어려울 때는 좀 쉬고 싶고 또 놀고도 싶지만 며칠만 할 일 없이 쉬고 놀아 보면 뭔가 허전함을 느껴 다시 일을 하고 싶은 마음이 생기는 것을 보면 인간과 일은 불가분의 관계인 것 같다. 휴식도 노동 후의 휴식이라야 의미가 있는 것이다. 그래서 돈이 많아 먹고사는 데 걱정 없는 사람도 자꾸 일거리를 찾는 것을 보면 인간에게서 일을 떼어 낼 수 없다는 것을 알 수 있다. 평생 동안 일을 하고 정년퇴임한 어른들도 더 일을 하고 싶어 하는 걸 보면 인간은 돈 때문에만 일하는 것은 아닌 것 같다.

IMF 사태로 갑자기 일자리를 잃었던 사람들이 삶이 끝난 것처럼 절망감을 느꼈던 것은 단순히 생계유지 때문만은 아니다. 우리 인간은 아무것도 안 하고 가만히 있질 못한다. 뭔가 해야만 하는가 보다. 그래서 일거리가 있는 사람은 행복하다.

우리 인간은 일을 통해서 무엇인가 성취하려고 한다. 무엇인가 성취했을 때 느끼는 성취감은 무엇과도 바꿀 수 없는 기쁨인 것이다. 어떻게 보면 이런 성취감 때문에 일을 자꾸 하게 되는지도 모른다. 등산하는 사람들이 높은 곳에 올랐을 때의 성취감 때문에 어려운데도 땀 흘리며 높은 곳에 오른다. 내려올 걸 뭐라 오르느냐고 묻는 사람과는 말상대가 안 된다.

이와 같이 일을 하게 되는 동기가 무엇이냐에 따라 인간에게 일이 즐거울 수도 있고 괴로움이 될 수도 있다. 기왕에 일을 하더라도 다른 사람이나, 사회, 인류에게 도움이 되는 일을 하고자 하고, 또 일을 통해서 자기 자신의 자아를 실현하고자 하는 사람에게는 일이 놀이보다 더 즐거울 수 있고 마침내는 일과 나를 분리시킬 수 없게 된다. 일이 나이고 내가 일이 되는 상태에까지 이르게 된다.

일을 준비하는 학생의 경우는 학업, 즉 공부가 일이 되고 공부하는 일이 재미있어야 한다. 공부에 재미를 느끼는 학생은 이 세상에서 가장 행복한 학생이 될 것이다.

## 2) 직장과 나

앞에서 우리는 인간과 일은 떼려야 뗄 수 없고 우리가 일하는 일터를 직장이라고 하였다. 우리가 일하는 직장은 단순한 일터에 그치는 것이 아니라 삶의 터전이라고 할 수 있다. 삶의 현장이 곧 직장인 셈이다.

우리는 이 직장에서 생활비를 번다. 직장생활을 함으로써 가족들이 먹고살고, 자녀를 교육시키고, 여가도 즐길 수 있는 돈을 마련할 수 있다. 또 아플 때 병원에 갈 수 있는 병원비도 마련하고, 미래를 위해서 저축할 수도 있다. 직장에서 생활비를 번다는 것은 가장 기본적이고 절박한 문제이다.

직장을 가짐으로써 인간은 비로소 경제적으로 자립할 수 있고, 또 경제적으로 자립할 수 있어야 당당히 어른이 되었다고 할 수 있다.

우리는 직장에서 가장 많은 시간을 보낸다. 우리는 시간을 사는 것이기 때문에 시간을 생명이라고까지 하는데 가장 많은 시간을 보내고 사는 직장이 재미있고 즐거운 곳이 되어야 한다. 즐거운 직장이 되기 위해서는 많은 사람들이 다 같이 노력해야 한다. 우선 나 자신이 일과 직장에 대한 마음가짐과 태도를 바르게, 그리고 긍정적으로 가져야 한다. 내 인생에서 가장 많은 시간을 보내는 나의 직장을 괴로운 곳, 가기 싫은 곳, 혹사당하고 착취당하는 곳, 투쟁이나 하는 곳으로 부정적으로 생각하게 되면 한 번밖에 못 사는 나의 짧은 인생을 불행하게 보내는 셈이 된다. 이렇게 중요한 직장이기에 직장과 직업을 신중하게 선택해야 한다.

그래서 자기가 좋아하는 일을 하면서 인생을 살 수 있는 직장과 직업을 선택해야 한다. 사람은 누구나 좋아하는 일이 있으므로 어려서부터, 학생시절부터 자신의 소질, 적성, 흥미가 무엇인지 찾고 이를 키워야 한다.

직장에서는 대개 다른 사람들과 어울려 일을 하게 된다. 함께 일하는 사람들은 어떻게 보면 이 세상에서 가장 가깝다고 하는 가족보다도 더 많은 시간을 나와 함께 보내는 사람들이다. 그래서 함께 일하는 사람들을 잘 만나야 한다. 또 나도 함께 일하는 다른 사람들에게 함께 일하는 좋은 사람이 되기 위해 노력해야 한다는 것을 깨달아야 한다.

이렇게 우리는 직장에서 다른 많은 사람들을 만날 수 있고, 이들과 우정을 쌓을 수도 있고, 또 많은 것을 배우며 더욱 성장하고 발전하는 사람이 될 수 있다. 그래서 직장은 협동의 일터도 되고, 성장발전을 위한 배움터도 될 수 있다. 사람은 꼭 선생님과 책을 통해서 학교에서만 배우는 게 아니다. 직장에서 평생을 통해서 배우는 것이다.

직장은 일터이면서 삶의 터전이고, 배움의 터전이기도 하다. 그리고 일 속에서 나의 능력을 최대한 발휘하고 일 속에나 자신을 나타낼 수 있기 때문에 이런 사람은 이 세상에서 행복한 사람이다. 일과 직장 속에서 행복을 찾지 못하고 직장을 벗어나서 퇴근 후에나 휴일에나 행복을 찾으려 한다면 그 직장 밖 시간을 온통 행복으로 채운다 해도 이런 사람은 인생의 반쪽도 행복하게 살지 못하게 된다. 가족과 가정에서 행복해야 하지만 일과 직장에서 직장 동료와도 행복하게 살 생각을 해야 한다. 일에 열중해서 일 속에서 행복을 찾는 사람만 바라볼 수 있어도 우리는 저절로 행복해진다. 직장을 나의 행복의 터전으로 만들어야겠다.

## 3) 함께 사는 직장

대개의 경우 우리는 다른 사람과의 인간관계 속에서 일하게 된다고 하였다. 좋은 인간관계 속에서 일할 수 있는 사람은 행복한 사람이다. 사랑을 주고받으며 즐겁게 일할 수 있고, 또 좋은 인간관계 속에서 협동하여 일하게 되면 일의 성공률도 높아져 성취감과 보람도 높아질 수 있다.

산업시대는 분업의 시대였기 때문에 다른 사람과의 협동과 통합의 힘이 지금보다는 오히려 덜 중요했었다. 그러나 지식정보사회에서는 모든 사람, 모든 세상과 연결되어 있어서 협동과 통합의 시대라고 한다. 그래서 과거에는 군사·정치적 힘과 교환·경제적 힘이 중요하다고 했으나 지식정보사회에서는 통합·관계성의 힘이 가장 중요하다고 한다. 이런 때 학교 현장에 '왕따' 문제가 생긴다는 것은 아주 불행한 일이다. 일과 직업을 준비하는 관계성, 사회성, 협동성, 팀 정신을 기르기 위해 더욱 노력해야 할 것이다.

직장에서는 먼저 경영자, 고용주와 만나게 된다. 우리는 경영자나 고용주에게 일을 해 주고 그들에게서 물질적·정신적 보상을 받는다. 우리는 경영자의 기대를 충족시켜 주고 그들은 우리의 기대를 충족시켜 줘야 좋은 노사 관계가 형성될 수 있다.

우리는 지금 취직자리가 없거나 적다고 하지만 경영자는 반대로 맘에 꼭 드는 유능한 사람이 적다고 한다. 그들은 자기 직장에 꼭 필요한 유능한 사람을 찾고자 한다. 그러면 경영자들이 바라는 유능한 사람은 어떤 사람인가?

첫째, 맡은 일을 해낼 수 있는 능력과 기술을 가지고 있는 사람이다. 가장 기본적인 조건이다. 우리는 기본적으로 이런 힘을 길러야 한다. 능력만 있으면 취직을 걱정할 필요가 없다.

둘째, 주도성과 창의성을 가진 사람이다. 누가 시키기 전에 자발적으로 스스로, 자기책임하에 직장 일을 자기 일처럼 일해 주길 기대한다. 창의적으로 항상 새롭게 하여 회사 발전에 기여해 주기를 기대한다. 직장인이 일과 직장에 주인의식을 가져 주길 기대하는 것이다.

셋째, 협동, 동기화, 상호의존성을 기대한다. 협동에 대해서는 이미 앞에서 강조했고, 동기화는 주도성과 비슷하나 하고자 하는 높은 의욕이 강조된다. 상호의존성은 직장인들이 서로 도움을 주고받고 관계있다는 의식을 갖고 일하는 것을 의미한다. 우리는 직장에서 상호독립과 상호의존 사이에 균형을 이루어야 한다.

넷째, 경영자는 직장인에게서 직장에 대한 충성심을 원한다. 직장에 대하여 자부심과 자긍심을 갖고, 직장의 비밀과 보안을 지켜주길 기대한다. 산업계에 스파이 전쟁이 있다는 것을 아마 여러분은 들었을 것이다. 지식기술정보전쟁에서 직장에 대한 충성심과 애사심은 아주 중요하다. 그런데 직장에 대한 충성심이란 것도 좀 더 깊이 생각해 보면 자신에 대한 충성이고 자기 자신을 지키기 위한 것이라는 사실을 깨닫게 된다.

다섯째, 일하기에 알맞은 용모와 복장을 갖추기를 기대하게 된다. 일과 직장에 맞지 않는 용모와 복장, 화장 등은 겉으로 쉽게

드러나는 것으로 이것만 보고도 나머지 직장인의 능력까지도 의심
받게 되므로 이에 대해서도 신경을 써야 한다. 우리나라 사람들은
이런 면에서 충분한 교육과 훈련을 받지 못했다는 평을 받고 있다.

여섯째, 태도를 중시한다. 긍정적이고 수용적인 태도, 자발적으로
직장의 규칙을 지키려는 태도, 같이 일하는 동료에 대해서도 세심
한 관심을 갖는 태도, 쉽게 성내거나 신경질적이지 않는 태도, 자
기 발전을 위해서 꾸준히 노력하는 태도를 경영자와 동료들은 기
대한다. 근본적으로 경영자는 자기 직장에서 최고로 행복해하는 사
람을 원한다. 일단 이러한 경영자의 기대에 맞추고 나 자신도 경영
자나 직장에 대하여 요구할 것은 요구해야 할 것이다.

경영자나 고용주 이외에 직장에는 상급자와 선배, 동료, 후배가
있기 마련이다. 이들 사이에도 지켜야 할 공식적·비공식적 규범과
규준이 있다. 이를 지켜야 기분 좋게 함께 일할 수 있다. 이들이
나와 함께 일하기를 싫어한다면 그들도 나도 모두 불행해진다. 이
들과는 협동관계를 가지면서 동시에 때로는 경쟁관계를 갖는다는
데 어려움이 있다. 선의의 경쟁을 해야 한다고 하지만 그게 말과
같이 쉬운 일이 아니다. 그러나 근본적으로 최근의 큰 줄기는 협동
과 통합의 정신으로 가고 있다는 사실을 잊지 말아야 한다.

어느 직장에나 권력 구조, 의사소통 구조, 친교 구조 등이 있기
마련이다. 이것을 잘 파악하여 이런 직장 구조에 맞게 현명하게 처
신해야 한다.

또 어느 직장이나 적절한 용모와 복장을 포함하여 그 직장에 요
구되는 직장예절이 있다. 인사, 적절한 언어, 동작, 동료애의 표현
등이 적절해야 한다. 어디서나 친절은 기본이라고 할 수 있다. 우

리나라 사람은 친절한 마음을 갖고 있으나 친절을 표현하는 데는 인색하다는 말을 듣는다. 우리는 친절을 나타내기 위해서 더 노력할 필요가 있다.

어느 직장에나 역사와 전통, 관습, 규범 등이 있게 마련이다. 이런 것을 통틀어 조직문화, 직장문화라고 한다. 좋은 직장문화를 지키고 좋은 문화로 고쳐 나가고 개선해 나가기 위해서 직장인의 한 사람으로 노력해야 할 것이다.

직장은 여러 사람이 함께 사는 삶터이다. 경영자, 상사와 선배, 동료와 후배가 모두 직장이라는 삶터에서 승자가 되어야 한다. 상대방의 기대에도 맞추고 나의 기대도 성취해야 한다. 우리는 가정에서도 성공해야 하지만 직장과 일에서도 성공해야 한다. 가정, 직장과 같이 나와 가까운 곳에서부터 성공하고 또 행복해야 우리는 진정 성공적이고 행복한 삶을 살게 되는 것이다(한국직업능력개발원 제출 원고).

---

우리는 일을 할 때 행복하고 아름답다. 지금 건강한 고령자, 심지어는 청년들에게도 일 자리가 주어지지 않는다고 야단들이다. 결과적으로 이들에게서 행복과 아름다움을 빼앗은 셈이다. 일 하고 싶은 사람에게 일자리를 마련하는 것도 지도자의 몫이다.

# V

# 역사의 문턱을 넘으며

　서기 2000년은 인류 역사적으로도 2천 년대에서 3천 년대로 세기가 바뀌는 시점이고, 우리나라도 국가적으로 산업사회로부터 지식정보사회로 전환해야 하는 해이며, 저자 개인적으로도 60고개를 넘으며 60년 인생을 바탕으로 하여 이제 새로운 삶을 살아 나가야 할 전환적으로 의미 있는 해이다.

　여러 면에서 이런 역사의 문지방을 넘는 의미 있는 해에 공교롭게도 마침 저자의 박사학위 모교인 미국 University of Minnesota로부터 2000년 4월 3일에 '국제저명동창상(Distinguished International Alumni Award)'을 받고 모처럼 아내와 함께 미국 여행을 할 기회를 갖게 되었으며, 또 태국 Burapha 대학 교육학부장의 초청으로 한국교육에 대한 특강을 하고 아내와 함께 며칠 여행을 할 수 있어서 전환적인 삶을 살게 되었다. 이런 의미에서 사적이지만 수상 관련 자료 일부를 여기에 모아 놓았다.

　60년 동안 곁눈질할 새 없이 앞만 보고 살아왔는데 이 시점에서 보면 무엇을 위해서 열심히 살아왔는지도 잘 모르겠다. 이제는 어떻게 질적인 삶을 살고, 인간적으로 사느냐가 60고개 마루에서의 과제이다. 학문적으로도 쌓아 놓은 것이 없고 교육적으로도 제대로 해 놓은 것이 없다.

인간적인 참교육자에 한 발짝 더 가까이 다가서야겠는데 60고개 마루에서도 아직도 자신이 없으니 어쩌자는 말인가?

60고개 마루에서 저자와 만났던 많은 고마운 분들께 감사의 고개를 숙인다. 건강하고 올바르게 자라도록 키워 주신 부모님과 가르쳐 주신 은사님들의 은혜에 감사하는 마음을 갖고 내리막 걸음을 걷고자 한다.

# 29. Distinguished International Alumni Award Acceptance Speech

Sam  Hwan  Joo,  Ph.D.

Apr.  3,  2000

Ladies  and  gentlemen,  professors,  students,  alumni,  and  guests:

Firstly,  I  would  like  to  express  my  deep  appreciation  for  the recognition  I  have  been  given  by  the  University  of  Minnesota  for  my educational,  professional,  academic,  and  scholastic  activities  since receiving  my  Ph.D.  here,  by  giving  me  the  prestigious  Distinguished International  Alumni  Award.  I  would  like  to  thank  the  review committee  members  of  this  award  for  choosing  me  as  this  year's winner,  even  though  there  were  so  many  deserving  candidates.  Your recognition  and  award  is  one  of  the  great  honors  and  pleasures  in my  life,  for  my  family,  and  for  my  country.

This  award  also  has  to  go  to  my  great  teacher  and  advisor  Dr. Ronald  T.  Lambert.  It  was  Dr.  Lambert  who  has  made  me  a  Ph.D. and  a  scholar.  He  gave  recognition  to  my  work  and  research  while as  a  Ph.D.  student  in  the  U.S.,  and  also  after  my  graduation  in Korea.  He  kept  in  touch  with  me  after  I  graduated  and  also  visited me  several  times  in  Korea.  He  flew  in  from  Florida  and  is  here today,  despite  the  fact  that  he  recently  fractured  his  right  hipbone last  January.  Thank  you  again  Dr.  Lambert.  Dr.  Tismer,  a  close friend of Dr. Lambert, is also here today. Here, I'm thinking about my helpful professors Harlan Hansen, Bin Ammentorp, Tim Mazzoni, MacChaken and Shapiro.

Next, I would like to give credit to Dr. Gary N. McLean, professor of Work, Community and Family Education, He was my nominator for this award and also a member of my Ph.D. committee, a proof－reader of my dissertation, and one of my close friends. I like to say to him that he is half－Canadian, half－American, and half－Korean. This is because he has six wonderful children. Two of his own and four adopted from Korea. He also visited Korea with several students as part of his course on Human Resources Development(HRD): a Case of the Republic of Korea. I cannot forget his help during my times of hardship as a student. Thank you Dr. McLean and your wife Dr, Lynn McLean.

I would also like to share my honor and pleasure with my close friend and classmate Dr. Mary Jo Czaplewski. She is the fomer exectutive director of the National Council for Family Relations, having retired just recently. When we graduated we made a promise to meet each other not "after twenty years" but "in twenty years." Well, we couldn't wait that long and have met and corresponded continuously for the last twenty years and will keep our friendship forever. She took care for my two daughters studying in USA. She visited me for the second time in Korea just a few days ago and stayed with my family. Thank you Mary Jo. Also, just yesterday we had a cerebration party with 20 years old classmates, Drs Sue Henderix, Jeff Raison, Bob Rygh and Mary Jo Czaplewski. They are here. Thank you, friends.

And of course, I cannot forget here my first and last wife Mija.

She has been my close friend and partner for 34 years. she was my strongest supporter when I was an elementary school teacher in Korea and decided to come to the U.S. to enroll in the Ph.D. program. When I was a doctoral student she was a babysitter. She gave up almost all weekends, holidays and family life to support her husband's study. Without her help and sacrifice all of this, may be this award also would have been "Gone With the Wind."

I would also like to say sorry and thanks to my three children. Sorry because I couldn't have spent as much time as I would have liked. And thank you because you still all grew up well and happy. My first daughter, Eunsun, received her Ph.D. in psychology from the University of Chicago, and is now a professor at her Alma Mater, Duksung Women's University. She also recently married, and her husband, Soon young Choi is a Ph.D. candidate in economics as the University of Chicago. My second daughter, Eunjee, is presently a doctoral student at Ohio State University majoring in Family Relations. My third daughter, Eunjoong, graduated from college this past February and is working as a young photographer. She hopes to become a professional photographer and artist.

At this moment, I'm thinking about my passed Mom and Dad. They gave me health and strength to overcome every difficulties and hardships, and they showed me right way of life, truth, honesty, sincerity, diligence and goodness. They made a country boy as nationwide boy, and then at last international boy. Thank you, Mom and Dad.

This award is especially meaningful to me, to be the last recipient of the 20th century. I have lived sixty years in the 22th century — last year was my 60th birthday. The 60th birthday has a very special meaning in Korea, and we believe a new life begins after sixty years. I have lived the last sixty years with education; receiving education, doing education, and as an educator; I would like to live the rest of my life as a humanitarian, and humane educator, and this award rejuvenates my desire to continue my life in education.

Thank you my "mother University and College", the University of Minnesota and the College of Education for the recognition of my educational activities by this prestigious award. We in Korea call our Alma Mater our 'mother' school, This is because we believe we are born out of our school like we are born of our mothers. I would like to show my appreciation to my mother school, the University of Minnesota, with a small donation to our College Alumni Society and I pray for the University's prosperity and development forever.

Lastly, I would like to take this opportunity to mention that our Korean alumni are also very active and doing well. Dr. Yonglin Moon, for example, became this past January, the Minister of Education of Korea. Dr. Cheol Soon Shin is the president of Chunbook National University, one of the major universities in Korea. And other alumni in Korea are very active and doing their share to continue the traditions of the University of Minnesota. So, if you are interested in Korean studies or plan to visit Korea, please don't hesitate to contact us. You are always welcome with open arms.

Thank you so much, the staff of the Alumni and College for your hard work and preparation for this ceremony. Thank you very much Dean Steve R. Yussen, and President Patrik Romey. Forgive me, because my home is located too far from here, my speech was long. Thank you again and again to all of you, and for your time and attention.

<h1 style="text-align:center">저명국제동창상 통지서한</h1>

December 20, 1999

Dear Dr. Joo, Sam Hwan

It is our pleasure to inform you that you have been chosen by the Board of Directors of the University of Minnesota's College of Education and Human Development Alumni Society as the winner of the Distinguished International Alumnus Award for 1999, the end of the 20th century. The recommendations were submitted by Herb Pick, Child Development; Rosemarie Park, Adult Education; and Sunny Hansen, Educational Psychology, who noted your contributions to the profession and your work in Korea.

The alumni society would like to present this award at a special awards and recognition reception co－sponsored by the College of Education and Human Development of Monday, April 3, 2000 at 4:30 p.m. in the McNamara Alumni Center－University of Minnesota Gateway on campus. Family members and friends are welcome to attend. We will be sending a flyer with the specific details and RSVP information. Upon receipt of the award you will have 2～3 minutes for acceptance remarks should you choose.

Again, please accept our congratulations of behalf of the Alumni Society. We are pleased to honor you as the winner of the Distinguished International Alumnus Award for 1999.

Sincerely

Steve Yussen, Dean
College of Education and Human Development


Patrick Romey, President
Alumni Society Board
College of Education and Human Development

# 저명국제동창상 수상 공문

미국 미네소타대학 사범대학 동창회

1999. 12. 20.

**주삼환** 박사


　귀하가 미네소타대학교 사범대학 동창회가 수여하는 저명국제동창상의 20세기 말 1999년도 수상자로 선정되었음을 통보하게 됨을 매우 기쁘게 생각한다. 귀하의 한국에서의 교직발전과 업적에 대한 공로에 대하여 주목하여 아동발달학과 픽 허브와, 성인교육학과 박 로즈마리, 교육심리학과 한슨서니 교수가 추천을 해 주셨다.

　본 동창회는 2000년 4월 3일(월) 오후 4:30에 미네소타대학교 맥나마라 동창회관에서 사범대학 공동으로 특별상 기념 리셉션과 함께 시상식을 갖고자 한다. 가족과 친지의 참석을 환영한다. 본 회에서는 자세한 내용과 초청장을 우송할 것이다. 수상 시에 귀하는 2~3분 수상연설을 하시게 된다.

　다시 한 번 동창회를 대표하여 축하드린다. 1999년도 저명국제동창상 수상자이신 귀하에게 명예를 드림을 기쁘게 생각한다.

미네소타대학 교육인력개발대학장 유센 스티브

동창회장 　　　　로미 패트릭

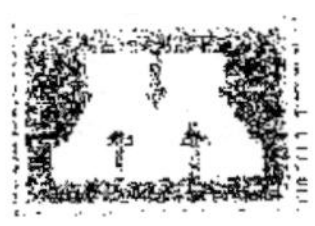

# THE COLLEGE OF EDUCATION AND HUMAN

# DEVELOPMENT ALUMNI SOCIETY

*of the*

## UNIVERSITY OF MINNESOTA

*takes pride in presenting to*

Sam Hwan Joo

*distinguished alumnus of the*

*College of Education and Human Development at the*

*University of Minnesota who, as profession and chair of*

*educational administration at Chungnam National University*

*has achieved distinction and has contributed greatly to*

*teacher education and higher education in korea.*

## THE DISTINGUISHED

## INTERNATIONAL ALUMNI AWARD

*Awarded this day, April 3, 2000*

STEVEN R. YUSSEN, dean

PATRICK ROONEY, Alumni Society president

## The College of Education & Human Development

## UNIVERSITY OF MINNESOTA

The Distinguished International Alumni Award, created to recognize the contributions of college graduates around the world, is presented jointly by the Alumni Society and the International Education Committee. Sam Hwan Joo(pictured top right with his wife, Mija Ji, and Professor Gary McLean) is a professor of educational administration and chair of his department at Chungnam National University in Taejeon, Korea. He received a Ph.D. in educational administration in 1981. Joo has achieved a record of high distinction m his scholarship and leadership in educational administration in Korea. He has an impressive record of publications, including books, chapters, and articles. He recently was elected president of the prestigious Korean Society for the Study of Educational Administration.

This year's recipients of the college's Distinguished International Alumni Award presented a special lunch program on April 3. The two award recipients, both graduates of the Department of Educational Policy and Administration, are Elizabeth Vukeh Tamajong(M.A., '82, Ph.D., '85), a lecturer in the Faculty of Letters and Social Sciences and Higher Teachers' Training Centre at the University of Yaounde, Cameroon; and Sam Hwan Joo(Ph.D., '81), professor and chair of educational administration at Chungnam National University in Daejeon, Korea.

Joo detailed a brief history of education in Korea. "Many educators, like myself, were educated in the United States", he said. "Making changes in the educational system in Korea is difficult. In 30 years we went from and agricultural culture to an industrial culture. Now we must change to a knowledge and information culture. We haven't adjusted to that yet."

Joo would like to see the educational system move to a more humanized model, saying that now Korean schools work on the factory model, emphasizing rote learning and preparation for college entrance exams.

"Education reform is not working because of the poor economy and politics", Joo said. "We are seeing a decline in respect for teachers, and increase in school violence and juvenile delinquency, and underpaid teaches. But our students still have a high desire for education. Education is still highly valued in our culture."

# 30. Nomination Letter for Distinguished International Award

Ronald T. Lambert, Ph.D.

Dear Dr. Hansen and Awards Committee:

This is to nominate Dr. Sam Hwan Joo for the College of Education and Human Development Distinguished International Alumni Award.

I have known Dr. Sam Hwan Joo since January, 1979, when he began work on his Ph.D. program at the University of Minnesota. It was my pleasure to serve as Dr. Joo's adviser in his major field of educational administration. Dr. Joo's work in his Ph.D. program was outstanding for an international student. His dissertation research was of such high quality that Dr. Jack Culbertson, then Executive Director for the University Council for Educational Administration(UCEA), was interested in talking with Dr. Joo about the possibility of a post — doctoral fellowship with UCEA. However, Dr. Joo was committed from the start of his program to returning to Korea to make his contributions to education in his home country rather than even considering post — doctoral work in the United States. He returned to Korea to become the first former elementary school educator to be appointed to a professional position at one of the national universities.

His educational career began as an elementary school teacher and master teacher in Seoul, Korea. He then served as an educational researcher at the Seoul Education Research Institute. Upon completion of his Ph.D., his initial appointment was as an assistant professor at Chungnam National University in Daejeon, Korea. He moved rapidly through the professional ranks to full professor and has also held administrative positions as chairperson of both a program and a department as well as serving for two years as Associate Dean of Academic Affairs. He is currently serving as Professor and Chair of Educational Administration, Graduate School of Education at Chungnam National University.

Due to his many achievements and contributions to education in Korea, Dr. Joo has become a well-known and respected educator in that country. His achievements have made major contributions to educational progress in Korea.

During his graduate work at the University of Minnesota, Dr. Joo became interested in and familiar with evaluation and accreditation of schools and colleges in the midwest. He was able to expand and refine this interest when from 1987 to 1990, he was seconded by Chungnam National University to serve as Director, Division of University Evaluation, Korea Council for University Evaluation. During this time he developed the Korean University Evaluation Model which is similar to evaluation models used by the major accrediting agencies in the United States.

The evaluation model which he developed continues to be used in Korea today and has been recognized as a major contribution to the improvement of higher education in Korea. Following the development of the model, Dr. Joo has served as a member of On-Site Committees for University Evaluation and as member and chairperson of committees of the Ministry of Education for establishment of new universities and review of university professional qualifications.

Dr. Joo has authored eight educational books in the fields of educational administration, supervision of instruction and the principalship. He has co−authored an additional four books in similar fields. His books are widely used and quoted in Korea. Since 1983, he has also translated fourteen English−language educational textbooks into the Korean language. This translation activity is recognized and respected in Korea as a very important contribution to education. Dr. Joo has also published major articles in educational journals and numerous professional parers.

Many major research projects in the field of educational administration policy making have been completed by Dr. Joo. Projects have included A Study of Educational Conditions in Junior Colleges in Korea(1995) and A Study of the Improvement of Educational Administration and Organization in Korea(1996); both Ministry of Education projects. The results of his twenty research projects thus far in the 1990s have been a significant contribution to educational progress in Korea.

Since his initial appointment at Chungnam National University, Dr. Joo has given almost distinctly of his expertise and time to workshops and other in−service education activities for teachers, supervisors and principals. For example, during 1995, he devoted more than 260 hours of his time in over fifty of such inservice activities throughout his country at nationwide Teacher Training Centers.

I have visited Dr. Joo at Chungnam National University and have observed his teaching as well as his relationships with colleagues and interactions with students. His teaching is interesting and scholarly.

In his relationships with colleagues he is both liked and respected and considered to be a leader in his academic community.

His interactions with students may be described as exemplary and quite atypical among many professors in Asian universities in that his interactions were warm, somewhat informal, and reciprocally respectful. When I complimented Dr. Joo on the warmth of his work with his graduate students he responded that he had learned to work with students from the ways in which his professors in the College of Education, University of Minnesota, had worked with him when he was a doctoral student.

International educational experiences have played an important part in Dr. Joo's professional development. He participated in the 1989 International Seminar on University Evaluation in London, England and has accomplished overseas training visits to France Germany, Poland and Russia. His 1995 visit China was sponsored by the Korean Society for the Study of Comparative Education.

I feel a special closeness to Dr, Joo's family since I have known them for almost as many years as I have known him. His wife, Mija, and their three children joined him to live in married student housing at the University of Minnesota while he was working on his Ph.D. degree. I have watched the children grow and mature and have also visited the Joo family several times in Korea. On every occasion that I have been with them I have observed that they consistently evidence caring and support for all family members to such a high degree as to be worthy of emulation. They are truly a lovely family. Due in part to such encouragement and support of her father, mother and siblings, his oldest daughter, Eunsun, completed a Ph.D. degree at the University of Chicago in 1996 and is currently an assistant professor at Duck Sung University in Seoul. His other daughters are continuing their education Eunjee working toward a masters degree at Ohio State University and Eunjoong toward a baccalaureate degree in Seoul.

I believe that Dr. Sam Hwan Joo is an outstanding example of an international student who completes a strong graduate program in the United States, has a lasting committment to return to his home country, returns to that country and makes very significant contributions to education there. Through his accomplishments, he has demonstrated, in an exemplary manner, his achievement of one of the major goals of higher education of international students.

Although Dr. Joo is modest and unassuming about his record of achievements, his many contributions to educational progress in Korea have been recognized by teachers and supervisors throughout his country, by school and university administrators and by the Korean Minister of Education. This recognition as well as that of his colleagues and students merits his nomination for the Distinguished International Alumni Award of the College of Education and Human Development.

*Ronald T Lambert*

Ronald T. Lambert
Emeritus Professor of Education
November 14, 1997

Gary N. McLean, Ph.D.

October 27, 1997

Memorandum

TO:     Recognition and Awards Committee, Distinguished International Alumni Award, Dr. L. Sunny Hansen, Chair

FROM: Gary N. McLean, Professor and Coordinator, Human Resource Development and Adult Education, Department of Work, Community, and Family Education

It is my great pleasure to provide this letter of support in the nomination of Dr. Sam Hwan Joo for the Distinguished International Alumni Award. I have known Dr. Joo for almost twenty years. I met him very soon after his arrival on the University campus, served on his Graduate School committees, worked closely with him on his dissertation, and became good friends with him and with his family. I have maintained a close working and personal relationship with him since his graduation. Through my frequent visits to Korea, I have been able to stay current with his academic and professional accomplishments and to be aware of his reputation within Korea.

Dr. Joo has made considerable contribution within his field of Educational Administration. However, it is through his work in Educational Evaluation that I have heard references to him throughout the Republic of Korea, as he created the evaluation model for universities(similar to accreditation) and as he has followed up with the actual evaluation of several universities and programs. Wherever I have travelled throughout the Republic of Korea, Dr. Joo's name has been closely associated with university evaluation and school leadership.

His extensive list of books authored, co－authored, and translated give some indication of the extent of his impact within Korea. Most of the books that now form the core of the preparation of School principals and superintendents in Korea have been authored of translated by Dr. Joo. Further, Dr. Joo has maintained an active and ongoing commitment to research. He publishers regularly on issues related to educational reform, educational leadership, and the management of schools.

Dr. Joo practices what he preaches. In addition to providing resources for the development of school leaders, and his professional role in the preparation of such leaders(both preparatory and in－service), Dr. Joo is a leader in his own right within his own institution, having served as chair(in two roles) and associate dean. Further, he has served as colleague and mentor to other faculty within his own department.

Dr. Joo has been honored widely within his country, having been recognized by the President of his university(Chungnam National University), the country's Minister of Education, the president of the Korean Federation of Teachers, and the Superintendent of Schools for the Seoul Metropolitan District. His appointment as the Director, University Evaluation, Korea Council for University Education, is further evidence of the regard in which he is held. Further, the frequent requests for him to be a speaker and workshop presenter at significant conferences and professional gatherings highlight the esteem in which he is held by those he is trying to influence in improving education in Korea.

The College of Education and Human Development at the University of Minnesota has many distinguished alumni/ae. Dr. Joo must certainly be considered among the most influential of all of them within his country. I strongly support Dr. Joo's nomination and encourage the committee to select him as this years recipient of the Award.

.............. **32. Supporting Letter for sam Hwan Joo**

Mary Jo Czaplewski, Ph.D.

November 2, 1997

Dr. L. Sunny Hansen, Chair

Recognition & Awards Committee

Distinguished International Alumni Award


Dear Dr. Hansen & Awards Committee,


I am honored to write this letter of support for my friend and colleague, Dr. Sam Hwan Joo, who was nominated by Dr. Ronald Lambert for the Distinguished International Alumni Award of 1998.

I have known Dr. Joo since his arrival at the University of Minnesota Campus on an extremely cold January day in 1979 to begin his doctoral studies in Educational Administration. We have kept in touch over the years and I have enjoyed the privilege of being a friend and supporter of Sam Hwan's daughter Eunsun as she earned her Ph.D. in Psychology at the University of Chicago, and now his second daughter, Eunjee as she begins her graduate studies at the Ohio State University. I mention this as it testifies to Sam Hwan's outstanding example and support for his family and their education. He and his wife, Mija, have made great sacrifices to provide the best education for their three daughters.

Sam Hwan was an active member of the U. of MN Educational Administration Graduate Student Association which I chaired in

1979 – 80, and together we were inducted into Phi Delta Kappa of which we are still members today.

I would characterize Dr. Joo's greatest assets to be his sincerely intense interest and commitment to improving the art of teaching and curriculum development through good supervision and guidance at every level of education, elementary through post secondary. As we worked together on our dissertations, we often discussed ways in which to improve teacher training and supervisory leadership.

Throughout the years, I have been impressed by the large number of books and scholarly articles Dr. Joo has produced in addition to his active teaching and advising load, He also travels throughout Korea to do teacher training workshops. He is a prolific translator of many American books into the Korean language. Thus bringing Western ideas to his homeland.

I have followed his work largely through his daughter Eunsun, but was personally impressed in 1995 when I visited him in Korea, by the high esteem and respect in which he is held and recognized throughout Korea by teachers and colleagues whom I met both at Chungnam National University in Taejon, and at Seoul National University. While visiting, I also learned that he is highly respected and sought after by his graduate advisers. He is known for his outstanding advisory skills and for his support of graduate students throughout their graduate work. I believe Dr. Joo has to his credit the introduction of the concept of accreditation and teacher licensure to Korea. He is modest about this achievement.

He has traveled the world giving seminars, doing research, and expanding his own knowledge base and research. He has served Chugnam National University in various capacities including that of

Associate Dean for Academic Affairs, all the while producing much scholarly research.

I cannot praise Dr. Joo and his work highly enough. But perhaps the best proof of his skills and commitment is borne in the example he has set for his daughters — of diligence and scholarly discipline in pursuit of higher education. Their proven success is a great tribute to their father. I highly recommend Sam Hwan Joo as recipient of this prestigious distinguished Alumni award.


Sincerely yours,


Mary Jo Czaplewski, Ph.D. CFLE
Executive Director

# 찾아보기

## 주삼환 朱三煥

**▌약 력**

서울교육대학교, 서울대학교 교육대학원 교육행정전공 석사
미국 미네소타대학교 대학원 교육행정전공 박사, 서울시내 초등교사 약 15년
한국교육행정학회장 역임
미국 오하이오주립대학 객원교수, 한국대학교육협의회 파견교수
인문사회연구회 이사 역임
현) 충남대학교 명예교수

**▌저 · 역서**

1. 미국의 최우수학교, 블루리본 스쿨(2009, 학지사, 공저)
2. 리더십 패러독스(2009, 시그마프레스, 공역)
3. 도덕적리더십(2008, 역, T. J. Sergiovanni 저, 시그마프레스,)
4. 한국대학행정(2007, 시그마프레스, 문화체육관광부 우수도서)
5. 교육행정사례연구(2007, 학지사, 공저)
6. 교육행정철학(2007, 학지사, 공저)
7. 장학의 이론과 기법(2006, 학지사)
8. 한국교원행정(2006, 태영출판사, 문화체육관광부 우수도서)
9. 미국의 교장(2005, 학지사)
10. 학교경영의 이론과 실제(2006, 학지사, 공저)
11. 교육행정 및 교육경영 4판(2009, 학지사, 공저)

**- 한국학술정보(www.kstudy.com) 주삼환 교육행정 및 장학 시리즈 도서 35권 -**

Ⅰ. 교육 칼럼 및 비평 시리즈
　Ⅰ-1 우리의 교육, 몸으로 가르치자
　Ⅰ-2 많이 가르치고도 실패하는 한국교육
　Ⅰ-3 위기의 한국교육
　Ⅰ-4 전환시대의 전환적 교육
　Ⅰ-5 교육이 바로 서야 나라가 산다
Ⅱ. 장학 · 리더십론 시리즈
　Ⅱ-1 장학의 이론과 실제:Ⅰ. 이론편
　Ⅱ-2 장학의 이론과 실제:Ⅱ. 실제편
　Ⅱ-3 수업분석과 수업연구(공저)
　Ⅱ-4 전환적 장학과 학교경영
　Ⅱ-5 장학: 장학자와 교사의 상호작용
　　　(역, A. Blumberg 저)
　Ⅱ-6 임상장학(역, Acheson & Gall 저)
　Ⅱ-7 교육행정 특강
　Ⅱ-8 교장의 리더십과 장학
　Ⅱ-9 교장의 질 관리 장학
　Ⅱ-10 교육개혁과 교장의 리더십
　Ⅱ-11 선택적 장학(역, A. Glatthorn 저)
　Ⅱ-12 장학 연구
　Ⅱ-13 인간자원장학(역, Sergiovanni &
　　　Starratt 저)

Ⅲ. 교육행정 시리즈
　Ⅲ-1 올바른 교육행정을 지향하여
　Ⅲ-2 한국교육행정강론
　Ⅲ-3 미국의 교육행정
　Ⅲ-4 지방교육자치와 대학자치
　Ⅲ-5 전환기의 교육행정과 학교경영
　Ⅲ-6 고등교육연구
　Ⅲ-7 교육조직 연구
　Ⅲ-8 교육정책의 방향(역, J. Rich 저)
Ⅳ. 교육행정철학 시리즈
　Ⅳ-1 교육행정철학(역, C. Hodgkinson 저)
　Ⅳ-2 리더십의 철학(역, C. Hodgkinson 저)
　Ⅳ-3 대안적 교육행정학(공역, W. Foster 저)
　Ⅳ-4 교육행정사상의 변화
Ⅴ. 교육행정 관련 학문 시리즈
　Ⅴ-1 교양인간관계론(역, A. Ellenso 저, e-book)
　Ⅴ-2 입문 비교교육학(역, A. R. Trethwey 저)
　Ⅴ-3 사회과학이론입문(공역, P. D. Reynolds 저)
　Ⅴ-4 허즈버그의 직무동기이론(역, F. Herzberg 저)
　Ⅴ-5 미국의 대학평가(역, Marcus, Leone
　　　& Goldber 저)

# 전환시대의 전환적 교육

**개정판인쇄** ∣ 2009년 9월 15일
**개정판발행** ∣ 2009년 9월 15일

**지은이** ∣ 주삼환
**펴낸이** ∣ 채종준
**펴낸곳** ∣ 한국학술정보㈜
**주  소** ∣ 경기도 파주시 교하읍 문발리 파주출판문화정보산업단지 513-5
**전  화** ∣ 031) 908-3181(대표)
**팩  스** ∣ 031) 908-3189
**홈페이지** ∣ http://www.kstudy.com
**E-mail** ∣ 출판사업부  publish@kstudy.com

**등  록** ∣
**가  격** ∣ 32,000원

ISBN  978-89-268-0315-8 93370 (Paper Book)
      978-89-268-0316-5 98370 (e-Book)